国家的启蒙

日本帝国崛起之源

马国川◎著

中信出版集团 · 北京

图书在版编目（CIP）数据

国家的启蒙：日本帝国崛起之源 / 马国川著 . --
北京：中信出版社，2018.6（2025.10重印）
ISBN 978-7-5086-8559-5

Ⅰ . ①国… Ⅱ . ①马… Ⅲ . ①日本－历史－研究
Ⅳ . ① K313.07

中国版本图书馆 CIP 数据核字（2018）第 016276 号

国家的启蒙：日本帝国崛起之源

著　　者：马国川
出版发行：中信出版集团股份有限公司
（北京市朝阳区东三环北路 27 号嘉铭中心　邮编　100020）
承 印 者：嘉业印刷（天津）有限公司

开　　本：880mm×1230mm　1/32　　印　　张：12.5　　字　　数：260 千字
版　　次：2018 年 6 月第 1 版　　印　　次：2025 年 10 月第 14 次印刷
书　　号：ISBN 978-7-5086-8559-5
定　　价：58.00 元

序　言

读日本，想中国

我将全部文章仔细修改一遍之后，决定暂时告别日本近代史。我把书架上和堆放在地板上的有关书籍全部装进纸箱子，却犹豫是否把它们“贬谪”到地下室去。这是一个冬日的上午。连续数日的雾霾之后，北京天气出奇的好，清亮的蓝天上竟然有片片白云，颐和园里的万寿山历历在目，玉泉山上的佛塔也清晰可见。温暖的阳光投射到地板上，光束中有无数的颗粒在飞舞。我心中既有轻松的喜悦，也有些许告别的惆怅。

2016 年 8 月 1 日，我来到东京，开始了四个月的访问学者生涯。我“挂单”在庆应大学，住处距离校园很近。当天傍晚，我走进这所闻名已久的大学，徘徊在创始人福泽谕吉的雕像前，思绪万千。这个人一生没有涉足官场，却以自己的思想引领日本走向近代文明。作为远东之东的岛国，日本从被迫打开国门到跻身世界强国之列，书写了一个又一个波澜壮阔的故事。多少风云人物活跃在这段历史中，壮怀激烈、成败兴亡，难道不值得追寻吗？

就是从那一天起，我决定寻找这个国家近代发展的轨迹。

我阅读历史书，外出游览也有意去探寻斑斑史迹。每有兴会，就把那些可感之人、可述之事记录下来。我在“界面”网站开了一个专栏——“扶桑读史”，大致每周发表一篇。这些文章获得了读者的共鸣，既然吾道不孤，我也就更加努力。2016年11月底回国后，我继续写“扶桑读史”专栏，直到2017年11月中旬，完成最后一篇《明治之死：结束，还是开始》，才结束了一段奇特的阅读和写作体验。对于我来说，集中这么长时间阅读另外一个国家的历史，这是第一次。

在一年多的时间里，我一共完成了60篇文章（收入本书时删去1篇）。这些文章的历史跨度，从1853年的“黑船来航事件”到1912年明治天皇去世，整整60年时间。这不是巧合，而是我有意为之。不过，这些文章绝不是按年度选择的，所写的人物或事件都是我认为重要的。我想通过这些人物和事件，反映日本告别旧体制、走向近代国家的过程。

一位不认识的朋友问道：“读你写的这些文章，为什么感觉就像在写中国呢？”我心中也常有类似的困惑。夜阑人静之际，我面对日本近代史上的那些风云人物，追索其思想轨迹，审视其进退选择，也时常陷入迷惘，为什么他们和中国人这么像呢？比如，那位森有礼，当年是日本思想启蒙运动的健将，后来却成为极力维护专制体制的国家主义者。再如，日本开国之后的“爱国贼”，以爱国者自居，对那些被他们认为是卖国的本国人士横刀相向，肆意砍杀。

其实，在1853年之前，日本和中国一样，与世隔绝，酣睡在太平梦中。正如康有为在《上清帝第四书》中所说，“若使地球未辟，泰西不来，虽后此千年率由不变可也”。问题是，坚船利炮打破了停滞宁静的迷梦，东亚开启了“数千年未有之大变局”。不管是中国还是日本，都面临同样的“国家向何处去”的问题。

阅读历史就像站在万仞高岗，俯瞰大江东去。虽然已经知道了结局，但是深入历史的具体情境中，看那些活跃其中的人物的思考行动，我仍然常常为他们扼腕叹息。没有人知道这个国家的最终走向，每个人都按照自己的理念在行动，就像大江中涌动的浪花，相互撞击，时起时落，最终汇成巨流，澎湃激荡，奔向汪洋。对于中日两国来说，从被推入现代化巨流的那一刻起，它们的命运是共同的，就是走向世界、走向文明。

尽管中日两国在具体路径选择上迥乎不同，一个被动而顽固，一个主动而决绝，但是历史大脉络惊人的相似，因为它们要完成的历史进程是一致的，活跃在历史中的人物都直接或间接地对“国家向何处去”这个基本问题做出回答，并据此决定个人的选择。因此，不同国度出现许多相似人物、相似事件，并非没有缘由。

我在读日本的时候，心中想的是中国，因为中国至今仍然面对着一百多年前的命题。1853—1912 年，日本在 60 年间完成了西方国家上百年的历史进程，也浓缩了中国 1840 年以来的历史（至今未完成）。由于中国现代化的曲折反复，所以现在仍然可以在日本那 60 年里找到对应的问题。虽然历史不能提供答案，但是可以启发人们思考。

比如，19 世纪 90 年代，追赶西方国家初见成效之后，日本社会就开始出现了宣扬日本“特色”、维护“国体”的保守主义舆论。再如，在 20 世纪初实现工业化之后，日本出现了“和平崛起”与“武力崛起”的争论。虽然国家不同、时代各异，但是我常常为中日两国的相似性而惊叹，恍惚有时空错乱之感。

自从19世纪以来，世界各国都在现代化道路上竞走。追赶型国家里的知识分子，重要的历史使命就是衡量本国在这条道路上已经达到了什么程度，不断地提醒国家要走正确的道路。这就是思想启蒙的重要任务。因为正确的道路只有一条，而错误的道路却有无数。多歧路，今安在？一个国家一旦踏上错误的道路，就会付出惨重的代价。就像日本，在20世纪30年代走上军国主义的不归路，给全世界带来巨大的灾难。因此，思想启蒙的道路是艰难而漫长的。只要一天不成为现代文明国家，知识分子就一天不能松懈。

随着国力的增强，中国出现了沾沾自喜、自骄骄人的舆论氛围。一些人士忙于总结“中国模式”“中国经验”，对于其他国家的经验教训不屑一顾。诚如美国著名政治学家和社会学家李普塞特（Seymour Martin Lipset）所说，“只懂得一个国家的人，他实际上什么国家都不懂”（Those who only know one country know no country）。这句话对于中国来说，非常有现实意义。因为如果沉溺在已有的成就，不以比较分析的视野来衡量中国在现代化道路上的得失进退，就难以清醒而深刻地认识现实中国。古人说，以史为鉴，可以知兴替。同样，以日本为鉴，可以知进退。

在这个意义上，读懂了日本，也就读懂了中国。

是为序。

马国川

2018年5月1日

目录

第二编　维 新

第一编　开国

“黑船”惊醒“太平梦”

“黑船来航事件”打破了日本酣睡了两百多年的“太平梦”，又激发了这个东方岛国的新梦想。诚如明治时代的著名思想家福泽谕吉所说：“美国人跨海而来，仿佛在我国人民的心头上燃起一把烈火，这把烈火一经燃烧起来便永不熄灭。”

日本不愧是一个高度城市化的国家。从东京乘火车，沿着海岸南下，一路上都是鳞次栉比的都市丛林，几乎看不到乡村。这条铁路的终点站，就是我此行的目的地横须贺市。铺开地图，发现这个城市位于东京湾最狭窄的入口处，扼守门户，果然是一个军事要地。据说在江户时代，奉行闭关政策的幕府为对付外国船只，就在这里建筑了不少炮台。一百多年过去了，这些炮台还在吗？

走出站台，看见出口处悬挂着一个独特的车站标志，中间是一个铁锚，一只和平鸽展翅飞过。铁锚提醒人们，这里是一个海港。果然，在街头就嗅到了大海的味道。这里和东京一样干净整洁，不同的是，洋溢着欧美的气息。许多店铺名称都用日语和英语书写，有些干脆只用英语。一个名字叫“女神酒店”的地方甚至把自由女神像搬上了楼顶。街头有很多美国军人，身材高大健壮。横须贺是美国在亚洲最大的海军基地，素有“东洋第一军港”之称。

站在海滨公园，可以清晰地看见海港里停泊的众多军舰。在蓝天白云的衬托下，这些军舰都显得那么威武雄壮。谁能够想到，一百多年前这些港湾里都是木帆船。那时，横须贺还是一个小渔村。直到 1865 年，江户幕府创办第一家造船厂——“横须贺制铁所”，这个地方才迅速发展起来。值得一提的是，在同一年，曾国藩在上海创办了中国第一家造船厂——“江南制造总局”。对于追赶现代化的国家而言，“富国强兵”是它们共同的梦想。

1877 年，明治政府把这里定为军港，海军在沿岸广建炮台、兵营和学校。第二次世界大战期间，这里更是成为日本海军的重要基地。1945 年日本投降后，美军在横须贺登陆。后来日本根据《日美友好通商条约》，将横须贺基地正式提供给美军。

不过，我的兴趣并不是看军舰，而是寻找一个公园。在一个叫作“久里滨”的小站附近，我终于找到了“佩里公园”。公园面朝大海，占地不大，满是绿树鲜花。公园的中心位置是一座巍然耸立的纪念碑，花岗岩底座上镶嵌着一块巨石，上面镌刻的是中文“北米合众国水师提督伯理上陆纪念碑”，落款是“伊藤博文”。

著名的“黑船来航事件”就发生在这里。石碑底座前面是一幅石刻的世界地图，标示着佩里舰队自美国来到日本的航行线路，还用日英两种文字写道：“1853 年 7 月 8 日，来到浦贺海面的美利坚合众国东印度舰队司令佩里在此地的久里滨海岸登陆，将总统菲尔莫尔的亲笔信递交给江户幕府，翌年在神奈川缔结了《日美友好条约》，这一系列的事件成了将幕府统治下的锁国状态的日本拉回到了世界的原动力。”

一

第一个叩开日本大门的，本来有可能是一个俄国人。

在获悉美国正在计划远征日本的消息后，俄罗斯急忙派遣一个叫作艾夫非米·普提雅廷的人率领一支四艘军舰组成的小舰队，离开欧洲，驶向日本。

普提雅廷？这是一个非常生疏的名字。我在网上查阅，才得知此公经历非凡：他曾参加过俄罗斯探险家拉扎列夫的船队环游世界，也曾参加高加索战争。第二次鸦片战争后，俄罗斯与清政府签订《中俄天津条约》，俄国的全权代表就是普提雅廷。后来，他成为俄罗斯海军上将，还担任过教育部长。

由此可以看出，在俄罗斯的历史上，这是一个不可忽视的重要人物。可惜，普提雅廷不如佩里幸运。不仅仅是因为他比佩里晚到了几个星期，还由于他登陆的地点是在日本西南地区的长崎——一个远离日本政治中心的港口，而没有像佩里那样长驱直入东京湾，距幕府将军的府邸仅有不到百公里。

佩里出生在美国罗得岛州，父亲和哥哥都是海军将领。佩里本人也于1809年加入海军，曾和两个哥哥一起参加1812年的英美战争。1837年美国建造出第一条海军蒸汽船“富尔顿号”，同年佩里晋升为海军上校。佩里强化海军以蒸汽船为主力的政策，并且实行士官教育，被称为海军的“蒸汽船之父”。

19 世纪上半叶，美国还是一个正在追赶欧洲的后进国家，不过已经显现出后来者居上的势头。日本海域出现的捕鲸船绝大多数是美国人驾驶的。时值产业革命期间，美国要从鲸鱼油中提取照明用油。随着鸦片战争打开中国的大门，一些美国人认识到，太平洋海岸线是美国的经济机遇。财政部长罗伯特·J. 沃克在 1848 年的评论揭示了这一点："通过我们最近在太平洋上的所得，与我们间隔着一个平静大洋的亚洲已然成为我们的邻居，邀请我们的蒸汽船沿着比全欧洲还要巨大的商业航道前行。"

日本位于旧金山到上海的必经之路上，地理位置的重要性越来越凸显。1852 年 3 月，佩里就任东印度舰队司令官，被授予"日本开国"的指令。11 月，佩里率队从美国东海岸启航，向西横跨大西洋。从大西洋进入印度洋，从印度洋进入太平洋，佩里舰队越来越逼近被视为"半开化国家"的日本。

1853 年 7 月 8 日傍晚，正在久里滨海岸训练的六十多名武士发现，有四艘外国船只朝江户湾驶来。这些船体形庞大，身披黑色铁甲，不断喷出黑烟，如同怪兽一般发出轰鸣。这是日本人第一次见到黑色近代铁甲军舰，这些军舰因此被岸上那些震惊的日本人称作"黑船"。事实上，佩里舰队里只有两艘是蒸汽式军舰，但是旗舰排水量为 2450 吨，而当时日本最大船只最多不过是 100 吨级别。这四艘军舰共有 63 门大炮，而当时日本在江户湾的海防炮射程及火力可与这四艘军舰相比的大约只有 20 门。

当地官员乘船来到，并登上了美国舰艇。美国人要求日本高级官员接受总统致幕府将军的信函。日本官员称，按照日本之国法，高官不可接待外国船只。佩里派出四艘测量船，在蒸汽军舰的护卫下，深入江户湾进行水文测量。日本派出数十只警备木船与美国测量小艇对峙。场面紧张，假如有擦枪走火，一场中国式的“鸦片战争”将会爆发，日本就会走上完全不同的道路。

幸运的是，意外没有发生。僵持了六天后，幕府最终同意美国人登陆。接受美国总统来函仪式的地点，就是我参观的佩里公园。站在公园里，望着海边，我感到自己想象力的匮乏，想象不出美国人登陆的场面。幸好，佩里留下了一部《日本远征记》，记录了当年的场景。

那一天，美国海军陆战队和水兵约三百人，携带着上好刺刀的滑膛枪上岸，把海滨围成半圆状向“招待所”行进，“在‘招待所’两侧，一队日本护卫聚集在一起，相当凌乱。与其他士兵不同，他们的服装，右侧护卫身穿无袖外罩，用宽幅装饰腰带将它系在腰间，下穿灰色长裤，宽幅肥大的裤子在膝盖处收紧，头缠白布犹如穆斯林头巾。他们用带刺刀和滑膛燧石火枪武装起来……”

美国总统的书信外边包有一层蓝色的天鹅绒，放在一个纯金的圆形容器里，容器外面盖有金印，在递交国书时，双方代表都保持沉默，没有进行任何实质性的会谈。在信中，菲尔莫尔总统说，进入 19 世纪世界发生了变化，美国加州和中国之间的航线受到期待。为了从鲸鱼油中提取照明用油，美国捕鲸船大量开赴日本沿海捕鲸，因此要求日方提供海难救助。总之，美国的要求有三项：通商、补给、救助遭遇海难的船员。

日本官员要求佩里转往长崎登陆。佩里坚决拒绝了。假如真的听从了日本官员的要求，佩里一定会像俄国人一样一事无成。日本官员又借口说，要得到天皇的批准方可接受条约。佩里并没有采取激烈措施，而是答应给予对方考虑时间，明年春天再来听取回复。

三天后，佩里舰队启航，渐渐消失在云海苍茫处。日本官员终于长出了一口气。

二

在这一切发生之前，日本一直是一个与世隔绝、安心于太平生活的国度。“黑船”打破了这个岛国两百多年的太平梦。

“‘黑船’到来的当天夜里，江户城一片混乱，武士忙于备战，城外大小寺院内钟声齐鸣，妇孺凄厉地哭喊，有钱人准备逃往乡间，更多的人拥进神社，击掌祷告神灵，乞求‘神风’再起，摧毁‘黑船’……”

这是一段关于“黑船来航事件”在江户引起震动的描写。很生动，可惜历史事实并非如此。江户是当时幕府将军所在地，是日本的政治中心。当时江户的民众更多的是好奇，而不是恐惧，许多人甚至驾驶船只赶到横须贺参观美国舰队。至于执政的幕府高官也不意外，因为他们早就知道美国舰队要来的消息了！

日本从1633年就颁布了锁国令（禁海令），清心寡欲地度过了两个多世纪。漫长的两百多年间，除了漂流国外的渔民外，没有日本人去过国外。但是翻看历史我才惊奇地发现，日本并不像清朝那样闭目塞听，而是一直保留着观察外部世界的信息通道。

最大的渠道来自荷兰。16世纪荷兰人就来到日本经商，

1633 年日本颁布锁国令后（比康熙海禁还要早八十多年），荷兰人成为唯一允许留在日本的西方人。幕府在长崎附近以人工填海方式造了一个数万平方米的小岛，名曰“出岛”，强令荷兰人迁居此岛，以避免与日本国民的接触。荷兰船只被允许来往日本，但是每年都要向幕府报告海外信息。从 1842 年起，幕府要求荷兰每年提供《荷兰别段风说书》，报告此前一年发生的海外大事。信息之丰富，令人惊异。在佩里来航的前一年，1852 年的《荷兰别段风说书》就准确地报道了佩里舰队的船名、吨位、炮数、乘员人数等信息，而且揭示了美国的目的。

为什么是 1842 年？因为鸦片战争。鸦片战争不但是中国历史的关键时点，也是东亚历史的转折点。这一事件几乎在第一时间就传到了日本。

因为除了荷兰外，日本也允许中国商船在长崎入港。幕府规定，入港的中国商船船主必须向管理外贸事务的长崎奉行（官名）报告中国的情况。这种报告称为“唐人风说书”，又叫“清商口单”。1840 年，鸦片战争的消息通过中国商人传到日本。由于日本人把鸦片称为“阿片”，因此有关鸦片战争的情报统称为“阿片风说书”。现在从各种史籍上能见到的阿片风说书有十几种，具体报道了鸦片战争发生的原因、进程和结果。另外，中国商船带去的记载鸦片战争的中国书籍如《夷匪犯境闻见录》《英国侵犯事略》《乍浦集咏》等，也是日本人获得鸦片战争信息的一个来源。

最有意思的是，鸦片战争的消息传到日本后，日本坊间很快就出现了不少描述鸦片战争的作品，反应之快，令人吃惊。1849 年出版的小说《海外新话》就生动描写了鸦片战争的过程。这本书的作者是一位藩士，他在该书序诗中点明了写作此书的宗旨："天赐前鉴非无意，婆心记事亦微衷。呜呼！海国要务在知彼，预备严整恃有待。"他的目的，就是要日本吸取中国鸦片战争的经验教训，加强海防，防御外来侵略。为了适应日本一般武士与庶民读者的口味，这本书采取了当时日本民间流行的军谈读物即描写战争的章回小说的体裁，语言也尽量通俗易懂。不过，由于出版前未送官方审查批准，竟被幕府指责为"异教妄说"，勒令毁版并列为禁书，作者也被处以禁锢之刑，入狱两年。甚至连为该书画插图的画师也受到牵连，被捕后死于狱中。但是，由于《海外新话》一书很受读者欢迎，第二年又被秘密加以重印出售。

一个大国竟然被打败，此事在日本引起极大的震动。1844年，当时荷兰国王致信日本政府，要求以更自由的方式解决外国贸易问题。来信警告道，由于日本阻碍了欧洲由工业革命和人口增长所创造的商业野心的扩张，可能遭受中国已然遭受的命运——

地球上各个国家间的交往正变得日益密切。一股不可抗拒的力量正把它们凝聚在一起。汽船的发明使得相互之间的距离变得更小。在这一关系迅速发展的时期，倾向于保持孤立的国家将不可避免地与许多其他国家为敌。

德川幕府回应说："锁国令不可能被抛弃：既然祖先的法律已经被制定，子孙后代必须遵守。"但事实上，得知清朝在鸦片战争中失败的消息后，幕府已经悄然改变了强硬的锁国政策。

1825年，幕府曾下达“无二念打拂令”，即不分情况，只要有外国船（中、荷除外）驶近日本沿海，立刻开炮驱逐。但是1842年，鸦片战争的战火刚刚熄灭，幕府就发布了“薪水令”，允许给外国船提供燃料、食品和水，但之后要其尽快离开日本，以防无端挑起战争。

幕府所在地江户是一个临海城市，海防薄弱。佩里曾说，若有小型炮舰两三艘，就足够破坏江户。因此，面对“黑船来航事件”，幕府以清朝为鉴，没有采取激烈对抗措施，而是冷静避战，虚与委蛇，终于将其打发走。

或许，美国人不会再来了吧。

三

从横须贺北上，不到半个小时的火车行程，就来到了横滨。这是日本的第二大城市，也是一个著名的港口。沿着海岸线，是长达一公里的著名的山下公园，传说是世界上最佳散步之地。道路上铺的是花砖，道路两旁是古老的银杏树。虽然是盛夏季节，但有海风拂面，非常惬意。

想起朱光潜先生在一篇文章里引用过的一句话：“慢慢走，欣赏啊！”我的心情就是如此。悠闲地在公园里漫步，一会儿望望左侧的大海，海上游弋着各种各样的轮船；一会儿望望右侧林立的现代化高楼，一幢幢直冲云霄。抬头，湛蓝的天空中白云悠悠。公园里有许多雕塑和纪念碑，都是欧美风格，穿行其中，就像走在波士顿的海边。

公园里有一座106米高的灯塔。它是世界上最高的十角形灯塔，是为了纪念横滨开港一百周年而兴建的。登上塔顶的展望台，整个港口尽收眼底。望着辽阔的海湾，我想，162 年前佩里舰队就是出现在这片海面吧。

1854 年 2 月 13 日，佩里再次来到日本。这次他率领的舰队比上次多了三艘舰艇，而且他也没有在横须贺停留，而是直接北上，深入东京湾，在这片当年叫作“神奈川湾”的水域下锚。他向日本提出，要求对他去年带来的美国总统书信给予明确的答复。

这次给幕府的震动比上次更大，因为局势很明显，不可能再像上次那样找借口将不速之客打发走。《现代日本政治史》里这样描述当时执政者的惊恐——

美国军舰在 1 月 28 日（日本旧历）从浦贺开船，停泊在神奈川湾，幕府见状惊恐万状，认为美国军舰将绕过羽田滩而进入品川，如果谈判失败，江户将在美国人的大炮之下，化为云烟。从神奈川到江户之间，瞭望所比比皆是，告急的书信如雪花飞来。在将军所驻城堡，忽然得知夷船向江户驶来，大恐，忽然又得知夷船向浦贺驶去，又放宽了心。就这样忽惊忽安，日达数次。后经详细调查夷船转舵原委，据说，因为潮汐涨落以及风向的变化，夷船便在停泊的原地改变方向。哨所据此上报，才引起一场虚惊等。

无奈之下，幕府不得不同意正式谈判。谈判地点就在横滨——当年是一个仅有一百来人的小渔村。佩里本人有一幅著名的绘画作品，生动记录了当年的场面：在横滨接待所前面的海面上，美国军舰一字排成，把接待所纳入射程范围。美国士兵分两列整齐排开，佩里自己率领一队士兵登陆。一些日本武士打扮的人迎面站立，似乎在欢迎。画面右侧是临时搭建的谈判场所，旁边的大树据说至今仍然生长着。

画面里有一位传教士，他就是美国的汉学家卫三畏（S. Wells Williams）。佩里首次日本之行的翻译官就是卫三畏，在那之前，传教士卫三畏已经在广州生活了二十年。传教之外，他还编辑出版了《中国丛报》，编写了英汉辞典《汉英韵府》。为了更好地与日本人打交道，在佩里舰队再次经过中国前往日本时，卫三畏邀请中国友人罗森同行。实际上，谈判双方在大多数场合所使用的是中文。后来日美所缔结的一系列条约，除了日语与英语版本外，还有中文与荷兰语版本。

作为一名商人，罗森以一个中国人的眼光，记载了当年谈判的历史场景。美方谈判人员住进公馆之后，日方又以馈赠之名送了两百多包玉米，每包重两百多斤，并且派遣九十多位“肥人”（即相扑手），裸着身体将这些东西送到海边，然后令他们进行相扑表演，以显示“日本之多勇力人也”。现在看来，这种东方式的炫耀多么可笑。

四

十七年前发生的一个事件，对 1854 年在横滨举行的美日谈判产生了很大影响。

1837 年，一艘非武装的美国商船“马礼逊号”载着七名日本漂流民，从澳门出发，抵达日本浦贺近海，以此主动示好，希望达成与日本互利通商的目的。不料日本幕府的执政者根本不领情，下令炮击“马礼逊号”，迫使其仓皇撤离。此事在国际社会影响很大，也引起当时日本思想先进学者的批评。

一位名叫高野长英的学者甚至写了一本小册子《戊戌梦语录》，尖锐地批评说："如果幕府对他们诉诸武力驱逐，日本就会被看成一个不辨是非的野蛮国度。我们是一个非正义国家的恶名将会传播开来，日本将会失去它作为一个礼仪之邦的美誉。结果将难以预料会有什么灾难降临到我们头上。"

十七年后，"灾难"终于降临了。"黑船"来航，幕府被迫走到谈判桌前。在谈判一开始，佩里就依据列举"马礼逊号事件"，批评日本连本国漂流民也不救助，是"不仁之至"的非人道主义国家。

幕府谈判代表反驳说，佩里应该看到日本的"国政之善"。日本政治既非不仁，也重视人命，而且远胜其他国家，因此日本才能够在过去将近三百年间一直太平无事。何况"马礼逊号事件"已经是十七年前的事情了，现在日本已经允许为外国船只供应物资，而不再像以前那样见到外国船只就开炮驱逐。

谈判持续了将近一个月，正式会谈四次，谈判地点也改了一次。谈判期间，双方都戒备森严。

幕府谈判代表竭力建议美国接受原来荷兰通商的条件，以长崎为口岸；佩里则拿出 1844 年中美《望厦条约》给日本看，要求立即开放 3~5 个通商港口。最后，幕府不得不接受美国的条件。

1854 年 3 月 31 日，日本与美国正式签订了《日美友好条约》（又称为《神奈川条约》）。条约规定了漂流民的救助、引渡，日本同意开放下田、箱馆等港口，美国还可以派领事驻下田，等等。这是日本与西方国家签订的第一个国际条约，日本的国门终于被打开了。

正如佩里在给美国国会的报告里所说——

日本已经向西方国家开放——向日本说明它的利益将随着与他们的交往而扩大则是西方各国的分内之事。并且，随着偏见的逐渐消失，我们可以期待看到未来越来越自由的商业条约的谈判，这不仅仅对我们自己、对欧洲所有海洋强国、对日本的进步，以及对我们全人类的发展进程都是有利的。

日本语条约批准书原本，在幕末江户城火灾中被烧毁。其中一份批准书原本内文以荷兰语书写，由美国方面带回国内，保管在美国国家档案管理局，目前仍在。2004年日美交流一百五十周年纪念之际，美国以复印本条约批准书致赠日本。

谈判结束，双方紧张的情绪都平复了下来。佩里在美舰上举行了盛大招待宴会，并向幕府大将军赠送了礼品火车模型、电报机、照相机等，而幕府却只能用力士搬运大米表演作为回赠。后来，佩里的礼品在横滨公开展览，这些近代工业文明的产物吸引了大量日本民众。

在锁国两百多年的封建社会中生活过来的日本普通民众，也和当时的中国人一样毫无思想准备。当“黑船”开到箱馆的时候，当地人民不知道来者何物，有一半以上的人逃到外地去了。在下田，美国的官兵排列队伍，游览乡下，男女人民观者如堵。日本农村的景色也给美国人留下深刻的印象。他们发现，“道路两旁的农家就像一幅即将收起的舞台背景画，你根本想不到它是用来住人的。茅草屋顶最初是黄颜色的，时间一长就变得柔和与素净起来。屋顶上杂草丛生，大株杂草周围又繁衍出一小撮一小撮的草尖。屋脊上大朵百合清晰可见”。

美方翻译卫三畏专门起草了一份文书给日方，阐明西方世界在处理国际关系时所遵循的准则，以及向西方开放对于日本的好处。这对日本此后的开放政策应该发挥了一定作用。至于另一位翻译罗森，则忙于和日本各界人士交往。一位保守的日本官员还用汉字给罗森写了一封信，认为国家与外国断绝交往，是因为外来者往往在欺骗愚蠢的国民，他们唯利是图，没有礼让信义。这位名叫平山谦二郎的官员提出：自己愿意乘坐外国人的“火船”周游四海，向全世界的人宣传孔孟之道。

这当然是一个天真的想法。可是，真的有一位日本人要乘坐“黑船”出国，游历天下。

五

1854 年 4 月，美国舰船正在下田港检修。一天下午，舰长助理正在岸上散步，两个武士打扮的年轻人向他走来。他们每个人都佩戴着两柄用于表明身份的刀，并且身穿用昂贵丝绸裁制的宽大短裤，他们的礼节显露出通常上层阶级才有的那种既有尊严又有礼貌的文雅。两个人似乎要看这位美国人的表链，可是走近之后，一个年轻人悄悄把一封信塞进美国人的手心里。

这是一封用中文写的信，信中写道，“我们从书上读到和从传闻中听说一些关于欧美的风俗和教育情况，多年以来我们一直渴望潜出海外，以周游五大洲”。信中还以颇为夸张的比喻描写他们渴望了解日本以外世界的心情——

一个跛脚的人看到其他人走路，他也会渴望走路；但是一个步行的人看到一个骑马的人时，他又该如何满足自己的愿望呢？……现在，我们看到你以闪电的速度劈风斩浪，不远万里奔行在五大洲之间，难道不能将此比作跛脚汉找到了走路的方法，步行者寻求到骑马的方式吗？

还没有得到美国人的回复之前，这两个年轻武士就在夜深人静之时潜到美国军舰上。美国人发现了他们，从他们口中了解了真相。

其中一位武士，就是日本历史上大名鼎鼎的吉田松阴。吉田松阴 1830 年生于长州藩萩城（今山口县萩市）松本村一个下级武士家庭。自幼学习兵法，后成为长州藩兵法教师。20 岁时出游九州，在江户拜著名学者佐久间象山为师，研究防御外寇战术。因未得藩主允许到外地游历，他被剥夺士籍和食禄，成为一个浪人。但这样一来他倒可以自由活动了。他到各地游学，开阔了视野，萌生了了解外面世界的想法。

不可思议的是，推动吉田松阴走出国门、了解世界的人，竟然是来自中国的魏源。鸦片战争刚刚结束，魏源就编写了《海国图志》。虽然在中国无人赏识，被中国贸易商船传入日本后，却受到日本有识之士的重视和欢迎，被称为“天下武夫必读之书”，影响了日本幕末一代知识分子，其中就包括吉田松阴的老师、幕末著名的维新思想家佐久间象山。

佐久间象山十分推崇魏源的著作，主张学习西方先进科学技术，加强海防。美国舰队第一次来到时，佐久间象山就建议年轻的弟子设法跟随佩里的舰队离开日本，返回日本后用直接的西方知识武装自己。吉田松阴欣然从命，但是没有赶上美国舰队，于是转而投奔在长崎的俄国兵舰。但当他们到达长崎时，俄舰也开走了。

听到佩里第二次到来的消息，吉田松阴就和自己的弟子匆忙赶来。于是，在日本被佩里的“黑船”舰队强行打开门户的那个黎明，吉田松阴与西方不期而遇。

吉田松阴的出现，给佩里出了一个大难题。他佩服吉田松阴不顾个人安危的勇气和天真质朴的行为，可是根据日本的法律，日本人不允许出国旅行，否则就要被判处死刑。美国刚刚与日本签订条约，要想帮助吉田松阴，就不得不再去谈判。

最终，吉田松阴被送上了岸。几天后，几名美国军官在岸上闲逛时得知，有两个日本人正被关在小镇后面一个军营的囚笼里。他们走近后发现被关押的人，正是那天深夜拜访他们船只的那两个年轻武士。吉田松阴在一片木板上写下了一些文字，乘人不备把它递给一位美国军官。

吉田松阴坦承心迹，让美国人印象深刻——

胜者称为英雄，败者被说成是恶棍或盗贼……然而，我们并无什么可以指责自己的，需要被认清的是，这个英雄是否能够证明他是一个真正的英雄。得到允许可与日本的60藩国往来无阻，依然无法满足我们的欲望，多年以来我们一直渴望潜行出海，周游五大洲列国。我们的计划毁于一旦。哭吧，看起来我们像是傻瓜；笑吧，看起来又像是流氓。唉！对于我们来说，能做的只有保持沉默。

“这件事情很有深意，它显示了两位有教养的日本人的强烈求知欲，他们为增长见识敢于无视国家的严法，敢于赌上性命。”佩里在写给美国国会的报告里说，他看到了日本的未来，“日本人无疑是求知欲旺盛的国民，他们应该会欢迎能够增长道德和知识能力的机会。这两位运气不佳，但他们的行动可以认为是该国国民的特质，没有什么比这件事情更能体现该国国民的强烈好奇心了。他们的行动之所以受阻，只不过是因为极其严苛的法律和保证不违法的严密监视体系。从日本人的这种特性，可以推断这个有趣的国家未来蕴含着怎样的可能性啊，或许应该说，它是多么有希望啊”。

数天后，“黑船”舰队起锚，驶出江户湾，驶进了辽阔的太平洋。

六

回到东京，我一直想去看看那个叫作“十思公园”的地方。东京的公园很多，往往在街道的角落，不经意就发现一个小巧玲珑的公园。我从皇居出发，一路向西北方向走来，路上经过许多这样的小公园，当然都不是我要寻找的。半小时后，在打听了几个路人之后，我终于找到了“十思公园”。

公园位于秋叶原区，周围都是民居，占地很小，只有一些当地的居民在公园里散步，或坐在长椅上聊天。为什么叫“十思”呢？我无端地想，可能来自魏征的《谏太宗十思疏》吧。我是唯一的背包客，但是这些日本人对于我这个寻寻觅觅的游客并不在意。我在公园的一角，终于发现了我要找的东西——一个纪念石柱，上面写着“吉田松阴终焉之地”。这个石柱和其他的石柱没有什么区别，只是似乎更有沧桑感。从横滨的美国舰队，到东京的这个受刑之地，吉田松阴走了五年。

吉田松阴由于违反锁国令，被关押一年。出狱后，他被命令回到老家闭门思过。后来得到藩主允许，兴办松下村塾。学生都是寄宿生，从家里带来糙米，在学校里边舂边吃。教室狭小，白天摆着桌子上课，晚上把桌子集中在一角充当寝室。校内氛围自由，师生共桌吃饭，关系亲切。

村塾后来名声渐大，很多青少年远道而来，跟从吉田松阴读书。吉田松阴传授兵法，宣讲“尊王攘夷”主张。他认为幕府蔑视朝廷的命令，独断专行，其屈从外交有害于国家的将来。他主张推翻幕府统治，在统一国权的基础上再开国门。

作为一个政治活动家，吉田松阴密切关注政治。1858 年 6 月起，幕府大老井伊直弼未经天皇批准先后与美国、俄国、英国、法国、荷兰缔结了不平等条约。这使吉田松阴更加认为，幕府是日本发展的最大障碍，坚决要求倒幕。他希望藩吏、公卿组织武力讨伐幕府，并制订刺杀幕府高官的计划。次年，幕府发生“安政大狱”（日本称 1859 年为“安政六年”），大肆逮捕维新志士，吉田松阴当然也在其中。

最初，吉田松阴被判处流放罪，后来，被幕府大老井伊直弼亲自改为死罪。1859 年 10 月，吉田松阴被斩首，年仅三十岁。谁能够想到，二十一年后这个年轻人竟然成为欧洲流行小说中的人物。

1880 年，英国杂志刊登了一篇小说《*Yoshida Torajirou*》（吉田寅次郎），“寅次郎”就是“松阴”的一般称呼。这篇小说出自以《金银岛》《化身博士》闻名的英国作家史蒂文森之手。

史蒂文森认识了来自日本的留学生柾木泰三，柾木泰三少年时代曾入松下村塾，是吉田松阴的弟子。史蒂文森从柾木那里听说了吉田松阴的事迹后，深受感动，于是写下了这篇小说。小说详细描写了吉田松阴偷渡未遂事件，也描写了少年柾木泰三眼中所看到的松阴的形象——

吉田的脸上有痘疮的疤痕，丑陋得甚至有些滑稽。虽然本质上过着严谨的生活，但不修边幅，很不讲究。穿着很朴素，吃饭和洗脸的时候，经常用袖子抹脸。而且，他的头发两个多月才整理一次，从无例外，经常凌乱得不堪入目。每次想起这样的形象，也就很容易理解他没有结婚的事实。他言辞激烈粗暴，但行为却很沉稳，是一位了不起的老师。当讲义过于深奥，完全无法理解时，弟子张嘴发呆也好，或者时不时地发笑也好，他都置之不顾，不以为意。

史蒂文森在写完这个故事之后，给朋友写了一封信。他在信中感慨道："这是一个日本英雄的故事，他给了我生活前行的力量。"

"黑船来航事件"就像在死水中投入一块巨石，吉田松阴就是被激起的一个浪头。这个浪头又激起无数波浪，最终汇成冲决罗网的力量。吉田松阴培养的学生木户孝允、伊藤博文、山县有朋、井上馨、前原一诚等继承老师的遗志，投身于"尊王攘夷"活动。不到十年的时间，幕府就被推翻，明治维新开始，吉田松阴的思想成为现实。难怪梁启超称赞吉田松阴是一个"失败的英雄""败于今而成于后，败于己而成于人"。如果追溯源头，那么一切故事都源于1853年的“黑船来航事件”。

“黑船来航事件”打破了日本酣睡了两百多年的“太平梦”，又激发了这个东方岛国的新梦想。诚如明治时代的著名思想家福泽谕吉所说：“美国人跨海而来，仿佛在我国人民的心头上燃起一把烈火，这把烈火一经燃烧起来便永不熄灭。”

罗森：挤进大历史的小人物

无数普通人活在历史的夹缝里，悄然地生，无声地死，在这个世界上留不下一点痕迹。罗森是幸运的，偶然的机会让他挤进了大历史。遗憾的是，他不知道自己见证了一个伟大的历史时刻，更理解不了日本开国的意义。

1854年，佩里率领美国舰队第二次进入东京湾，在一个叫横滨的小渔村登陆。仅仅三四十年后，当年荒凉的小渔村就奇迹般地变成了一座繁荣的城市。“横滨开港资料馆”以大量资料生动地讲述了一个城市的成长史，其中的一张《美利坚人应接之图》吸引了我。

这是日本著名画师锹形赤子的作品，当年他受命为“黑船”上的来访者一一画像。我在画中惊奇地发现，在一群美国人之中，竟然有一个戴着瓜皮帽、拖着长辫子者。是中国人吗？仔细看，此人长着一张圆脸，矮矮胖胖，手持折扇，画像旁边写着“清国人罗森”。果然是中国人！我还发现，另外还有几幅他打伞、摇扇和写字姿态的画像。在当时参加接待美方代表的日方人员的笔记、日记和双方会谈记录上也能常常看到罗森这个名字。也就是说，有一位中国人见证了日本开国的历史场景。

这个中国人到底有什么传奇的经历，竟然参与了日本历史的进程，见证了日本历史性的时刻？

罗森是广东南海县的一个文人，后来经商。他在香港居住时曾与英美传教士有来往，会说一点英语，但是不懂日语。匪夷所思的是，他竟然以翻译的身份跟随美国舰队来到日本。

佩里首次日本之行时，由著名的美国传教士卫三畏做翻译。卫三畏感到与日本人打交道、订协议都离不开汉文，于是在佩里舰队再次前往日本时，便邀请友人罗森同行，一起作为美国舰队的翻译。

当时的日本人基本不懂英语，美国也鲜有人精通日语。罗森不懂日语，也不懂荷兰语，但是可以用汉字和日本人在纸上“笔谈”，因为当时日本的官员和读书人都熟悉汉字。几乎所有的翻译都依靠罗森和卫三畏。于是出现了奇怪的谈判场面：美国谈判官员说英语，卫三畏口译为中文，罗森写下来给日本官员看；日本官员写下汉文，罗森念出来，卫三畏再翻译成英文给美国官员听。在外交史上这都是少有的奇闻。

美国与日本的谈判持续了将近一个月，最后日本不得不接受美国的条件。1854 年 3 月 31 日，日本与美国正式签订了《日美友好条约》。这是日本与西方国家签订的第一个国际条约。本来可能发生的日本的“鸦片战争”就这样被避免了。

在日本期间，许多日本人士主动与罗森交往、笔谈，因为中国在鸦片战争中的惨败让他们感到震惊，急于了解中国到底发生了什么。罗森向日本人士介绍了中国当时的政治形势，还把自己写的关于太平天国的小册子《南京记事》借给日本官员阅读。这部著作很快就被翻译成日文，改书名为《清国咸丰乱记》，在日本广泛流传。

当时，许多日本人对于现代世界缺乏了解。和这些日本人比起来，罗森的见识也不见得有多高明。在后来撰写的《日本日记》一书中，他对日美谈判本身着墨不多，而是以猎奇的眼光来打量日本。他大量描写的是日本社会的“怪异”之处。罗森处处将日本与中国进行比较，对于日本的种种“落后”之处很是不屑。例如，他以“男女授受不亲”的儒家伦理道德来描写日本的男女共浴，“竟有洗身屋，男女同浴于一室之中，而不嫌避者”，将淳朴自然的男女关系丑化成了一个男女关系淫乱的社会。

罗森虽然对日本也有赞赏之处，但是在他的笔下，流露更多的是天朝上国俯视东方蛮夷的优越心态，很有以“文明人”自居的意味。鸦片战争已经发生十几年，中国已经被推进世界的大门，罗森还有这种心态，极为可笑。更悲哀的是，他没有意识到，正在他身边发生的事件即将改变日本的历史，也将改变中国的命运。

和罗森比起来，那位介绍他参与美日谈判的汉学家卫三畏的认识要深刻得多。他刚刚到达日本一周时，在给他弟弟的信中写下的话至今值得深思：“和中国人比起来，日本人给人的感觉是更加理性，精力也更加充沛。但是我觉得他们的生活并没有中国人那样舒适。他们的行动很不自由，也没有中国人那样有灵性。不过，与中国人相比，他们有着更强的进取心和好胜心。当这两个民族都认识到与别国进行交流的重要性后，很可能日本人会在世界上为自己谋取到更高一些的地位。”

要求罗森有敏锐的历史眼光，对中国提出预警，确实有些苛求。但是，一个国家在历史转折的时刻，毕竟需要一批有眼光的人。19 世纪中期日本令人吃惊的现象之一，是受过教育的日本人观察外部世界的强烈愿望，甚至还有吉田松阴这样希望通过偷渡了解世界的卓毅人士。他们在国家受到外来冲击之时，决心前往西方了解外部世界。他们共同拥有一个伟大的愿望：决心向西方学习，希望能够由此使他们的国家做好迎接新挑战的准备。

反观当时的中国，尽管已经被西方的坚船利炮打败，但精英人士仍然沉浸在天朝上国的幻想之中，拒绝睁眼看世界。比如 1840 年文渊阁大学士琦善到广州接替林则徐后立即宣布：“我不似林总督，以天朝大吏，终日刺探外洋情事。”他们沉迷于古老的文明不能自拔，自认为是东方的文明大国，甚至臆造出中国道德优于西方之类的怪论来自我安慰，浑然不觉世界正在发生的巨变，更不肯主动地走向世界。直到甲午中日战争才猛然醒来，发现日本已经将中国远远抛在后面，追赶不及。

谈判结束后，罗森搭乘美国军舰返回中国。据说，途经镇海时，他在当地收购了一批生丝，运回广东后赚了一笔钱。翻译是临时的，历史对于他来说没有那么重要，他只是一个小商人。

无数普通人活在历史的夹缝里，悄然地生，无声地死，在这个世界上留不下一点痕迹。罗森是幸运的，偶然的机会让他挤进了大历史。遗憾的是，他不知道自己见证了一个伟大的历史时刻，更理解不了日本开国的意义。

马克斯·韦伯曾说，“观念创造出的‘世界图景’，时常像扳道夫一样决定着由利益驱动的行为的发展方向”。在许多国家向现代化转型的过程中，先知先觉的知识分子都发挥着“历史扳道夫”的作用。在这个意义上，或许，在1854年春天的那个深夜，从吉田松阴潜入美国军舰的那一刻起，中日两国不同的现代化命运已经被注定。

罗森没有，也不可能成为“历史扳道夫”。即使挤进大历史，小人物也还是小人物。

为什么给侵略者树碑立像?

将如此高的评价给予一个侵略者，在中国人看来匪夷所思。可是，如果剥离道德的评判，以历史的尺度去丈量，佩里确实是促使日本开放改革、融入世界的有功之臣。

在日本，美国人佩里的雕像有三尊：一个在东京，一个在北海道，还有一个在横须贺市。作为佩里最初登陆的地点，横须贺市还有一个佩里公园，公园里专门设有佩里纪念馆，全面展示佩里的生平。

和中国一样，日本也曾经长期实行“锁国政策”，直到佩里率领美国军舰长驱直入东京湾，才被迫开国。毫无疑问，对于日本而言，佩里是一个侵略者。可是，为什么日本要为一个侵略者树碑立像、像英雄一样崇拜呢？答案或许在历史里面。

经过两百多年的“太平盛世”，19 世纪中叶的日本武备松弛，“诸大名和旗本就已把甲胄束之高阁，只是在正月十一日拿出来摆摆样子，到暑天六月拿出来晒晒。而有随身武士者，可谓屈指可数。因而一俟出阵，即刻感到缺乏装备，以致张皇失措。即使尚有祖上传下的甲胄，亦破损不堪，而战袍则被虫子蛀蚀得百孔千疮，无法穿上上阵”。

因此，当佩里率领美国舰队驶入日本海，要求日本开国时，日本自知国力不足，如果抵抗必然重蹈中国覆辙。所以，它没有采取激烈对抗措施，而是冷静避战，虚与委蛇。

翌年佩里再次到来后，日本当局就坐下来与其正式谈判，最后正式签订了《日美友好条约》，同意开放下田、箱馆等港口。这是日本与西方国家签订的第一个国际条约，也标志着日本锁国体制正式解体。

四十八年后的1901年，日本人在佩里第一次登陆的地方建立起了“北米合众国水师提督伯理上陆纪念碑”，纪念碑基座上镌刻着对佩里来航事件的说明，并且高度评价说，这一事件“成了将幕府统治下的锁国状态的日本拉回到世界的原动力”。

当然，日本人对历史的认识并不是没有动摇过。日本突袭珍珠港、引发太平洋战争后，这个“北米合众国水师提督伯理上陆纪念碑”就被推倒，在原地建立了“国民精神振奋碑”。不过，日本无条件投降后，“国民精神振奋碑”又被推倒，重新竖立起“北米合众国水师提督伯理上陆纪念碑”。后来，又相继在东京和北海道建立了佩里的雕像。

尽管当年佩里仗着船坚炮利迫使日本签订第一份不平等条约，但后世的日本人并没有将他视为仇敌。相反，他被视为日本的恩人。在横须贺的佩里公园里，每年都有民间组织的开国纪念活动，人称“黑船祭”。在纪念表演活动中，当年的“入侵者”以英雄的姿态出现。日本人认识历史的态度，值得深思。

佩里没有开一枪一炮，就打开了日本的国门。从历史的角度看，日本对外开放可谓正当其时。正如日本战后首相吉田茂所说，“日本近代化的发展是十分幸运的。那时正是19世纪中叶，先进国家虽然完成了产业革命，但是它们的技术水平仍然处于提高熟练程度和积累经验的阶段，仍需要不断接受科学的证明。近代的钢铁工业才开始起步，几乎还没有出现化学工业，铁路兴建的热潮也刚刚开始，而帆船还没有被轮船取代。因此，日本的技术水平并没有远远落后于西方先进国家，日本人还可以一边有效率地利用自我的传统技术，一边加倍努力去追赶西方先进国家的发展脚步”。

当然，日本并不局限在产业技术，而是在科学技术、思想文化、政治体制等各方面全方位地学习西方。特别是明治维新开始后，日本人通过努力追赶，仅仅用了三十多年时间就成为亚洲第一强国，将中国远远抛在后面。

如果没有佩里，日本可能继续闭关自守，最终沦为殖民地。佩里来航确实“成了将幕府统治下的锁国状态的日本拉回到世界的原动力”。如此高的评价给予一个侵略者，在中国人看来匪夷所思。可是，如果剥离道德的评判，以历史的尺度去丈量，佩里确实是促使日本开放改革、融入世界的有功之臣。

假如中国与日本互换位置，中国能够像日本那样吸取教训，面对现实，放弃锁国政策，融入现代化的世界潮流吗？历史不是没有给过中国机会。“黑船来航事件”五十年前，英国派使团到北京要求通商，被乾隆皇帝断然拒绝。假如中国当时开放国门，就能够赶上工业革命的第一班车，避免后来的许多历史弯路。

遗憾的是，1894年甲午中日战争惨败于日本后，中国才开始全面学习西方。然而那时西方却进入了一个非常糟糕的示范时代。普鲁士式的国家统治经济与军国主义强权开始抬头，民族主义、种族主义、共产主义、社会达尔文主义、无政府主义、军国主义、帝国主义等思潮纷纷兴起，并在中国找到了市场。错误时间的错误选择，让中国付出了惨重的代价。

对于一个人来说，要在正确的时间做正确的事。对于一个国家而言，何尝不是如此。否则，就会丧失时机，甚至误入歧途。

历史当然不可假设，但是它可以启发我们的思考。在面对历史的时候，我们是不是应该多一些冷静思考呢？一百多年来，除了明火执仗的侵略者外，也有很多外国人对中国的文明进步做出了贡献，我们是不是应该给予他们起码的尊重？

哈里斯：瓦解日本锁国体制的美国人

他告诉幕府高官，蒸汽船很快就会把世界变成一个“大家庭”，没有什么国家可以孤立在外。日本的明智之举是，放弃闭关锁国的政策，通过签订条约，以和平的方式、不失体面地加入由国家组成的大家庭中来。

汤森德·哈里斯（Townsend Harris）第一次踏上日本的土地，是在公元1856年的秋天。这位美国人早期是一位纽约商人，后来致力于教育。52岁时被任命为第一任美国驻日总领事，带着与日本缔结通商条约的使命上任。

当时美国领事馆设于静冈县下田市的一所寺庙里，哈里斯在这里升起了星条旗。他在日记里说：“这一次升旗，是使日本由锁国状态中觉醒的征兆，又是埋葬旧日本的晓钟声。”他对自己的使命很清楚，“我是欧美文明国家中，首先被准许驻在日本的人，也为日本创建国际交往的新制度。由此，为了我自己将来在日本历史上的名誉，应尽最大的努力”。

两年前，美国准将佩里强迫幕府签订《日美友好条约》，敲开了日本的国门。但是，这个条约只解决了迫在眉睫的危机，却没能解决外交政策的基本问题。外国船只可以进港避难，但是不准进行贸易。即使这样，幕府内部也产生了激烈争论：一派主张固守“锁国政策”，保持日本国土纯洁、国体延续；另一派认为必须放弃旧政策，与其他国家通商贸易，富国强兵。

争论如火如荼，哈里斯的出现又给幕府出了一个大难题。哈里斯要求到江户面见幕府将军，亲手转交富兰克林·皮尔斯总统的书信。幕府百般推诿，但是不敢强硬拒绝，因为英国袭击广州（第二次鸦片战争爆发）的消息让幕府不敢造次。正如一位幕府大老所说，“我们坚持传统的任何企图，将会因微不足道的小事而造成困难，并因此最终引起外国人的怒气，这是极其不可取的……因此我们应当居安思危，必须制订一个长期的计划”。

最终幕府妥协，抵达日本两个多月后哈里斯终于来到江户城，见到了德川幕府的第 12 代将军德川家定——这是幕府将军第一次接见外国使节。将军身患疾病，生性懦弱，会见匆匆结束。之后，哈里斯与幕府老中开始了正式谈判。

哈里斯在中国宁波担任过代理领事，是一个有经验的“东方通”。他告诉幕府高官，蒸汽船很快就会把世界变成一个“大家庭”，没有什么国家可以孤立在外。日本的明智之举是，放弃闭关锁国的政策，通过签订条约，以和平的方式、不失体面地加入由国家组成的大家庭中来。哈里斯说——

倘若日本与没有军队作为后盾的美国大使签订条约，尊严可保。与一个不以武力为后盾的人签订的合约，相比与一个将要派 50 艘军舰逼近海岸线的人签订的合约，是截然不同的。

哈里斯起草了一份条约草案，要求日本方面做出两个让步：允许美国人在日本若干港口的自由贸易；允许美国在日本都城派驻外交代表。为了说服日本人接受西方通行的外交惯例和政治经济理论，哈里斯费尽口舌地向对方解释。他在日记里写道——

我应该强迫自己关注主要的、具有实际意义的条款，少去注意日本人就同一问题多次重复的冗长议论；我不该关注那些他们开始时断然拒绝，随后又加以同意的条款，他们总是这样；我也不该关注他们提出的那些荒唐提议，要他们接受条约没有什么希望，我几乎对此不抱奢望……

在谈判期间，各种反对力量也蠢蠢欲动。一位武士企图袭杀美国使节。幸好阴谋泄露，没有意外发生。尽管存在重重困难，经过连续 13 次谈判，双方还是达成了一致：日本开放神奈川（横滨）、长崎、新潟、兵库（神户）、江户等港口，在所有开放港口设立领事，允许美国大使常驻江户。美国人在日本犯法，受美国法律约束，通过领事法庭审判。美国人可以和日本人进行任何商品的自由买卖。任何日本官员不得对此种交易进行干涉，也不得为此制造和收受报酬。除去少量用于医学目的外，鸦片买卖被禁止。

哈里斯终于长舒了一口气，可是当会谈内容被公之于众后，引发了强烈的抗议，幕府又被新的反对声浪包围。精英阶层中的许多人士仍然坚持锁国政策，他们宣称，允许对外自由贸易和外国宗教传入日本，会扰乱日本社会，导致政治动荡，把日本带入一个未知的危险领域。当然，他们也知道日本无力对抗，因此建议寻找某种权宜之计，以减少让步同时又避免战争。

幕府老中转而向京都的天皇寻求支持。虽然皇室的权力有限，但是皇室颁布的法令毕竟可以使一项国家政策更具权威性，可以使幕府的地位更加权威，让批评者无话可说。同时，按照几个世纪以来的传统，只具有象征意义的天皇会无条件地支持幕府的决定。出人意料的是，京都却回应说，幕府必须先使国家团结，然后天皇才会颁布谕旨。

哈里斯发现，日本政局发生了动荡。与他谈判的幕府大老出局了，一个新的大老井伊直弼掌控了政权。虽然井伊也是一个思想解放的开放派，可是面对汹涌的反对声浪，条约的签订不得不被停止下来。

正当无计可施之时，英国和中国在天津签订条约的消息传来。同时，据报英国舰队正在准备驶向日本。哈里斯买下了这个情报，立即乘坐美国战船赶到江户湾。他声称为了保护日本，也为了履行幕府的诺言，应该立即签订条约。

幕府也担心如失去机会，有重蹈“邻国（指中国）覆辙之虞”。于是不待“敕许”,1858 年 7 月 29 日,《日美友好通商条约》正式签订。此时距离《中英天津条约》签订仅一个月。这是日本第一个承认贸易自由和通商开国的条约，对日本的经济、政治影响深远。如果说佩里叩开了日本的国门，那么哈里斯则彻底瓦解了日本延续 220 年的锁国政策。在此后的两个月里，荷兰、俄国、英国、法国也与日本签订了通商条约，史称“安政五国条约”（1858 年是日本的“安政五年”）。

1861 年，哈里斯踌躇满志地离开日本。他有理由为自己的成就而感到满意，同时也为条约的实施感到担心。因为就在他返回美国前不久，他的秘书亨利・胡斯肯在江户的大街上遭到刺杀。那些保守的大名、武士对条约异常愤怒。他们没有注意到条约的不平等性，只是关心开国和锁国的问题。“尊王攘夷”由此兴起，这些条约成为将外国人统统“攘”出（包括暗杀手段）日本的借口。“尊王攘夷”运动最终推翻了幕府统治，幸运的是，日本没有倒退回去，明治维新最终还是将日本带进了世界的“大家庭”。

1874 年，哈里斯接受了一位从日本回来的人的采访。哈里斯的第一个问题就是：“日本人认为我是一个怎么样的人？”对方的回答让他感到高兴。四年后，他长眠在纽约的一个墓地里。

一百多年过去了，哈里斯并没有被日本视为强加不平等条约的“侵略者”。相反，因为他打破日本的锁国体制、开启了日本近代对外贸易和文化交流，至今仍被日本这个国家所尊敬。

新岛襄：日本第一个留学生的人生传奇

中国有容闳而不用，日本有新岛襄而信用之。两个留学生的不同人生际遇，折射的是两个国家的不同选择。后人面对这段对比鲜明的历史，除了为容闳扼腕叹息外，是否还应该反思呢？

在京都市中心，与旧皇宫仅一墙之隔有一所大学，就是著名的同志社大学（Doshisha University）。中国台湾的马英九先生曾在这里演讲，高度赞扬这所学校的办学理念，并如此评价道，“与其说同志社大学是西日本的早稻田大学，不如说早稻田大学是东日本的同志社大学”。

早稻田大学是曾两度出任首相的大隈重信创办的，而同志社大学的创办者则是一介平民新岛襄。新岛襄的传奇一生，是19世纪日本国民精神的典范。

新岛襄是一个下级武士，早年学习荷兰学，曾在幕府的海军教习所就读。但是他发现这里的学习不充分，他很不满意。他的荷兰学老师借给他一部《鲁滨孙漂流记》，这本探险小说激发了这位年轻人探寻海外知识的渴望。后来他曾这样描述自己的心情，“有些日子我去江户的海边，希望看到大海的景色。我看到很大的荷兰军舰停泊在那里，对于我来说，它就像一座城堡或一组大炮，我想它与敌人作战时一定十分强大”。

彼时日本已经放弃锁国政策，一些外国人开始出现在这个远东的岛国上。新岛襄渴望奔向外国海岸，亲自去学习西方的长处，来拯救落后的祖国。于是，这位年轻人决定独自去海外学习。虽然当时日本仍然禁止本国国民出国，违反禁令者会被杀头，但是新岛襄决心已定，义无反顾。

他的激情感动了一位美国船长。1864 年，21 岁的新岛襄潜藏在美国商船里，离开日本，来到上海。在黄浦江畔，新岛襄被转移到“流浪”号船上，开始了漂洋过海的生活。在船上，新岛襄的武士自尊心经常遭到打击。他的英语非常差，听不懂其他乘客的话。有一次，他因没有服从一名乘客用英语发出的指示而受到叱责，新岛襄拔出刀，准备砍倒这名乘客。这时他想起了自己的使命，最终隐忍下来。

在海上漂泊了一年多的时间，新岛襄终于来到美国。为了糊口，他做各种苦工，“每日的劳作让我筋疲力尽，头一沾枕头就呼呼大睡。每早醒来，全身酸疼得厉害，几乎无法移动”。后来，新岛襄用可怜巴巴的英语拼凑出一封信件，解释他来美国的原因。“流浪”号的主人阅读后，慷慨地支付了他的学费，使新岛襄顺利进入菲利普斯大学（Philips Academy）。

在举目无亲的异国他乡，新岛襄靠着顽强的信念发奋读书，详细研究西方教育体系，希望有朝一日能够在祖国从事教育事业。最终，他成为第一个在美国获得学位的日本人。其间，这位“叛逃者”还曾为明治维新政府派出的岩仓使团担任翻译。这个使团的成员都是日本政府的高官，新岛襄的勤勉工作精神赢得了他们的信任。

1874 年，新岛襄回到阔别十年的祖国。此时，他已经是一个完全被西化的日本人，不但西装革履，而且信仰基督教。致力于文明开化的维新政府并不排斥他，反而支持他办教育。一年后，新岛襄就以“培养崇尚自由和良心的人们”为宗旨，开办了日本历史上第一所基督教大学——同志社大学（最初名为同志社英学校）。《剑桥日本史》这样评价其先进的教育理念，“接下来的日本‘文明开化’政策与新岛襄向同胞传播基督教的个人使命几乎是分不开的”。

不过，创业维艰，同志社大学最初仅有 2 名教员 8 名学生。在新岛襄艰苦卓绝的努力下，仅用十年，该学校就发展成近万人。新岛襄秉持“良心教育理念”，希望每一位学生都能怀揣良心走出校门。他在一封书信中这样表达自己的信念：“造就欧洲文明的是自由精神、科学发展以及基督教的道德……除非教育基于同样的基础，否则我们无法相信日本会达到这种文明。建立在这样基础之上的国家，将如同建立在磐石上一样牢不可破……”1880 年他为平息学潮，在朝会上用皮鞭抽打自己的身体，感化了学生。“自责鞭事件”是全世界教育学界的典范。

现在，同志社大学是西日本地区最顶尖的私立大学，与庆应义塾大学、早稻田大学并称“私立三大校”，在日本国内享有极高的声誉。学校大门附近有一个“新岛遗品库”，展示着 130 年前新岛襄筚路蓝缕、以启山林的艰难办学历程。我走进展室，望着新岛襄的生前遗物，心中想的却是一个和新岛襄有相似经历的中国人——容闳。

新岛襄是第一个留学美国的日本人，容闳则是第一个毕业于美国耶鲁大学的中国留学生。容闳生于1828年，19岁时进入耶鲁大学学习。不过，他不是像新岛襄那样偷渡出国，历经磨难，而是跟随一位牧师到美国的。和新岛襄一样，容闳学成以后，怀抱报效祖国的雄心壮志回到国内。可是，他到处碰壁，壮志难酬：从事商业，走实业救国的道路受阻；寄望于太平天国建立"新政"，却眼看着这个政权走向崩溃；虽然他得到曾国藩、张之洞等高官的赏识，却得不到重用；他积极参与戊戌变法，维新不满百日就被腰斩。容闳为此遭清政府通缉，出逃香港，再度赴美。晚年容闳赞成革命，有幸看到了清政府被推翻。孙中山亲笔写信邀他归国担任要职，但84岁的老人未及回国就去世了。

纵观容闳一生，最大的贡献就是组织了第一批幼童（詹天佑即在其中）官费赴美留学。除此之外，功业寥寥，最后不得不逃亡异国，抱憾而终，徒留一个"中国留学生之父"的空名。而新岛襄建立大学，培养了无数人才，一百多年后这所大学仍然生机勃勃，继续影响着这个国家。中国有容闳而不用，日本有新岛襄而信用之。两个留学生的不同人生际遇，折射出的是两个国家的不同选择。后人面对这段对比鲜明的历史，除了为容闳扼腕叹息外，是否还应该反思呢？

咸临丸：日本精神的象征

日本人完全不假外人之手，完成如此壮举，勇气可嘉，志气可钦。难怪，乘坐这艘船的福泽谕吉骄傲地说，“这是值得大大夸耀的地方。盱衡目前的朝鲜、中国，以及东方各国，没有一个国家有勇气只学了五年的航海即决定横渡太平洋”。

《激荡的百年史》是日本战后首相吉田茂的著作，记录了自明治维新以来日本一百年的历史，曾被评为“二十年来影响中国最大的100本书”之一。这本名著就是以“咸临丸”开篇的，而且盛赞它“拉开了日本现代史的序幕”。

咸临丸是1857年日本从荷兰购买的一艘小军舰，总吨位不足300吨，只配备100马力的蒸汽机。因此，它只有在进出港口时使用蒸汽，航行中必须借助风力行驶。就是这样简陋单薄的一艘船，完成了日本首次横渡太平洋的壮举。

在长达两百多年的锁国体制下，日本禁止国民踏上外国的土地。开国之后，许多日本人，包括一些官员都渴望能够亲眼看看西方世界。1860年正月，日本派遣使节团搭乘美国轮船前往华盛顿，交换《日美友好通商条约》的文书，咸临丸被派遣随同前往。

本来，咸临丸的船员清一色都是日本人。有几位美国人要搭乘，还遭到了拒绝。因为日本船员担心这会损害日本人的名誉，被人认为是美国人带他们到美国。后来，在幕府的强迫下才接受。这是日本人第一次横渡浩瀚的太平洋，所以幕府对日本船员的航海技术也不放心。

担心不是多余的。七年前日本人才第一次见到蒸汽船（佩里的“黑船”），学习蒸汽船航海术也仅有五年。当时的社会舆论认为，航行到遥远的美国是拿生命做赌注。日本船员虽有豪情，但其实也感到前途未卜。因此，在正式启航前夕，这群年轻的日本人聚集在一家茶艺馆里开怀畅饮，大有“风萧萧兮易水寒，壮士一去兮不复返”的悲壮。

横渡太平洋的航程确实充满危险。因为咸临丸吨位小，煤炭有限，出港后就不能再靠蒸汽动力，只能像帆船一般，仅靠风力前进。一路上几乎每天都遇到暴风，海浪打到甲板上，四艘停靠用的小船被大浪冲走两艘。洪波浩瀚，海天茫茫，咸临丸渺小得就像一片树叶。在惊涛骇浪中，船身经常倾斜至三十七八度（倾斜至四十五度便会倾覆）。但是，日本人毫不畏惧，即使遇到险情也不求助船上的美国人。

咸临丸中途没有停泊，终于在三个多月后抵达了美国西海岸。日本人完全不假外人之手，完成如此壮举，勇气可嘉，志气可钦。难怪，乘坐这艘船的福泽谕吉骄傲地说，“这是值得大大夸耀的地方。盱衡目前的朝鲜、中国，以及东方各国，没有一个国家有勇气只学了五年的航海即决定横渡太平洋”。

咸临丸的壮举也获得了美国人的认可。1860 年 3 月 17 日，咸临丸平安抵达旧金山，当地的美国官员登船祝贺，并鸣放礼炮表示欢迎。陆上的参观者人山人海，盛况空前。七年前美国的东印度舰队长司令佩里到日本要求开放门户，如今日本人航行前来美国，美国人就如同见到从自己的学校毕业的学生一样激动，照顾得非常周到，甚至免费为咸临丸维修。

在纽约，日本人受到了盛大欢迎，百老汇大街上人头攒动，房屋的阳台上都站满了人。著名诗人惠特曼还专门写了一首诗《百老汇大街上一支壮丽的行列》，为看到了东西方联合和世界大同的前景而欣喜。直到今天，我们还可以在《惠特曼诗选》里读到下面这些激情洋溢的诗句——

当码头边那无数威武而笔直的森林般的旗杆挂满了旗彩，

当每一只盛装的船都在船头上空升起了它的旗帜，

当三角旗迎风飘扬，沿街两旁的窗口都挂上了彩带，

当百老汇已被徒步的行人和伫立者通通占领，当群众已拥挤不堪了，

当房屋的阳台上都站满了人，当千万双眼睛凝神地集中于一个顷刻，

当那些来自海岛的客人在行进，当那壮观的行列显然在向前移动……

日本人当然更是大开眼界。红地毯、葡萄酒、西洋舞蹈、男女平等、公开辩论等，让他们感到惊奇。福泽谕吉在他的自传中，有一章的题目为“我加入了第一个访美使节团”，就讲述了日本武士所见所闻的很多趣闻逸事。通过对比，他认为“社

会、政治以及经济被证明是最令人费解的”。

半年后，咸临丸平安回到日本。开天辟地似的壮举激发了日本人的民族意识，使节团在美国受到的欢迎也改变了日本人认为“西方人是野蛮人”的成见。就像当时的一位学者所说，“美国人的热诚是发自内心的。通过将朋友的意义扩展到世界上的所有人，而不仅仅局限于我们日本人自己，那么全世界的人都会是我们的朋友”。随着思想观念的改变，支持国家对外开放、走文明开化道路越来越成为日本人的共识。

在咸临丸横渡大洋的时代，东亚其他国家还在顽固地拒绝外部世界，徒劳地抵抗新文明的冲击，日本则表现出完全不同的精神风貌。诚如吉田茂所说，“日本虽然是在外国的压力下被迫开放门户，但是日本一旦决定开放，便毫不犹豫地在西方文明和经济的冲击下显示出自己敢于冒险的气魄和意志”。从这个意义上分析，咸临丸不愧是日本精神的象征。

千岁丸：从中国带回来的教训

如果说，启航之日千岁丸承载的是对中国的憧憬和幻想，那么归国之时，千岁丸带回来的是中国的教训：假如日本不锐意改革，发愤图强，就会像中国一样衰败腐朽！

自千岁丸起航，高杉晋作就开始生病。航行中遭遇狂风暴雨，同行者都很悲观，认为凶多吉少。但是高杉仍然坚持每天写日记，并详细记录经纬度和航海技术，为后人留下了关于日本近代第一艘派往中国的官船千岁丸的翔实资料。

千岁丸是一艘载重量为358吨的三桅木造帆船，原名为“阿米斯迪斯”（armistice），是日本花费洋银3.4万枚从英国人手中购买的。1862年5月29日，幕府派该船驶往上海。船长和主要船员均为洋人，船上共有51位日本人，除了幕府官员外，还有不少各个藩国选派的青年藩士，高杉晋作来自长州藩。

历史上中日两国曾有长期的交流来往，但是自17世纪70年代江户幕府禁海之后，两个多世纪里日本船只再也没有到过中国。千岁丸既承担着与中国建立贸易关系的任务，也肩负着收集中国信息的使命。

近代以来，上海是中国第一批对西方列强开放的门户，日本由此也把上海看作距离西方最近的地方。经过 8 天的艰苦航行，千岁丸终于驶近上海港，眼前的繁荣景象让高杉晋作大开眼界。他在日记中这样写道——

此乃中国第一繁盛海港，欧罗巴诸邦商船军舰数千艘停泊于江上，桅樯林立，填满津口。陆上则有诸邦商馆，粉壁千尺，殆如城郭，其雄大壮伟，笔纸难以表述。

当时高杉晋作还是一个籍籍无名的武士，但是这个 23 岁的年轻人“好读书，漫游天下，访奇人伟士”，热切地寻求富国强兵之道。上海外滩洋行云集，外国商船在黄浦江来来往往，这一景象震惊了高杉晋作。可是，当他上岸漫游上海城内外时，很快就见识到了光鲜背后的肮脏无序——

上海市坊通路之污秽难以言说。小衢间径尤甚，尘粪堆积，无处插足，亦无人清扫。或曰，出市街即为旷野，荒草没路，唯棺椁纵横，或将死尸以草席包裹，四处乱扔。炎暑之时，臭气熏鼻。清国之乱象，由此可知。

高杉晋作喜欢中华文化，汉诗写得很漂亮。可是眼前的中国与他想象的文明大国完全不同，不但街衢肮脏，而且人民吸食鸦片，士兵敝衣垢面，枪炮粗陋，在庙里栖身，而军械先进的外国军队则自由行动，这让高杉晋作极度失望。

对上海的情况详细考察以后，高杉认为，上海外滩之所以繁盛，“皆缘于众多之外国人商馆，城外城里亦多外国人商馆”。他注意到，中国人到处被外国人牵制着，“英国人、法国人在街上行走的时候，中国人都躲到道路两旁为他们让行。事实上，与其说上海是属于中国的土地，还不如说是英法两国的殖民地。在距上海1200公里的北京，中国的威风可能仍然存在。但是，提起我们所在地的上海简直是惨不忍睹。这让我想起吕蒙向宋太宗进谏时所说的‘以亲近，不及远，岂不宜也’的名言”。

高杉晋作不仅为中国感到悲哀，更为日本的未来忧虑，“虽然说我们是日本人，但是对于如此的局面也应该关心留意。因为这并不仅是中国一国之事”。

在高杉晋作看来，中国自古英雄辈出，节义之道也非常贤明，为什么会衰微到如此地步呢？综合上海的所见所闻和来自北京的各种信息，他得出的答案是，“他们不能制造凌驾万里波涛的军舰和制敌于数十里之外的大炮；他们国家的志士所著的《海国图志》等已经绝版，只提倡固陋偏颇之说，因循守旧，苟且懒惰，虚度岁月；他们只想着天下太平，没有改变方针政策去制作军舰大炮来防范敌国，所以才落得如此衰败之境地”。

高杉晋作眼睛里看到的是凋敝的中国，心里想的则是自己的祖国。8月3日，千岁丸启航回国。在返航的日记中，高杉晋作总结考察上海之行，得出这样的结论，“我们日本若不迅速实行攘夷之策，最终将重蹈中国之覆辙”。回到国内后，高杉晋作把自己的日记辑录为《游清五录》，至今仍然是了解近代日本之中国观的宝贵资料。

值得注意的是，参加千岁丸之行的日本人一共留下了六本著作，《游清五录》只是其中之一，其余五本的作者也都是优秀的青年藩士。他们富有朝气，善于思考，具有敏锐的观察力，同时怀着忧国忧民之心。像高杉晋作一样，他们都把这次访华看成是开阔眼界、增长见识、实地考察中国社会、探求日本前途的好机会。因此，他们认真调查中国的政治、经济、军事、社会状况，与中国各界人士接触，收集各类书刊、资料、地图，详细记录上海之行的亲身经历和调查成果。

千岁丸让这些年轻的武士有机会走出国门，眼界大开。曾经被日本崇敬的中国，如今已经不再是一个文明强盛的大国，而是千疮百孔，不堪一击，这让他们内心受到强烈震撼。如果说，启航之日千岁丸承载的是对中国的憧憬和幻想，那么归国之时，千岁丸带回来的是中国的教训：假如日本不锐意改革，发愤图强，就会像中国一样衰败腐朽！

千岁丸的上海之行，使日本的国家危机意识剧增。特别是那些充满忧患意识的年轻武士奔走呼号，谋求国家变革，在"尊王攘夷"运动中发挥了重要作用。高杉晋作更是成为"尊王讨幕"派领袖之一，他组建的日本第一支新式军队"奇兵队"，成为倒幕中一支重要的武装力量。倒幕成功，才有明治维新。可见，千岁丸对日本国家走向的影响不可估量。

很少有人注意到，就在千岁丸访问上海的同一年，"京师同文馆"在北京开学。这是清末第一所官办外语专门学校，旨在培养外交和翻译人才。它翻译、印刷出版西方文献，因此成为中国政府了解西方世界的窗口。遗憾的是，当时中国的视野里只有欧美国家，并没有东瀛岛国。假如中国像日本一样善于从邻国吸取教训，较早地学习借鉴日本的经验，那么中国的近代史会不会被改写呢？

日本的“爱国贼”

诚如18世纪的英国作家塞缪尔·约翰逊（Samuel Johnson）所说，“爱国主义是流氓无赖最后的藏身之地”。日本历史上的“爱国贼”生动地诠释了这句话。

1860年，当日本人首次乘坐咸临丸抵达美国之后，大开眼界，新鲜事物目不暇接。舰长胜海舟专门买了一把黑色洋伞作为纪念，船员好奇地围观，因为日本使用的都是木伞，从来没有这样的东西。舰长说：“我把这把伞带回国内，撑着伞在街头风光一番，你们说好不好？”立即有人提醒道：“我看还是在官邸里自己玩赏吧。您如果在街上招摇，一定会被浪人袭击！”

这种担心并不是多余的。就在咸临丸回国前半月，一个雪花飞舞的早晨，主张和外国通商的幕府大老井伊直弼在江户城樱田门外被浪人暗杀。“樱田门事变”宣告日本“爱国贼”抵抗对外开放的行动达到高潮。

数千年来，东方国家自成一体。但是到了19世纪中叶，西方人闯进来，各种冲突在所难免。虽然日本政府并没有像清朝那样拒绝开放国门，而是和平地放弃锁国政策。但是门户初开之时，一些日本人认为外国人充满晦气污秽，不愿意让他们踏上本国的土地。在自认为社会精英的武士阶层中，这种思想并不少见，尤其是那些腰插双刀的年轻下层武士，许多都是“爱国愤青”，视外国人如寇仇。特别是在通商口岸，很快就掀起了“愤青”大肆刺杀外国人的风潮。

1858 年 8 月，俄国见习官和水兵在横滨登陆购买粮食，遭到武士的袭击，2 死 1 伤。这是日本国门开放之后发生的第一起刺杀外国人的事件。3 个月后，在法国领事馆工作的中国人因穿西服而被误认为西洋人遭到杀害。1860 年 1 月，在英国总领事馆当翻译的日本人遭到刺杀。2 月，荷兰 2 名船长也被杀害。但奇怪的是，杀人凶手一个也没有抓获。这从而进一步助长了暗杀之风。

“樱田门事变”之后，排外风气更加高涨。在外国人看来，这个东方岛国充满了暴力和恐怖。1861 年初，一位美国翻译被杀；6 月，英国公使馆遭武士袭击。1862 年 6 月，英国水兵被杀伤；9 月发生了“生麦事件”——一位骑马的英国人无意间冲撞了一个藩主的队伍，被藩主的护卫当场砍死。“生麦事件”酿成极大的危机，一度将日本推向战争的边缘。最后幕府不得不赔偿巨款，才消弭了一场灾难。

日本“爱国贼”的暗杀行为不都是自发的，而是受到了来自高层的煽动和纵容。当时的孝明天皇非常反对与外国通商，他听说幕府赔偿“生麦事件”后十分震怒，下诏说：“纵使皇国一端化为焦土，亦绝不愿开港交易。”这种典型的“愤青”言论，更加激励了日本“爱国贼”的排外行为。

后来成为日本近代工商业精神领袖、被称为“日本资本主义之父”的涩泽荣一，早年也是一个“爱国愤青”。他放弃家业，狂热地加入“攘夷”活动。1863 年，他与其他几位志同道合的友人制订了一个极为大胆的攘夷暴力行动计划，并购买了武器，准备以武力先占领高崎城，然后再一鼓作气打进横滨，将那里的外国人全部杀光。但是在实行计划之前，由于内部发生了意见分歧而不得不暂且作罢。

随着仇恨外国人的风气的蔓延，与外国人打交道的日本人也成为仇恨对象。腰插武士刀的浪人充斥街头，四处寻找“卖国贼”。在他们看来，凡是与外国沾边的都有卖国嫌疑。与外国人做贸易的商人关起了门，讲西方学问的洋学者的处境越来越危险，随时都要注意自己的安全。因为在自诩为“爱国者”的浪人的眼中，那些读外国书、喜欢谈论欧美文化制度的人，都是欺瞒世人、崇洋媚外的卖国贼，人人得而诛之。

在排外之时，仇视手无寸铁的学者，似乎并非日本所独有的现象。这一方面固然说明了那些高举爱国旗帜者的愚蠢和非理性，另一方面也说明了他们的卑怯。他们不敢向那些掌权者叫板，正如鲁迅所说，“怯者愤怒，却抽刃向更弱者”，以此表明自己的爱国勇气。

一位受聘于幕府的翻译官，无意中提到外国事物，被青年武士提刀追杀，跳进冰冷的护城河中才幸免于难。另一位翻译官的家被浪人破门而入，他从后门匆忙逃出，才捡回一条老命。

日本“爱国贼”的要求是，废除已经签署的通商条约，将外国人永远驱逐出日本。这显然既不是近代意义上的民族运动，也不是近代意义上的救亡运动，只是盲目排外的社会破坏活动而已。这些过激行为虽然改变不了历史潮流，却阻碍了日本的开国改革，加剧了日本社会的动荡。“爱国愤青”滥杀无辜的行为，逐渐遭到了世人的唾弃。国民越来越认识到，只有以开放的心态接受现代文明，融入现代文明，才是日本的出路。在这种社会共识的推动下，日本爆发了明治维新改革运动，“爱国贼”也消失了。

诚如 18 世纪的英国作家塞缪尔·约翰逊所说，“爱国主义是流氓无赖最后的藏身之地”。日本历史上的“爱国贼”生动地诠释了这句话。不过，“爱国贼”并不是日本所独有的现象，在 19 世纪东亚许多国家都有类似的现象。可悲的是，在 21 世纪的今天，一些国家仍然不时闪现“爱国贼”的魅影，让人徒生“今夕是何夕”的感慨！

伊藤博文：一个“爱国愤青”的醒悟之路

多些理性思考的爱国者，少些感情用事的“爱国愤青”，这是一个国家的福音。相反，假如感情用事的“爱国愤青”越来越多，理性思考的爱国者被排挤驱逐，那么这个国家的未来就令人担忧了。

伊藤博文曾任日本第一任总理大臣，在推动日本走向现代化方面贡献巨大。谁能够想到，这位力主向西方学习的政治家，早年间竟然也是一位“爱国愤青”。

1841 年，伊藤博文出生在日本本州岛最西端的山口县萩城，父亲是一个下层武士。虽然武士是那个时代的统治阶级，但是下层武士生活贫困。伊藤博文小时候寄居于寺院，后来又在一个藩士家做侍童，平时做杂役，闲时习文识字。

就像一位传记作家所说，“如果他早生十年，或许他只是萩城的一个农夫，平安平凡地度过一生”。可是，就在伊藤博文 12 岁那年，美国东印度舰队司令佩里乘“黑船”来到东京湾，叩击闭关锁国的日本的铁扉。“黑船来航事件”不但打破了日本两百多年的太平迷梦，也惊醒了伊藤的村童梦。他那时才知道日本国的存在，知道世界的存在。

17 岁时，伊藤博文进入松下村塾求学，成为吉田松阴的门下弟子。吉田松阴是当时日本改革运动的领袖人物之一。为了应对列强纷纷进入日本的新时局，他提出“攘夷”论，同时暗自与全国志士相通，意图推翻幕府。伊藤博文接受老师的命令，到京都、江户等地刺探情报，成为一名激进的“爱国愤青”。

当时日本的“爱国愤青”认为，国家之所以备受列强欺侮，就是因为幕府的当政者误国卖国。只要将这些“卖国贼”清除，集结力量把列强驱逐出去，日本就可以恢复往日的太平和荣光。在后人看来，这种想法当然是愚昧可笑的，可是包括伊藤博文在内的许多武士都被这种想法所驱动，来到政治中心江户。

1858 年 6 月，幕府被迫先后与美、俄、英、法、荷等国家缔结了不平等条约。国内舆论沸腾，“爱国愤青”更是义愤填膺，策划暗杀活动，结果招致幕府的残酷镇压。伊藤博文的老师吉田松阴也由于策划暗杀幕府老中而被捕入狱，终被处死。埋葬恩师之后，伊藤博文更加憎恨幕府，积极参与暗杀活动，但是无一成功，反而数次险些被幕府的刺客所杀。

激进运动一旦形成，往往会形成一种自我强化的内在冲动。尽管暗杀举动难有成效，但是“爱国愤青”并不醒悟，反而将仇恨的范围不断扩大。那些理性地主张朝廷与幕府融合、采取开国进取主义的有识之士也被他们视为敌人。“爱国愤青”的逻辑是：幕府是坏的，幕府采取开国政策，因此开国政策也是坏的。一个人如果主张开国，就是献媚于幕府，当然就是奸贼，理应除之而后快。伊藤博文就曾参与暗杀长井雅乐—— 一位主张开国进取主义的名士，但没有成功。

当时江户聚集了一大批血气方刚的青年武士，种族的民族主义、家臣式的忠诚，以及对帝王的崇敬结合为一种献身的激情。1863 年，与幕府对立的天皇下达了攘夷期限的敕诏，“爱国愤青”更加激情昂扬地投身于激进活动中。他们出入于茶园青楼，密谋各种暗杀活动：从暗杀幕府老中，到暗杀理性开国派，再到暗杀外国公使，但少有收获。最成功的一次，是一天深夜放火烧毁英国公馆。伊藤博文和他的战友一面看着远处的火光冲天，一面举杯畅饮通宵欢舞。

此外的暗杀和破坏活动几乎都没有成功，许多参与者反而轻易地葬送了性命。血与火并没有带来希望，伊藤博文陷入了困境。假如他一意孤行，最终的结局很可能是横死街头，或者在幕府的牢狱里被折磨致死。总之是空洒一腔热血，轻于鸿毛。幸运的是，1863 年长州藩主命令他和其他三个年轻藩士秘密出洋，到英国留学。

22 岁的伊藤博文在英国亲眼见到西方资本主义国家的物质文明，思想便随之发生变化。他认识到，仅仅凭借一股保卫民族独立的热情去盲目“攘夷”，决非上策，只有开国，向西方学习，日本才能走上光明大道。

一年后，伊藤博文回到国内，发现国内的排外运动日渐高涨，形势非常严峻。尤其是伊藤博文所在的长州藩，多次向通过下关海峡的外国船只开炮。英国、法国、美国、荷兰四国组成联合舰队前来征讨，战争一触即发。伊藤博文立即与外国公使联系，要求暂缓开战。然后他带着外国公使的书信，乘坐英国军舰回到长州藩，力劝藩主不可“攘夷”。他指出，与其空费国力，不如将此力用于恢复王政，以完成国内统一。

伊藤博文乘坐外国军舰而来，又提倡开国论，让当地的“爱国愤青”异常气愤。他们认为伊藤博文已经变成一个彻头彻尾的“卖国贼”，应该砍杀来血祭“攘夷”的战旗。伊藤博文也发现，自己突然陷入随时可能被杀的境地。许多“爱国”的武士手提刀刃四处搜寻他，必欲手刃而后快。伊藤博文被迫隐姓埋名躲避起来。

战争最终没有避免。四国联合舰队很快就攻陷下关沿岸炮台，长州藩被迫提出议和。伊藤博文又被请出来参与谈判。最终长州藩同意赔款，并允许外国军舰自由通过下关海峡，被摧毁的炮台不再修复和重建。

从此，日本“爱国愤青”的气焰日渐削弱，社会思潮趋于理性。伊藤博文作为“开国进取”的先行者和促进者，积极参与明治维新运动，在日本实现近代化的过程中建立了不朽功勋。他的塑像至今屹立在日本国议事堂大厅里，供人瞻仰。

从冲动暴力的“爱国贼”到理性的爱国者，伊藤博文走过的道路具有典型意义。因为后发国家在向现代国家转型的过程中，往往会产生基于义愤的“爱国愤青”。他们虽然勇敢，却于事无补，甚至成为社会进步的破坏力量。多些理性思考的爱国者，少些感情用事的“爱国愤青”，这是一个国家的福音。相反，假如感情用事的“爱国愤青”越来越多，理性思考的爱国者被排挤驱逐，那么这个国家的未来就令人担忧了。

如欲世界认可日本，请自遵守此法始

一场沸沸扬扬的海难事故，终于以合理的方式得到了解决。在那个混沌的年代，能够率先按西方人的方式处理争端，无疑是超前的。

1867年5月26日，夜色苍茫的濑户内海上，“伊吕叶丸”商船正在正常航行，突然迎面驶来轮船“光明丸”。“伊吕叶丸”躲避不及，被接连撞了两次，沉没海底。

这就是被写进日本历史的著名的“伊吕叶丸”事件，它是日本第一起民间蒸汽船只相撞事故，当时引起了社会的极大关注。由于当晚“光明丸”无人执勤，所以应该承担责任。但是，事情绝没有人们想象的那么简单。因为它涉及幕末时期复杂的政局，也把坂本龙马卷进了旋涡。

两年前，“神户海军操练所”（类似国立海军大学）被幕府下令关闭，担任该所领导人的坂本龙马不得不离开。他来到长崎，成立了类似今天株式会社的商社“龟山社中”，从事进口军火的“走私”业务。这是被幕府垄断的贸易，不过在政治动荡的幕末时代，各个藩国为求自保，都在偷偷地购买步枪和军舰。

后来，坂本龙马改组“龟山社中”，正式成立了“海援队”。《海援队约规》规定，参加者必须是对海外事务有志向的人。队员一边学习，一边进行政治、商业活动，内部还设有各种各样的团体。这是一个“自由人联合体”，和幕藩体制完全不同，是一个没有等级身份的社会组织。海援队是土佐藩的外围组织，但是在队长坂本龙马的心中，海援队不是单纯为某个藩国的利益而设，而是“世界的海援队”。

海援队像现代公司一样寻求盈利。它自己没有船只，就先租借了大洲藩的商船“伊吕叶丸”进行商务活动，并约定每次航行支付五百两作为补偿。在那个时代，这是一种非常先进的经营理念。不想，没多久便发生了“伊吕叶丸”被撞沉事件。

很显然，“光明丸”理应承担事故责任。但是“光明丸”属于纪州藩，纪州藩主张由幕府主持裁决。纪州不但是一个大藩，而且是德川将军的亲信藩国，如果让幕府裁度，结果很可能对海援队不利。雪上加霜的是，“伊吕叶丸”所属的大洲藩也提出，要求土佐藩赔偿三万两损失。

承受压力的土佐藩一筹莫展，一度打算向纪州藩妥协。但是作为海援的队长，坂本龙马却大胆提出：日本以后会成为一个发达的航运国家，今后在海面上类似的事故会变得频繁，届时人们一定会以最初的案件处理为准。如果我们在此退缩，那么只能纵容强大藩欺负弱小藩的案件滋长。

在坂本龙马的坚持下，土佐藩和纪州藩进行了谈判。双方争论激烈，僵持不下。坂本龙马拿出了一本《万国公法》，提出按照世界公认的准则处理此事。他慨然道：“欲让世界认可日本，请自遵守此法始。”

《万国公法》是美国外交官惠顿（Henry Wheaton）的国际

法著作，1836年出版。1861年清政府成立了总理各国事务衙门，急需了解国际法，“每欲借彼国事例以破其说”。于是，恭亲王任命了一个委员会，支持协助美国传教士丁韪良将《万国公法》翻译成中文，1864年刊行。但是，这部法学著作被认为是外来的，与中国的体制不合。一些士大夫甚至怀疑这种法律是一种陷阱，如果采用它，就意味着放弃中国传统的世界秩序和破坏朝贡制度，为《万国公法》作序、对其大加赞赏的董恂因此被指责为讨好夷人。

诚如谭嗣同所批评的那样，“即如万国公法，乃西人仁至义尽之书”，而中国人不能虚心学习、认真研究，“无怪西人谓中国不虚心，不自反，不自愧、不好学、不耻不若人”。

不过，《万国公法》在日本却得到了不同的待遇。中文版《万国公法》很快传入东瀛，受到日本的重视。一些日本学者还以中文版为蓝本，将其翻译成日文出版，影响很大。坂本龙马善于接受新知识，因此就将《万国公法》作为自己的论据，使纪州藩措手不及。不过，纪州藩随之质疑，此法在日本缺乏执行经验，没人有执法资格。

让纪州藩想不到的是，坂本龙马又搬来了英军将军亨利·克贝尔进行仲裁。彼时，日本藩国对于外国人还是礼让三分的。于是，在这位英国将军的主持下，最终判定纪州藩赔偿土佐藩83526两（最后经双方协商减为70000两）。

一场沸沸扬扬的海难事故，终于以合理的方式得到了解决。在那个混沌的年代，能够率先按西方人的方式处理争端，无疑是超前的。在这个意义上，坂本龙马为日本近代航海事业也开了个好头。

据说，“世界”是坂本龙马所喜欢的词汇，他的志向是面向世界的大海。他曾说，日本将来必是海运大国，世界的大海上只要有千艘日本船在航行，日本就可成为与列强一样的强国了。他还曾梦想建造日本最大的私设舰队。遗憾的是，“伊吕叶丸”事件平息后不久，这位胸怀世界的年轻人就被暗杀，“壮志未酬身先死”。

1868 年 4 月，海援队也解散了。虽然坂本龙马创立的这个自由人团体活动的时间不到一年，却培养了一批有识之士，陆奥宗光（曾任外务大臣）、中岛信行（首任众议院议长）、石田英吉（曾任长崎县长）等人物为推动明治维新发挥了重要作用。担任过海援队交涉官的岩崎弥太郎也为明治维新时代日本经济的发展做出了重要贡献。他是三菱财阀的创始人，最早从事船运业，拥有的汽船吨位一度占全日本的 73%，纵横海上，实现了坂本龙马的梦想。

时至今日，在坂本龙马的家乡日本高知县的海滨，还耸立着坂本龙马的铜像。他遥望着浩瀚的太平洋，右手放在怀中。游客常常为了坂本龙马这只手握着什么而争论不休。有人说是握着手枪，也有人说是揣着英日词典。

一位日本学者对我说，坂本龙马拿的是《万国公法》。我问，为什么呢？他笑着回答道：“坂本龙马总是走在时代的最前面，当明治国家建立的时候，什么手枪、刀剑早都过时了，坂本早就想到靠法律来治国了。”

井伊直弼：主张开放的政治家为什么以悲剧告终

威权固然可能扭转国家方向，开创新时代，但是如果威权者对权力没有清醒的认识，肆意弄权，最终有可能成为威权的殉葬品。这就是井伊直弼的人生悲剧对后世的警示吧。

1860 年 3 月 3 日，从早晨起就下起了雪，江户城里白茫茫的，一派肃杀景象。这一天是日本传统的上巳节，幕府大老井伊直弼在 60 多人武装部队的护卫下走出家门，要登城发表佳节祝贺词。队伍经过樱田门时，埋伏在附近的 18 名武士发动突然袭击。井伊直弼卫士的武士刀为了防止雪水沾湿而被包紧，不能及时应战，行刺者冲破卫队防护，取下了井伊直弼的首级。电影《樱田门之变》真实地反映了当时的血腥场面，临死前的井伊直弼低声悲呼"日本怎么办啊"。

井伊直弼是幕末时期的权臣，也是当时少有的开明政治家，有见识有担当，可是最后却死于非命，其人其事值得后人深思回味。

1853 年，"黑船来航事件"震惊了日本，幕府向各位藩主征询意见。大多数人主张采取强硬措施，将外来者驱逐出去。

时任彦根藩主的井伊直弼却力排众议，认为“不可开无谋之兵端，以亡人寿”。在井伊直弼看来，日本的国防只能通过采用新技术，尤其是通过战争来加以保障，而这样的知识则要依赖与西方国家建立关系。他说，“在我们如今面临的危机中，仅仅通过坚持我们以往的锁国令，是不可能确保我们国家的安全与稳定的”。

在后人看来，井伊直弼的观点理性客观，实在难得。不过在当时人们的眼里，这种主张“长他人志气灭自己威风”，因此遭到了强烈反对。幸运的是，理性的意见占据了上风。幕府没有与美国开战，而是缔结条约，放弃锁国政策。

1858 年，43 岁的井伊直弼就任幕府大老。这本身是一个位于老中之上的荣誉性职务，但是井伊直弼担任此职时被特别赋予实际决定权，成为政坛的中心人物。当时幕府面临的一大挑战，就是要不要与美国签订友好通商条约。此前美国已经与日本进行了一年多的谈判，最终议定了通商条约，包括开放更多港口、允许自由贸易等内容。可是此时日本国内反对声浪高涨，所以一直拖延着没有正式签约。幕府为了缓解压力，就派人到京都征求天皇的意见。过去，天皇对幕府的决定都是例行公事地加以批准。可是这次却明确反对，让幕府陷入了进退维谷的境地。

井伊直弼刚刚成为幕府的实权人物，就面临两难选择。如果批准条约，就会被指责为“卖国贼”，让自己成为众矢之的；如果不批准，日本有可能重蹈清政府的覆辙。就在同一年，英法联军攻陷天津，战败的清政府被迫签订《天津条约》。而且当时美国军舰已经开进江户湾，大有不惜一战之势。如果开战，以日本的实力，结果可想而知。

对于政治家来说，这是巨大的考验。井伊直弼认为，与其拒绝签订条约使国体受辱，不如签字妥协，以谋长远。在海防军备不足的情况下，他决心甘受重罪而保全大局，断然下令签订了《日美友好通商条约》。条约包括领事裁判权等不平等条款，有损日本的国家利益和尊严，但是毕竟避免了一场战争。两害相权取其轻，从历史的角度看，井伊直弼的选择是正确的。因此，后来的历史学家对他的理智和勇气给予高度评价。

依靠个人强权，井伊直弼还解决了争议不休的幕府将军继承人问题，推举德川家茂承袭将军之位。从血缘角度看，这是最适合的人选。不过，当时德川家茂年仅 13 岁，不能总理国政，于是井伊直弼就将大权抓在自己手里，开始了个人专制的时期。

与外国签订条约成为许多人的攻击借口，尤其是那些在将军继承人问题上持不同意见的政客，更是利用与外国通商来攻击井伊直弼，“尊王攘夷”运动也开始兴起，井伊直弼陷入孤立。

面对如此局面，井伊直弼本来应该用柔性手段来化解来自各方面的压力，缓和矛盾，凝聚共识，推动日本走向改革开放。但是这位个性刚强的政治家不愿妥协（这可能是专制政治家的通病），而是一意孤行，强硬镇压。他大举逮捕反对派，酿成了日本历史上著名的“安政大狱”。受株连的公卿、大名、“尊王攘夷”志士等达一百多人，一些人被处以剖腹自杀或斩首等酷刑。“尊王攘夷”的领袖吉田松阴本来被判处流放罪，却被井伊直弼亲自改为死罪，当天就押赴刑场斩首。

在专制时代，这种残酷镇压反对派的事件非常平常。可是，井伊直弼没有意识到，日本已经开始进入一个新时代，老路已经走不通了。仅仅通过坚持以往惯常使用的残酷镇压，无法化解面临的危机，也不可能确保个人安全和国家稳定。

“安政大狱”导致天下怨怒，一些激进武士来到江户，谋划暗杀行动。亲信劝告井伊直弼立即辞去职务，否则性命难保。井伊直弼谢绝忠告，也没有增加卫士。他说：“人各有天命，刺客果要杀我，纵然如何戒备也有隙可乘。”结果，井伊直弼终究没有逃脱被刺杀的命运。

井伊直弼死后，“尊王攘夷”运动更加激进，日本进入了一个暴力和恐怖时期。直到八年后幕府被推翻，日本进入明治维新时代，对外开放，对内改革，走上了富国强兵的近代化道路。假如井伊直弼对反对派宽容一些，以他的见识和勇气推动日本的改革开放，国家可能会少走一些弯路，他自己也不会死于非命。

为了追悼井伊直弼，我专程乘车从东京来到横滨。井伊直弼死后被葬在横滨火车站北面的山坡上，陵墓前竖立着他的雕像。他一身典型的幕府时代的官服，宽袍大袖，眉宇间有专横之气，令人望而生畏。我站在井伊直弼的雕像前，想起历史上许多雄心万丈的政治家，最后却黯然收场，甚至不得善终，不禁感叹历史的无情。

威权固然可能扭转国家方向，开创新时代，但是如果威权者对权力没有清醒的认识，肆意弄权，最终有可能成为威权的殉葬品。这就是井伊直弼的人生悲剧对后世的警示吧。

坂本龙马：日本改革的设计者

历史再次证明，最富有历史眼光的往往不是身居高位的衮衮诸公，而是那些出身草莽的民间志士。明治维新时代的众多民间志士中，最杰出者非坂本龙马莫属。

在众多的历史人物中，日本人最喜欢的是坂本龙马。至今在日本流传着这样一则故事——

坂本龙马对他的朋友说："今后在室内乱打乱斗的情况会多起来。我喜欢小太刀，小太刀灵活，比太刀实用（当时流行太刀）。"不久，这位朋友带了小太刀来见龙马，龙马却掏出来一柄手枪："这个比小太刀更具威力。"下次朋友带了手枪来见龙马，龙马掏出的却是一部《万国公法》："手枪只能杀伤敌人，此书可以振兴日本！"

在日本人的心目中，坂本龙马是一位永远走在时代前面的英雄。从他短暂的一生可以看出，坂本龙马确实是一位不断与时俱进的人物。

1853年“黑船来航事件”的消息传来时，坂本龙马正在江户学习剑术。这位17岁的少年来自土佐藩（现在的高知县）一个下级武士家庭，剑术颇为高超。和当时许多年轻气盛的武士一样，龙马对无端闯入日本的外来者非常敌视。在写给家人的书信中，他愤恨地写道：“一旦开战，就将取下异人首级，胜利归来。”

假如按着这样的思想走下去，龙马很可能成为那个时代流行的“爱国愤青”中的一员，甚至在暗杀外国人的风潮中断送性命。可贵的是，龙马很快就认识到，日本面对的是一个“千年未有之变局”，武士刀不可能抵抗“黑船”的威力，不能再像以前那样解决问题。

自从国门被美国舰队叩开之后，“日本向何处去”就成为许多忧国之士思考和探索的问题。为了寻求答案，龙马到处拜访结交天下有识之士，丰富自己的眼界，也不断地修正自己的答案。

最初，龙马拜访了吉田松阴的老师佐久间象山。这位幕末时期的思想家提出“攘夷”论，影响了后来的“尊王攘夷”运动。此后，龙马接触到了另一位思想家河田小龙，从他那里了解到世界地理格局和各国风土人情，逐渐打开眼界。因此，龙马虽然参与“尊王攘夷”运动，但是绝不像许多顽固的“攘夷”派那样盲目排外。不过，龙马仍然没有找到“日本向何处去”的答案。

1862年，龙马结识了时任幕府军舰奉行（海军司令）的胜海舟。胜海舟虽然是幕府官员，但是思想非常开明。他曾作为舰长，率领“咸临丸”访问美国，完成首次横渡太平洋的壮举。

他同外国人直接接触，视野开阔，形成了那个时代罕见的国际观，是日本少有的“睁眼看世界”的人士。

这时 27 岁的龙马已经游历天下，阅人无数，但是他非常佩服胜海舟，称赞他是“当今日本第一”的人物。在胜海舟的影响下，龙马树立了现代国家观念，在日本历史上第一个提出“日本国”的概念。在他看来，日本要结束分裂割据的状态，实现统一，才能建立现代国家。这已经超越了当时盛行的“尊王攘夷”思想。

更难得的是，龙马还结识了另一位思想家横井小楠。当时美国强迫日本通商，日本国内“锁国攘夷”的声浪高涨，横井小楠不但提倡“开国通商”，而且主张学习西方的先进科技，学习西方的政治制度，特别是美国的共和制。这种颇为激进的主张让许多人士侧目，却得到了龙马的信服。

“别裁伪体亲风雅，转益多师是汝师。”龙马拜访的这些人士虽然思想各有不同，但是都让他大开眼界，也让他心中“日本向何处去”的答案越来越清晰。

彼时的日本幕府权威衰退，“尊王攘夷”运动风起云涌，可是各藩国之间权力争斗激烈。尤其是两个最强大的藩——长州藩和萨摩藩长期不和，为争夺全国政局的领导权而相互敌视。到了 1865 年，双方之间的矛盾发展到兵戎相见的地步，日本面临内战的危险。

在这个关键的历史时刻，坂本龙马提出了“萨长联盟”的政治设想，并为此在两个藩之间奔走斡旋，推动双方巨头进行会谈。1866 年初，两个藩终于缔结同盟之约，决定联合推倒幕府统治。

1867年6月9日，龙马乘船从长崎出发前往京都。幕府将军正在京都召开大名会议，商讨如何应对“萨长同盟”。此时的日本已经逼近了历史拐点。“尊王攘夷”派一心要推翻幕府，反对派则坚持拥护幕府，争论的焦点仍然是权力，没有谁对日本未来提出完整的设想。

历史再次证明，最富有历史眼光的往往不是身居高位的衮衮诸公，而是那些出身草莽的民间志士。明治维新时代的众多民间志士中，最杰出者非坂本龙马莫属。在名为“夕颜号”的船上，龙马向土佐藩参政后藤象二郎道出了自己的改革设想——

天下政权奉还朝廷，政令宜出朝廷。（去除幕府与藩镇的权力）

设上下议政局，置议员以参万机，展公义以决万机。（设立议会制度）

公卿诸侯，以致天下人才，举其又能，并赐官晋爵，以为顾问，削有名无实之官。（招募有志人才）

广采公议以交外国，检讨规约以定其当。（修订不平等条约，主权平等）

复核古有之律令，撰定完善之法典。（修订法条）

扩张海军。（掌握制海权）

置亲兵以卫帝都。（保护首都）

金银货物等市易之事，应参照外国，定其宜当之法。（自由市场经济）

这就是著名的《船中八策》。它对日本的未来进行了全面设计，在历史上第一次明确回答了“日本向何处去”的问题。这套改革方案在当时就发挥了巨大作用，促成了“大政奉还”：1867 年 10 月，第十五代将军德川庆喜把政权还给了天皇，持续 260 多年的德川幕府统治自此结束，也标志着日本近代史的开始。

此后不久，龙马在《船中八策》的基础上，拟定了《新政府纲领八策》。《船中八策》和《新政府纲领八策》加速了日本朝“光荣革命”方向迈进的脚步。遗憾的是，《船中八策》和《新政府纲领八策》提出还不到一个月，龙马就被暗杀了，时年 32 岁，一代英才自此陨落。

虽然龙马生前未能见到他的宏愿实现，死后其思想却如星火燎原。《船中八策》和《新政府纲领八策》奠定了明治维新的理论基础，成为日本新国家体制的基本方针，后来的明治维新基本上是按照龙马的改革设想展开的。因此，这两份文件是明治新政府建国纲领的蓝本，堪称日本近代政治改革的“顶层设计”。作为第一个对“日本向何处去”做出明确清晰回答的人，坂本龙马则当之无愧地被誉为日本近代改革的设计师。

佐久间象山：第一个睁眼看世界的日本人

在外来文化冲击下，日本应该做什么样的选择？这是那个时代的一个核心议题。象山在著作里明确提出“东洋道德，西洋艺术”，为日本开国进取提供了指导思想，也为游移于传统与西洋的幕末维新时期的日本社会提供了一个重要的应对方案。

鲜为人知的是，魏源在写作《海国图志》之前，写过一本军事著作《圣武记》。这本书远比不上《海国图志》有名，却让一位日本读者拍案称奇，“呜呼！予与魏，各生异域，不相识姓名，感时著言，同在是岁，而其所见亦有暗合者，一何奇也，真可谓海外同志矣”！

魏源的这位“海外同志”，就是幕府末期的著名思想家佐久间象山。就像魏源被称为“第一个睁眼看世界的中国人”，象山堪称“第一个睁眼看世界的日本人”。

象山在被暗杀前写成的回忆录里说：“我 20 岁以后，就知道匹夫与一国（藩）的关系，30 岁以后就知道与天下（国家）的关系，40 岁以后就知道与五大洲（世界）的关系。”寥寥数语总结了一个思想家与时俱进的思想历程。

一

佐久间象山20岁的时候，日本刚刚进入“天保”年间（1830—1844年）。“天保”这个年号的意思是“上天垂佑”之意。

当时幕府统治下的日本似乎颇得“上天垂佑”，四海升平，八方宁靖，大有盛世景象。虽然偶尔会有一些悬挂奇怪国旗的外国船只闯入日本海域，却很少引起人们的关注。在幕府颁布“无二念打拂令”（即一律开炮将其驱离）之后，这些外国船只似乎再也没有出现过。日本继续在停滞、太平、孤立的梦里酣睡。彼时的象山正沉浸于儒学经典之中。

1811年，也就是魏源考中秀才、林则徐考中进士的那一年，佐久间象山出生在松代藩（现为长野县）。他的父亲是一位下级武士，在藩主府中供职。在那个身份世袭的时代，象山一出生就是一个武士。武士除了习武外，还要读些书，以便成年后报效藩主。在多达200多个藩国里，武士都认为自己吃的是藩主的饭，当然要效忠于藩主。至于“天皇”，是一个遥远的宗教性的存在。“日本”则被认为是“天下”，与自己并没有太多关系。

象山自幼聪明，勤奋不倦，在儒学方面很有造诣。某年江户的一位儒学家被聘请来给藩士讲授经书，年轻的象山指出其谬误之处，理据充足，反驳得这位很有名望的儒学家无言以对。

松代藩藩主很器重象山，遂资助他游学江户。22岁的象山拜江户第一大鸿儒佐藤一斋为师。佐藤一斋经学诗文，造诣很深，各藩许多优秀青年聚集于他的绛帐之下。象山因为豪迈不群、才思敏捷，被称为“佐门二杰”之一。他虽然敬佩老师的学问，但是并不苟同其学说，因此不去听老师讲经学，只向他学习文章诗赋。

象山并不知道，进入19世纪以来其他国家一直在试图访问日本，以达成与日本互利通商的目的。1837年，非武装的美国商船“莫里森”号从中国澳门驶抵日本浦贺近海，船上载着七名日本漂流民。但是这种主动示好行为获得的回报却是炮击，最后仓皇撤离，那些日本漂流民也只能跟随船只返回中国。

此事在日本引起了争论，那些抨击幕府强硬政策的“兰学”家遭到了打压。彼时，26岁的象山刚刚进入兰学之门，正热心地学习洋式炮术。此前，象山笃信儒学的理念“礼”，把封建等级制度看成是“天地自然之秩序”，把朱子学作为治国平天下的学问，认为朱子学最基本的方法论是“格物穷理”。现在，兰学给这位儒学家打开了一个崭新的知识世界，不过，他认为兰学与朱子学并非对立，朱子学“格物穷理”正是在洋学中所实行的。他说：“宇宙实理无二。斯理所在，天地不能异此，鬼神不能异此，百世圣人不能异此。近年西洋所发明许多学术，总之皆实理，只足以资吾圣学，而世之儒者，类皆凡夫庸人，不知穷理，视为别物。”

在孜孜不倦地学习外来知识的过程中，象山的世界观已经悄然发生改变。特别是1839年他在江户开设象山书院之后，结识了很多有志青年，和他们一起讨论学习，交流思想，研究海外事业。胜海舟、坂本龙马、吉田松阴、高杉晋作等明治维新的重要历史人物，以及明治时代著名的启蒙社团“明六社”的加藤弘之、西村茂树等思想家，都是这所学院的学生。象山的这些弟子几乎决定了日本近代史的走向。

不过，作为青年才俊，当时的象山更像一个饱读诗书、满腹才华的传统文士。他以汉文作的《望岳赋》和《樱赋》，被时人称为杰作，广为传诵。他和藤田东湖等名士都有交往，也受到这些人的推许。一位久负盛名的诗坛大家对他的诗才文才评价相当高，还请这位不到30岁的年轻人为自己的诗集作序。

二

象山30岁时，清朝陷入危机的消息震惊了他。他没有想到，一向被认为文化昌盛、国力强大的清朝却在鸦片战争中不堪一击，一败涂地。

早在鸦片战争爆发时，象山就通过有限的渠道了解战况进展，密切关注局势的发展变化。在他看来，“英夷寇清国，声势相逮”，局势十分严峻。他认为战争爆发的原因是“各国自营其利，欲网世界之利，故兴邪欲”。清朝失败的主要原因在于，“唯知本国之善，视外国为贱物，侮为夷狄蛮貊，而不知彼之熟练于事实，兴国利，盛兵力，妙火技，巧航海，遥出己国之上”。象山同情中国的遭遇，谴责英国的侵略行径。然而，他冷静地看到英国“船上备大炮”，因此可以“恣意凶奸”，侵犯中国。

“这是一个正在外国发生的事情，”一位幕府老中在一封给下属的信中写道，“但是我相信，它也包含了对我们的警告。”当时日本由于灾荒，社会普遍不安。清朝惨遭失败的教训让日本认识到，如果不能解决国内矛盾，就难免受西方国家的侵略。于是，幕府开始实行“天保改革”。

松代藩的藩主被任命为幕府老中，管理海防之事。深受器重的象山担任藩主的顾问，负责研究军事科技。敏锐地捕捉到世界局势变化的象山，已经跳出狭隘的藩国，开始从“天下”的视野思考整个日本的处境和未来出路。他鉴于中国鸦片战争的教训，深感西方列强对日本也怀有野心。为捍卫日本的独立，必须巩固海防，因此于1842年向幕府上书，提出著名的《海防八策》，包括各藩国海岸建筑炮台、铸造大炮、建造军舰、训练海军、兴办学校、普及教育、选拔人才等。

后来，象山发现魏源写的《圣武记》仅比自己上书早四个月，“而其所论往往有不约而同者”，因此感慨万千，引为“海外同志”。此后他读到魏源的《海国图志》，十分认同“以夷制夷”的主张。不过，这个日本学者并没有全盘接受魏源的观点。例如，他不同意魏源只强调坚壁清野、严密防守的战略，而主张讲究炮舰，主动出击敌人于外海。他还批评魏源对炮学缺乏深入研究，《海国图志》一书中关于炮舰之学谈得太粗浅。

象山通过查阅大量资料后得出这样的结论：当今世界的领导者就是英国和法国，两个国家都有强大的军事实力。历来儒学家倡导“王道”，认为以力不足以服人，“内圣外王”才是儒学家的理想境界。象山从现实的国际形势出发，认为这些都是迂腐的“空理”。他针锋相对地提出，实行“王道”也必须尽量扩充军事力量。日本只有建立起强大的军事力量，才能成为世界“一等强国”。

“方今之世，仅以和汉之学识，远为不足，非有总括五大洲大经纶不可，”象山在给朋友的信中写道，“全世界之形势，自哥伦布以穷理之力发现新大陆、哥白尼提出地动说、牛顿阐明重力引力之定律等三大发明以来，一切学术都得其根底，毫无虚诞之处，尽皆踏踏实实。欧美诸洲逐渐改变面貌，乃至蒸汽船、电磁体、电报机等的创制，实属巧夺造化之功，情况惊人。”

面对新形势，象山以“格物穷理”的精神，潜心研究西洋学问，成为赫赫有名的洋学家。他按照荷兰书籍铸造大炮，成功地进行了演习。他以荷兰的《步兵操典》为教材，训练部队，教授炮术，积极传授西方先进科学技术和军事知识。他还亲自动手制造了质量不低于外国的玻璃，推广马铃薯的栽培方法。此外，他还热心于种痘、预防霍乱。

在许多人依然将西方文化视为“邪教”和“奇巧淫技”的时代里，象山清醒地认识到欧美诸国近代文明的发达程度。他不再是传统的儒学家，而是成为一个“新日本人”。

幕府主导的“天保改革”不但未能缓和尖锐的社会矛盾，反而导致经济混乱，引起社会各阶层的不满，最终以失败告终。让胸怀大志的象山更加失望的是，军事改革并无进展，日本的军事实力也没有得到增强。

三

象山 40 岁时，日本的锁国体制面临越来越大的挑战。外国的船只不时游弋在日本海域，要求日本开放国门。幕府坚决拒绝，继续固守锁国政策。

1853 年，美国佩里准将率领的“黑船”驶进江户湾，炮口对准江户城，要求日本开国，形势急转直下。幕府惊慌失措，破天荒地向各界征求对策。时任藩军议役的象山向幕府提出训练海军、改革军制、选择将才、振奋士气等十条建议，这就是著名的《论时务十策》。它和《海防八策》一样，都是治国安邦的经纶，但都没有得到足够的重视。

和十年前比起来，年过不惑的佐久间象山的世界观发生了巨变。他认识到，原有儒学的华夷观已经无法解释世界的现状，不能再像以前那样排斥夷狄，必须正视和适应业已扩大的世界的现实。他的思想跨越儒家的樊篱，摒弃了夷狄野蛮的偏见。他的目光从东亚扩展到整个全球，开始从全球的世界形势出发思考日本的未来。

日本被迫开放国门之后，随着民族危机的增长，幕末各藩藩主和武士知识分子的思想十分活跃，尤其是狭隘民族主义的“华夷论”更加流行。它主张严内外之分，宣扬日本冠绝世界各国，由此又发展为“攘夷”思潮。这种保守思潮主张发扬武士道精神，坚持排外，维持日本国体的纯净和尊贵。

象山反对这张狭隘的民族主义。他认为，日本的武士道根本不能应对坚船利炮，只要能够增强国家实力，任何政策都应该调整，包括国家对外开放。他经过对西方各国情况的研究，认为日本要富国强兵，赶超西方资本主义强国，必须打破国禁，抛弃儒家学说，“幡然改变既往苟且（权宜之计）之故辙（常规）”，向西方学习，“发展诸学科，变城制，禁游民，省刑罚，大兴器械之学，开设工场，多造大船，复航海之法……本国之实力将超过英、法、美各国”。

象山特别赞赏俄罗斯的彼得大帝。彼得大帝为了使落后的俄国富强起来，实现近代化，曾亲自前往荷兰和英国，在工厂中学习西方技术，把“愚顽之贫国”建设成为“不在他国之下”的富强国家。为了使日本富强起来，实现传习西方科学技术和收集情报的紧急任务，象山认为日本的有志之士应该像彼得大帝那样前往西方，直接向它们学习。

可是，幕府虽然迫于压力而不得不放弃锁国政策，但是实际上仍然严禁国民出海，更不准国民到海外学习。于是，象山决定物色有志之士，采取漂流偷渡的手段去海外。最终，他选中了自己的弟子吉田松阴。这位年轻人素有大志，慷慨以天下为己任。他们进行了周密的筹划，希望以此打破国禁，到国外亲手收集情报。在吉田松阴临行之前，象山作诗送行——

之子有灵骨，久厌鳌鱼群。振衣万里道，心事未话人。
虽则未语人，忖度或有因。送行出郭门，孤鹤横秋文。
环海何茫茫，五洲自比邻。周流究形势，一见超百闻。
智者贵投机，归来须及辰。不立非常功，身后谁能宾。

这是豪迈的壮行之诗，何尝不是自陈心迹之作？最初，吉田松阴想乘停泊在长崎的俄国兵舰出海。但当他到达长崎时，俄舰已经离开。1854 年，佩里第二次率领美国军舰来到日本，吉田松阴趁夜潜进美舰，结果被遣送回陆地，并被幕府逮捕入狱。

事情败露，作为老师的象山也一同被捕入狱，被判处八年禁闭。同年，花甲之年的魏源不再对不思进取的朝廷抱有希望，悄然在江苏兴化市皈依空门，取法号“菩萨戒弟子魏承贯”，自此不问世事，唯手订生平著述。

四

1862年，51岁的象山终于恢复了自由之身。作为一个思想家，他在监狱里沉潜八年，收获颇丰。

在外来文化冲击下，日本应该做什么样的选择？这是那个时代的一个核心议题。象山在著作里明确提出“东洋道德，西洋艺术”，为日本开国进取提供了指导思想，也为游移于传统与西洋的幕末维新时期的日本社会提供了一个重要的应对方案。

“东洋道德，西洋艺术”是一个融合东西文化、取长补短的原则。这里的道德指传统的东方社会伦理，艺术则指近代西方科学技术等实用文明。象山试图将日本传统的社会伦理与“古圣贤未识”之“西洋艺术”融于一体，用西洋之长，补东洋之短，并以此来回应来自西方的历史性挑战。

象山出狱后，依然满怀政治抱负，热情饱满。他应幕府之命上京，谒见幕府将军。彼时日本政治局势异常复杂。具有反幕倾向的各种势力逐渐集结到“尊王攘夷”的旗帜下，幕府权威遭遇到了巨大挑战。尤其是各路草莽志士以“尊王攘夷”为口号，反对幕府制度，要求重塑天皇权威。象山不同意推翻幕府，而是主张“公武合体”，希望通过幕府与朝廷的传统权威相结合，改组和加强幕藩体制，建立一个统一的日本国。

不过，和许多主张“公武合体”、同时拒绝与西方国家贸易往来的保守派不同，象山认为与西方各国通商是“天地公共之道理”，积极主张开国。他不把外国称作“夷”，而是称作“蕃”。“外蕃”不是“夷狄”“蛮貊”，而是文明的外国人，应以宾礼相待。他批评某些人只轻视外国，却不知西方诸国学术精研，国力强盛，火技精妙，航海精通，“一旦与英国发生战争，惹出大败，殆耻全世界，破古昔圣贤的体面”。

象山的批评击中了日本的时弊。那时在狂热的民族主义的推动下，一些武士盲目排外，以恐怖手段对待外国人，各地陆续发生了杀伤洋人事件。美国使馆翻译休斯根被刺杀，江户的英国公使馆也被烧毁。洋学家和主张开国者也成为这些“愤青”的暗杀对象。

1864 年夏天，象山来到攘夷论泛滥的京都。擅长雄辩的他受幕府拜托，试图说服反对开国的公卿。8 月 12 日，这位 53 岁的开国论者骑着白马在高濑川旁的市街走过，他身材高大，天庭饱满，脸长鼻高，双目炯炯有神。突然路边窜出攘夷派志士，只见刀光闪动，这位杰出的思想家喋血街头，成为一个狂热时代的无辜牺牲品。

和这位“海外同志”比起来，晚年“扫地焚香坐，心与灰皆冷”的魏源的结局很安静。1857 年，也就是象山被杀的七年前，魏源带着无尽的遗憾，在杭州东园平静去世，终年 63 岁。而象山在光天化日之下被杀害，倒在明治维新的前夜，令后人惋惜（据说杀手河上彦斋了解象山的生平思想后，意识到错杀了伟人，从此封刀，发誓以后不再砍杀一人）。

当然，真正的思想家永远不会离去。《海国图志》被三次刊印，魏源的思想影响了戊戌变法；象山的思想则成为明治维新的宝贵资源，“东洋道德，西洋艺术”影响更为深远。两个“睁眼看世界”的思想家虽然一生从未谋面，但都为世人树立了向先进文明学习的典型，都为推动东亚走向世界做出了历史性贡献。

德川庆喜：勇于退出历史舞台的政治家

权力之手，握紧容易松开难。登上历史舞台，政治家固然需要勇气；退出历史舞台，更考验政治家的胆识。尤其是在19世纪中叶，德川庆喜能够选择主动明快地退出历史舞台，实在令人钦佩。

在国家转型的关键时期，政治家作用重大，也往往面临艰难的选择。最艰难的，就是他们的个人进退，因为这不仅关乎个人荣辱，也影响历史进程。最后一任幕府将军德川庆喜就是这样一位政治家。

1866年秋天，29岁的德川庆喜被推举为德川幕府的第十五代将军。彼时“尊王攘夷”运动风起云涌，幕府已经处于风雨飘摇之中，声望和权威严重衰退。德川庆喜就任后，大刀阔斧地实施了很多改革，让人耳目一新。

幕府推行了行政改革，建立起某种与内阁制相似的政府，使行政程序集中化，而且对政府部门实行正规化的薪酬制度。最能干的现代化官员得以担当大任，一位从荷兰留学归来的学者还受命草拟一份更为现代化的政府体制方案：在法院、行政部门和两院制的议会中实行分权，议会由一个上议院和一个下议院构成。军事改革也在积极推进。老式军队遭到解散，新军队采用西式军队制服。幕府还对诸侯家臣征收货币税，准备作为实行农民征兵制度的基础。

在德川庆喜的推动下，日本外交关系开始正规化。日本与英国、美国、法国等在双方的首都建立了长期的外交机构。德川庆喜一反以前将军避而不见的做法，不仅会见外国的全体外交使节，而且用法国大餐款待。至今传世的一张照片里，德川庆喜身穿拿破仑三世赠送的西洋军装，气宇轩昂，雄姿英发。德川庆喜还把自己的幼弟派往法国参加巴黎博览会，并要求他留在那里学习几年。

德川庆喜的改革赢得了世人的赞誉。维新派领袖木户孝允赞叹道，“德川庆喜的胆略实在不容小看，简直是德川家康再世”。当代日本著名企业家稻盛和夫也称赞说：“庆喜所实施的体制改革，即便在今天看来也是极为新颖且彻底的。”

事实上，德川庆喜的许多改革措施，足以和数年后明治政府推行的改革相媲美。假以时日，德川庆喜也可能将日本带上近代化道路。可惜的是，德川庆喜生不逢时。因为此时幕府制度已经千疮百孔，绝不是短时期就可以改革完善的。只要一触动旧体制，立即会遭到守旧势力的掣肘。这让德川庆喜很苦恼。

一直鼓动“尊王攘夷”的维新派也不乐见幕府改革，而是更加激进地掀起各种反对活动。特别是在信任德川庆喜的孝明天皇 1867 年初去世后，维新派掌握了权力，更加紧锣密鼓地组织倒幕同盟，谋划推翻幕府。

维新派一边秘密策划出兵讨伐幕府，一边提出苛刻的“大政奉还”的要求：幕府把政权交还给朝廷。没有想到，德川庆喜很快就答应了，因为他不愿意因此引发一场内战。

公元 1867 年 10 月 14 日，末任幕府将军德川庆喜宣布“大政奉还”，辞去将军职位和头衔，将权力还给天皇。

这意味着，延续了 267 年的德川政权从此正式终结。只是因为没有替代性政治框架，所以德川庆喜仍然掌握着很大权力。决心推翻幕府的维新派继续步步紧逼：要求德川庆喜必须“辞官纳地”，即辞职并将领地和辖区内臣民返还朝廷。这意味着要求德川庆喜无条件投降。德川庆喜请求缓期实行“辞官纳地”，并且为了避免冲突而退走大阪城。此时，拥护德川幕府的藩国仍然占大多数，他们要求任命德川将军为新政府的高官，参与国家大事。

可是，维新派不愿意止步于此。就像维新派领袖大久保利通所说，“时至今日，若不及战，则皇国之事到此为止”。他们为了达到目的，不惜伪造天皇诏书“诛杀反贼庆喜”。他们还命令浪人在江户煽动骚乱，洗劫商店，放火烧毁幕府的房产，袭击警察局。一场大火烧毁了城堡中女人居住的后宫，还有人朝将军府开枪射击。这些卑鄙的政治举动最终将德川庆喜逼进了死胡同。

1868 年 1 月，德川庆喜率军返回京都，要向天皇进谏。在京都之南的鸟羽、伏见地区，幕府军遭到了维新政府军队的抵抗和伏击。虽然幕府军在数量上占据优势，但是在现代化装备的军队面前，幕府军的战斗力和士气都处于劣势。战斗持续四天，最终幕府军被打散，德川庆喜逃回江户。

维新政府军队势如破竹，直逼江户城下。是继续抵抗，还是和平解决？不但德川庆喜面临人生的重大选择，国家也面临巨大考验。因为直到此时，德川幕府仍然拥有巨大实力，数万名的幕府陆军是全日本最大的西洋式军事组织。幕府也得到了江户市民的拥护。后来江户拥护幕府的民众自动组织“彰义队”反抗维新政府军，拥护幕府的人们还在北海道建立“虾夷共和国”，这都说明德川幕府仍然拥有大量支持者。

而且列强仍然视幕府为日本的唯一合法政权，法国大使甚至主动提出愿意提供援助。假如德川庆喜为了维护个人权力而执意抵抗，是有能力与维新政府军大战一场的。即使江户不保，还可以退向日本东北部建立割据政权。可是如果这样做，势必造成江户城生灵涂炭，国家被拖入内战中。

在这样的历史关头，德川庆喜拒绝拥护者拼死一战的要求，毅然解散军队，他本人也离开江户城，住进上野宽永寺。他命幕府高官与维新政府谈判，达成了和平协议，包括德川庆喜隐退、幕府家臣全部迁出江户城、军舰武器全数交给新政府军、交出江户城等。新政府军队顺利开进江户城，这就是日本历史上著名的“江户无血开城”。明治天皇新政府军很快顺利地统一全国，开始明治维新，全面西化改革。

德川庆喜被改封于骏府，领 70 万石俸禄。为免被人猜疑，他一直安静地生活在远离东京的地方，直到 1897 年才回到东京居住。此时明治维新已经获得了巨大成功，日本已顺利地转型为近代化国家。1913 年德川庆喜因病去世，享年 77 岁，是德川幕府中寿命最长的将军。

英国外交官萨道义在回忆录里对德川庆喜评价颇高，他这样描述道，“庆喜是我所见过的日本人里最具贵族气质的男子，肤色白皙、前额饱满、轮廓饱满的鼻子——好一位气度不凡的绅士”。对于这位主动交出权力、甘于退居边缘的“绅士”，世人不能以懦夫之名去贬低他。如果德川庆喜在1868年决定倾全力决一死战，日本的历史肯定会被改写，至少明治维新不会那样顺利。日本甚至可能陷入长期内战，成为一个失败国家。德川庆喜不为个人权力而战，而能够急流勇退，这是为国家进步做出的重大贡献。他的所作所为不失英雄的美名。

著名企业家松下幸之助给予德川庆喜非常高的评价。他说，“德川庆喜之所以伟大，就是因为他能顾全民众的将来与国家的发展，坦然从权倾一国的至尊之位引退，使德川家族与平民并齐，归于平淡，却引导出一个更辉煌雄伟的日本。领导者实在应该多多学习庆喜的胸襟与度量。……然而，在当时德川庆喜将军是怎样做出这么明智的决定呢？这是因为他个人深明进退之道，换句话说，在自身何时该进、何时该退之间，把握住了正确的方向”。

权力之手，握紧容易松开难。登上历史舞台，政治家固然需要勇气；退出历史舞台，更考验政治家的胆识。尤其是在19世纪中叶，德川庆喜能够选择明快主动地退出历史舞台，实在令人钦佩。因为当时东方国家还没有形成领导人和平交替的民主制度，政治家要么老死政坛，要么被逼退出，没有一个主动放弃权力的。即使在一百多年后，仍然有所谓的政治家至死不肯放弃权力（最后往往堕落成独夫民贼）。

在这个意义上，勇于退出历史舞台的德川庆喜不但是日本历史的功臣，也是世界政治文明史上的伟人！

没有宽容，改革就没有未来

正是因为明治政府对政敌、叛军都采取宽容的态度，才在战争结束后很快就凝聚起民心，共同推动改革。通过明治维新，日本在一代人的时间里就成功摆脱了贫穷落后的局面，跻身世界强国之列。

19 世纪的东方国家，进行改革的不在少数，绝大多数以失败告终。唯有日本通过明治维新，成为亚洲第一个实现近代化的国家。为什么日本改革会成功呢？当我在东京的上野公园游览时，似乎找到了部分答案。

“上野公园里隐藏着一部日本近代史，特别是明治维新的历史”，一位日本朋友告诉我。确实，在这里我发现了许多日本近代历史遗迹，最负盛名的是明治政府的大将军西乡隆盛的铜像。令人不可思议的是，距离西乡隆盛铜像不到一百米的地方，还有一个“彰义队之墓”。而这个彰义队当年就是与西乡隆盛为敌、反对维新政府的“叛军”。

1868 年 1 月，维新政府的军队和德川幕府的军队在京都附近的鸟羽、伏见进行激战，战役以德川幕府的失败而告终。维新政府军乘胜追击，势如破竹，直抵江户城下。幕府与西乡隆盛谈判，达成了“江户无血开城”的协议：幕府交出军舰和一切武器，末任幕府将军德川庆喜退隐。维新政府军和平地开进江户城，占领了将军府，宣告幕府统治退出了历史舞台。

可是让胜利者意外的是，大多数江户的市民仍然拥护德川将军，因为在德川幕府的治理下，江户安享了两百多年的太平和繁荣。拥护将军的幕臣、家臣和部分市民组成了一支两千多人的武装部队——彰义队（这个名字本身就有强烈的价值取向），誓死保护庆喜将军，宣称要与新政府对抗到底。

彰义队的编制严密，并非乌合之众可比。他们最小的战斗单位是组（小队），组里有正副组长，各负其责。两个组为一队，设一队长。彰义队一共十八支队伍，设一总指挥。彰义队还有多支“兄弟部队”，如游击队、步兵队、炮兵队、纯忠队、卧龙队、旭队、万字队、神木队、高胜队等。

彰义队凶猛剽悍，武器装备也比较先进。他们以上野为据点，经常向新政府军挑衅。他们依仗熟悉地形，不断地骚扰袭击政府军，杀害政府侦查人员，成为新政府军的一大威胁。彰义队还筑起坚固的防御工事，欲与新政府军决一死战。

1868 年 5 月爆发了“上野之战”。新政府军队把上野重重包围，使用阿姆斯特朗炮和山炮对准彰义队的大本营一阵轰炸，然后又派士兵从背后袭击。彰义队的人数及武器都不及新政府军，也没有受过正规的军事训练，但是仍然奋力作战。双方枪炮互射，弹如雨下，战斗十分激烈。最后，彰义队死伤惨重，新政府军取得胜利。

这次胜利不仅击溃了彰义队，沉重地打击了该地区的反新政府势力，而且提高了新政府军的威信和地位。作为这场战斗的见证物，西乡隆盛指挥攻破的黑门保存在荒川区的丹通寺，直至现在上面还留存着当年战斗的弹痕。

不过，彰义队并没有被彻底消灭，一部分残部远遁北海道，投奔忠心于德川幕府的海军将领榎本武扬。“叛军”在北海道成立“虾夷共和国”，榎本武扬当选为“总裁”（国家元首）。1869年，新政府军登陆虾夷，摧毁了“虾夷共和国”的全部军舰。榎本武扬被迫开城投降，短暂存在的“虾夷共和国”宣告灭亡。至此，历时一年半的日本内战，以德川幕府及其残余势力的彻底失败、新政府的胜利而告终。

在东方国家，夺取天下之后的新政府往往会对往日的“叛军”进行报复，乃至大开杀戒。这样也是为了以儆效尤，让潜在的反对者不敢再有非分之想。显然，彰义队是不折不扣的叛军，而且是在幕府将军已经退隐之后自动组织起来对抗朝廷的叛军，没有任何理由对其赦免。

可是，明治维新政府没有坚持成王败寇的旧规则。相反，上野之战八年后，1874年明治政府就允许为彰义队的战死者修建坟墓，表彰其忠义。今天，上野公园的彰义队之墓占地颇大，以石栏杆围起来。墓前石碑上的记载只有客观描述，并没有“叛军”之类的褒贬字眼。它只是告诉游客，当年这里曾有一场“上野之战”，曾有一群拥护幕府的人与新政府军展开激战。

明治政府的这种“敌我不分”的做法令人十分费解，仔细想来却让人佩服。因为明治政府要进行改革，首先要团结最大多数的民众，凝聚社会力量。而对“叛军”的宽容处理，显然是拉拢民心的最好办法。假如对旧幕府的拥护者毫不宽容，赶尽杀绝，势必撕裂社会，让国内充满怨气。改革需要得到社会的支持。在一个充满怨气的国家里，改革是不可能成功的。

事实上，不只有彰义队得到了宽容对待。戊辰战争、西南战争结束后，明治政府对幕府旧员、“贼藩”子弟以及萨摩反叛士族等没有进行严厉的打击报复，并且留用了其中不少的人才。幕府的最后一任将军德川庆喜也没有受到迫害，而是在老家安享摄影、狩猎、民谣歌曲研究等趣味生活，成为德川幕府中寿命最长的将军。其实，德川庆喜也认为自己是“乱臣贼子”，一直都无意面见天皇。但是在 19 世纪 90 年代，他得到天皇召见，并恢复了贵族头衔。他的继承人还成为贵族院首任议长。

至于对朝廷战胜幕府有重大贡献的西乡隆盛，虽然参与西南叛乱，但也得到了宽容对待，还被允许在上野公园竖立他的雕像。还有那位在北海道成立“虾夷共和国”、当选为“总裁”的榎本武扬，也得到了赦免，在明治政府里担任了二十多年的内阁大臣，为明治维新做出了巨大贡献。这些做法让无数参与维新战争（不管是支持维新政府还是旧幕府）的人获得了尊严，更加认同这个国家。

正是因为明治政府对政敌、叛军都采取宽容的态度，才在战争结束后很快就凝聚起民心，共同推动改革。通过明治维新，日本在一代人的时间里就成功摆脱了贫穷落后的局面，跻身世界强国之列。

正如诺贝尔和平奖获得者、南非大主教图图所说：“过去的一切不是消失了、沉寂了，而是令人尴尬地顽固存在着，它将不断回过头来纠缠我们，除非我们彻底地解决一切……必须打破贯穿其历史的报复与反报复的怪圈。要做到这一点，就必须放弃报复性的正义，实现复原性的正义，升华到宽恕，因为没有宽恕，就没有未来。”

对于一个民族来说，没有宽恕、和解就没有未来；对于一个国家来说，没有宽容，改革就没有未来。

西乡隆盛：一个失败的英雄

从一个低级武士到“尊王攘夷”的大将，从维新政府的卓越功臣到领导西南起义的反叛将领，西乡隆盛的一生折射着日本走向近代化的艰难历程。

鹿儿岛，一个听来就充满诗意、引人遐想的地名。在一个阳光灿烂的日子里，我乘坐飞机从东京来到日本列岛的西南角。从空中看，湛蓝的汪洋大海中，鹿儿岛形似一条面向南方、口含珍珠的巨龙。

或许，在古代这里真的曾经是一个野鹿自由生活的地方。至少有一点可以肯定，九州偏安日本西南一隅，鹿儿岛又在九州最南端，由于远离政治中心，确实是一个可以安享生活的理想之地。岛上到处是鲜花和绿树，空气清新，还有丰富的温泉。泡在温泉池里，望着蓝天白云，恍兮惚兮，不辨他乡故乡。难怪，每年都有 4000 多万游客从世界各地奔向这里，参观游览，流连忘返。

遥想五百多年前，一个叫作斯·泽维尔（1506—1552）的传教士来到了这里，建造了日本历史上第一座教堂，使鹿儿岛成为日本传播基督教和了解西方文明最早的门户之一。泽维尔写信回去称，日本人是“我们所发现的最好的种族”。另一个耶稣会士写道：“他们彬彬有礼，拥有高度文明，因此，他们优于世界上已知的任何其他种族。”史书记载，1579 年皈依基督教的日本人有 13 万，到 1600 年达到 30 万，基督徒的比例比现在还要高。但是 1614 年，德川幕府颁布“庆长禁教令”，驱逐了所有的传教士。

在日本历史上，鹿儿岛被称为萨摩藩，藩主岛津家族统治持续了将近七百年。至今，这里还能够看到萨摩家族的很多标志。不过，比这个家族标志更多的，是西乡隆盛的印记。

在鹿儿岛市明治维新博物馆大门口，竖立着西乡隆盛的大头卡通图，可爱可亲；在鹿儿岛城山，竖立着一尊西乡隆盛铜像，身着陆军大将的正装，威武庄严，俯视天下。在街头，卡通玩偶、人形饼干，甚至拉面馆的酱油瓶上都有西乡隆盛的椭圆脸庞。

我站在城山的雕像前，仰望着西乡隆盛，努力把他和书中读到的形象结合在一起，但是二者难以重合。或许是这个人物的一生太丰富了，几本书又怎能描述出他波折起伏的人生呢？

受到现代化理论的影响，一般把日本视为从封建制度向现代国家和平过渡的一个典型。其实，日本转型过程绝非一帆风顺，而是跌宕起伏。它曾一次次地站在历史的十字路口上，茫然不知所往。幸运的是，它最终选择了正确道路，没有滑向歧途。

从一个低级武士到“尊王攘夷”的大将，从维新政府的卓越功臣到领导西南起义的反叛将领，西乡隆盛的一生折射着日本走向近代化的艰难历程。

一

西乡隆盛生下来就注定是一个下级武士，因为他的父亲是一个下级武士。从中世纪以来，日本就形成了严格的等级世袭社会——“士农工商”，武士是最高等级，但是武士里面又分出来诸多等级。虽然住在城市里，其实西乡隆盛的家庭生活水平接近于自给自足的乡村武士。年幼的西乡隆盛动作迟缓、老实巴交，他和其他武士的孩子一起练习剑术，阅读四书五经，学习用古汉语作诗，17 岁就在县衙门做了一个普通的办事员。而同时代的中国，和他年龄相仿的学子仍然在灯下苦读，做着“朝为田舍郎，暮登天子堂”的美梦。

在唐代时，日本大量学习中国文化制度，但是有两项没有学习。一项是选拔人才的科举制度，一项是残害人性的宦官制度。由于没有科举制，日本仍然奉行武士治国。拥有佩刀特权的武士效忠将军或大名，从那里得到封地和禄米，从事各级统治工作。这些武士构成了幕府统治的基础，由于政治制度对文化的影响是非常重要的，因此也形成了独特的文化。

西乡隆盛的工作就是视察村庄、监督乡村官员、鼓励生产和收税。他发现，萨摩藩从事生产的农民不多，却有太多的武士，下级武士都很贫困——西乡隆盛一家一度挨饿。这其实是当时日本的普遍问题。

进入 19 世纪，日本和中国一样，面临内忧外患。一方面，国内农业凋敝，生产力下降，饥民造反；另一方面，外国船只频繁地出现在国门附近，两个实行“锁国政策”的国家都受到了冲击。不同的是，清朝仍然沉浸在盛世的梦幻里不肯醒来，日本幕府却进行了“天保改革”，不过效果不大。当时作为一个下级官员，西乡隆盛对于国家的大局并不清楚。

直到 1854 年，27 岁的西乡隆盛才受到了触动，思想开始发生巨大变化。那一年，他作为随从，陪同藩主岛津齐彬进行隔年一次的参觐。自从 1603 年德川家康创立江户幕府以来，天皇形同虚设，统治大权统归德川家族的历代幕府将军之手。这是日本历史上最强盛的武家政治组织，直接管理着全国四分之一的土地和许多重要城市，其他地区分成大大小小两百多个“藩”，藩的首领大名享有世袭统治权，但必须听命于将军。为了限制大名的军事力量，维持自己的权威，幕府要求大名的妻子儿女必须住在江户，大名本人隔年分别住在江户和藩地。这种变相的人质制度被称为“参觐交代”，本来是大名展现忠诚的一种手段，最后却变成了严格的控制制度，限制了大名叛乱。

这是西乡隆盛第一次离开家乡，前往江户。离别时他还留下一首诗：“孩儿立志出乡关，学不成名誓不还。埋骨何须桑梓地，人生无处不青山。”这首诗的题目就是《七绝·改西乡隆盛诗赠父亲》。其实，原诗为幕末僧人月照所作，可能是西乡引用过，因此才有此误传。

前往江户并非公款旅游，大名要自费出行。而且参觐交代是一种军役，大名一般会带很多随从前往。萨摩藩主就率领着众多的家臣，晓行夜宿，有时乘船跨海，一路向江户进发。旅途中，信使几乎每天都会传来江户和鹿儿岛的消息，以及其他藩主的问候。很多信息一成不变，不值得关注。但还是有意外消息传来：有外国军舰停靠在离江户城不太远的浦贺海岸上。

半个多月后，这支队伍来到了江户湾边的神奈川。西乡隆盛望向海面，看见几艘外国轮船在那里游弋，冒着浓浓的黑烟。

这就是著名的“黑船”。一年前，美国准将佩里率领四艘“黑船”来到江户湾，要求日本开国。幕府虚与委蛇，佩里返航，但是声明翌年再来。这次来的是九艘军舰，威风凛凛。西乡隆盛看见了它们的庞大身影，不知道他当时做何感想，有一点可以肯定，那就是西乡隆盛对此并不感到意外。因为就在几个月前，他在一封给朋友的信中就预言道，由于已经有外国船只到达琉球，可以预见其他地方也会面临同样的情况。

鹿儿岛的地理位置看似偏远，其实它是日本通往世界的门户。在17世纪之前，来自中国的船只经常把这里作为停靠的第一站，甘薯就是通过这些船只带入日本的。这里也非常有利于接收到访的欧洲船只。事实上，很早以前萨摩藩就与一些欧洲国家有贸易往来，得到了许多海外信息。

尽管预见到了“黑船”的到访，但是西乡隆盛之前从来没有亲眼见过一艘西方船只。对于他来说，佩里舰队是亚洲之外一个先进文明存在的第一个实实在在的证据。他不会想到，“黑船”改变了他的命运，也改变了这个国家的去向。

二

江户确实是别样的世界。

作为幕府将军的都城，在1731年江户人口就已经超过了100万，比整个萨摩藩以及鹿儿岛总人口的15倍还要多，也比同时期清朝的都城北京人口多。江户不但是日本的政治中心，也是商业中心、文化中心，各种思潮正在这里激荡。

一切都和“黑船来航事件”有关。1853年佩里提出要求日本开国后，幕府第一次向全国各地的藩主征求意见。虽然最终还是幕府自己决定与美国签订协议，但是从此各地藩主的发言权逐渐增多。面对不断逼近的外患，日本到底如何应对？这是许多有识之士在思考的问题，因此各种救世学说应运而生。

西乡隆盛在江户接触的“水户学”就是当时的显学。由水户藩的学者发展起来的这套学说认为，天皇应该拥有绝对主权，大力追捧皇室的重要性。不过，水户学并没有否认幕府将军的角色，相反，水户学者极力强化将军的合理性。在他们的论述里，天皇应该“在位而不治”，作为皇室的臣子，幕府将军为天皇治国。进入19世纪后，随着西洋势力的逐渐逼近，水户藩唯恐西方思想对日本造成精神污染，于是提出抵御外夷的思想。最终尊王论与御敌战略结合，形成了“尊王攘夷”思想。

后人看来，水户学有不少论调天真，而且具有排外性。但是在当时却吸引了许多年轻人，包括西乡隆盛。他拜著名学者藤田东湖为师，藤田东湖是彼时水户学的代表，以主张“以敬神尚武为政教之根本，以至明尊王为攘夷之大义”而名闻天下。藤田东湖对西乡隆盛非常器重，他曾评价说：“眼下能够实现我心中抱负的人，除了这位年轻人外别无他者。”

西乡隆盛也非常尊崇藤田东湖，进而对藤田东湖的藩主也很推崇。他在一封信里说：“只要大人大鞭一挥，指向那些外国人，我会毫不犹豫地冲向前去。”显然，这时的西乡隆盛已经是一个有些狂热的排外主义者。这其实是当时的主流思想，像福泽谕吉那样开明的人士毕竟是极少数。

西乡隆盛的才干得到了萨摩藩藩主的赏识，逐渐进入家臣的核心圈子，开始参与藩政中最为重要的事务，后来又成为藩主亲信常驻江户，积极推动“公武合体运动”，加强皇室公卿和幕府将军合作。在西乡隆盛看来，面对西方国家咄咄逼人的架势，只有这样才能应对时艰。为此，西乡隆盛四处奔走联络，十分活跃，逐渐成为颇有名声的改革派志士。

自从鸦片战争之后，东亚的历史就连接成一个“蜘蛛网”，只要中国发生事件，很快就在日本产生反应。1856 年，以“亚罗号事件”为肇因，中国发生了“第二次鸦片战争”。同年，美国第一任驻日公使哈里斯来到横滨，升起美国国旗，要求在日本若干港口自由贸易、在日本都城派驻外交代表。哈里斯以第二次鸦片战争为借口，向幕府施压。

清政府在战争中连战败北，特别是英国袭击广州的消息传到日本后，幕府承受了极大的压力。此时幕府的权威已经开始衰落，虽然已经决定答应条件，却不敢径自行事。像佩里来航那次一样，幕府再次向各个藩主征求意见。部分藩主认为，应该拒绝美国人的条件，否则会扰乱日本社会，导致社会动荡。麻烦在于，这些坚持锁国政策的藩国里，有几个实力很强，幕府不能不忌惮。

幕府将目光转向京都，争取皇室的支持。皇室虽然权力有限，但是它颁布的法令毕竟可以强化幕府决定的权威性，使条约更具有合法性，让批评者无话可说。出乎意料的事发生了：几个世纪以来政治上只有象征意义、从来对幕府决定遵从如仪的天皇，这次的意见竟然是“固否决之”。幕府不得不再次与各藩主进一步磋商，坚持锁国的藩主趁机以德川幕府的继承人等问题作为条件。日本政局陷入了波诡云谲的混乱局面。

西乡隆盛悲哀地发现，自己致力推动的“公武合体”不但没有进展，“公武”之间的裂痕反而越来越大。幕府大老、强硬派井伊直弼在没有得到皇室批准的情况下，直接与美国签订《日美友好通商条约》，赋予美国商人与海员治外法权，开放横滨等港口。井伊直弼认为，与其拒绝签订条约使国体受辱，不如不等敕许擅自签字可全国体。

这激起了“尊王攘夷”派的不满，井伊直弼也强硬应对，“尊王攘夷”派遭到残酷镇压，或流放或关押，也有的被处死。最著名的牺牲者就是“尊王攘夷”的代表人物吉田松阴。这就是日本近代史上著名的“安政大狱”。

西乡隆盛也参与了反对井伊直弼的活动。他敏锐地觉察到政治气氛的变化，及时从江户逃回鹿儿岛，躲过了一场劫难。

三

京都作为日本的古都，处处皆有古迹。尤其是在东部音羽山上，古寺连绵，名胜不断，都掩映在绿树丛中。行走其间，颇引人发思古之幽情。在这些古寺中最著名的当然是清水寺。

清水寺是京都最古老的寺院，相传创立者慈恩大师是唐僧玄奘在日本的第一个弟子。由于是木结构建筑，清水寺历史上数次被烧毁并重建。清水寺因寺中清泉而得名，清泉一分为三，分别代表长寿、健康、智慧，被视为具有神奇力量，据说可预防疾病及灾厄，游客路经此地一定会来喝上一口水。

清水寺本堂前悬空的清水舞台是日本国宝级文物，四周绿树环抱，据说，春季时樱花烂漫，秋季时红枫飒爽，是京都赏樱名所、赏枫胜地。可惜我到来时正值夏季，但是满山绿树如海，清爽之气扑面。尤其是走到古寺旁边的树丛中，暑气顿减。

树丛中到处是古碑古塔，还有一个小小的陵园，墓前竖立的石碑上写着“月照”，署名是“西乡南洲”，也就是西乡隆盛。

月照和尚是西乡隆盛在江户认识的一个奇人。他是清水寺成就院的住持，表面上过着不问政治的隐居生活，暗中却与“尊王攘夷”的志士频繁往来，利用郊外隐蔽的地方作为“尊王攘夷”集合的场所。“安政大狱”发生后，月照逃离京都，来到萨摩藩寻求庇护。此时信任西乡隆盛的萨摩藩主已经死去，新的当权者害怕幕府，不敢庇护，要求月照立即离开。日本之大，却没有月照容身之地，西乡隆盛决心与其共同赴死。一个月圆之夜，两人乘船出海赏月，然后携手投海。西乡隆盛获救生还，月照始终没有苏醒。从此西乡隆盛决心投身“尊王攘夷”事业，以报答朋友。

这是一个关于友谊和忠诚的历史传奇，在晚清时的中国流传甚广。据说，戊戌变法失败后，谭嗣同不肯逃走，他对梁启超说：“程婴、杵臼，月照、西乡，吾与足下分任之。”谭嗣同期勉梁启超成为中国的西乡，以同志的死为激励，去完成未竟之业。

月照死后，西乡隆盛也被官方宣告死亡，实际上被流放到远离鹿儿岛的一个荒凉小岛上，隐姓埋名度过了漫长的三年光阴。流放反而增强了西乡隆盛在“尊王攘夷”者中的威信。尽管身处蛮荒，“尊王攘夷”的志士还是设法与其联络，西乡隆盛也参与了“尊王攘夷”的细节讨论，掌握着“尊王攘夷”的进展。

“安政大狱”宣告了“公武合体运动”的终结，“尊王攘夷”派与幕府当局走向激烈对抗。1860 年 3 月的一个雪天，幕府大老井伊直弼被一群埋伏的武士杀死。行刺者在告白中说，井伊直弼的罪行就是他无视天皇的命令。

“通过等待快船，我了解到天下的状况，我非常高兴得知事情正在朝着公正的方向发展”，得知消息后，西乡隆盛在给朋友的信中说：“如果没有一个激烈的变革，我们很快就会像清朝一样被人征服、惨遭蹂躏。”

遗憾的是，井伊直弼被刺后，日本并没有走向正确的方向，而是进入了一个暴力和恐吓时代。日本近代史上称为“志士”的下层武士开始登上历史舞台，他们在传统社会没有机会，被挤压在统治阶级的最下层。可是外国人的到来，让他们看到了机会，他们认为，凭借自己手中的武士刀就可以解决国家面临的危机。朦胧的民族主义、家臣式的忠诚和对天皇的崇敬奇妙地结合在一起，激励这些年轻的武士奔走天下，新生活的刺激更让他们平添了道德上的优越感。

“志士”没有一个核心观点，也没有工作规划。他们自认为是爱国者，仇外排外，凡是与外国人妥协、与外国人交往的人都被他们视为敌人。他们游荡在都市，腰插双刀，昂然自得。他们不但向井伊直弼这样的高官下手，也抽刀面向国内的“洋学者”。那几年日本“暗杀”之风盛行，许多“洋学者”不敢外出，与外国人进行贸易的商人也紧闭门户。

志士对于现实政治缺乏理解，也不明白自己到底想要一个什么样的国家。即使有些人朦胧追求一个现代化国家，他们也很少意识到，在这样的国家里不可能允许佩带双刀的阶级继续存在。在这个意义上，“志士”们的悲剧已经注定。

在日益浓厚的仇外排外氛围里，终于引发了“生麦事件”。

1862 年 9 月的一天，萨摩藩藩主的父亲从江户回到京都，途经横滨的生麦村时，平民按照惯例，向这支 700 人的仪仗队退让下跪。四个英国人骑马路过，一匹马受惊冲入仪仗队，卫护的武士杀死一人，重伤两人。英国要求幕府惩处凶犯和支付赔偿费。但萨摩藩拒绝英国的要求。当时正是“攘夷”运动兴盛之际。

正当幕府与英国谈判赔偿协议达成之时，突然传来皇室诏命，要求实施“攘夷”政策。但幕府还是按照协议进行了赔偿，天皇震怒，御笔写诏书声称，从 1863 年 5 月 10 日起，所有外国人必须在两个月里全部离开日本，“纵使皇国一端化为焦土，亦绝不愿开港交易”。“攘夷”派备受鼓舞，要求对外国人进行迅速和暴力的驱逐。京都的“攘夷”气氛热烈，排外情绪异常高涨，很有些清朝对列强宣战的架势。

在群情激愤的“攘夷”声浪中，长州藩发生了多起排外行动，而且炮击通过下关海峡的外国船舰，结果招致英国、法国、美国、荷兰四国军队联合攻击。长州藩惨败，被迫赔款，并允许外国军舰自由通过下关海峡，被摧毁的炮台不再修复和重建。英国为了报复“生麦事件”，也派舰队炮击鹿儿岛，烧毁市街。在现实的教训下，萨摩藩和长州藩转而采取开国方针，与英国建立了贸易关系。

喧嚣一时的“攘夷”运动就此降温。一些原来坚决主张“攘夷”的人士认识到，“攘夷”是不可能的，只能是自取毁灭。理性主义思想开始抬头，其中当然包括激进分子西乡隆盛。随着这些有识之士头脑清醒起来，日本这艘船驶出了暴力冲突的旋涡，开始转向正确的航道，避免了清朝被八国联军攻占北京的屈辱。

在上述重大历史事件里，西乡隆盛都是旁观者。“生麦事件”之前，他曾被释放，重回鹿儿岛。可是不足两个月，他就因触犯藩主，被流放到另一个荒岛。在一首诗里他写道：

朝蒙恩遇夕焚坑，人生浮沉似晦明。
纵不回光葵向日，若无开运意推诚。
洛阳知己皆为鬼，南屿俘囚独窃生。
生死何疑天赋与，愿留魂魄护皇城。

显然，西乡隆盛以为这一次自己将老死孤岛。

四

两年后的一天，一艘蒸汽船将西乡隆盛接回鹿儿岛。他获得特赦，并被任命为京都萨摩藩驻军总司令。从阶下囚到政府要员，一切都是因为国家政事突变，萨摩藩需要加强自己在京都的力量。

驱逐外国人的运动失败之后，“尊王攘夷”运动转向了内部斗争，各地藩主都想控制皇室。数百年来，皇室没有自己的军队，只关心作诗、书法、茶会等文雅活动，但是毕竟它是名义上最高的权威，尤其是在幕府权威削弱之后，“挟天子以令诸侯”就成为那些雄藩追求的目标。“尊王攘夷”激进派的活动又加剧了这场皇室争夺战。

正如后来西乡隆盛所斥责的那样，激进派的举动比“街头流氓”好不了多少。他们进行恐怖主义行为，对外国人、军事将领和手无寸铁的平民发起攻击。激进分子对他们认为不够忠诚的日本人发泄怒火，即使是朝廷臣子也不能免于他们的袭击。一位曾经忠实侍奉天皇的儒学者，仅仅被认为立场动摇，就被残忍地割下耳朵。

当西乡隆盛于1864年3月抵达京都时，眼前日益恶化的政治局势让他心灰意冷。京都已经取代江户成为各种政治势力的角斗场，混乱得让人看不到希望，两个雄藩——萨摩藩与长州藩的内斗更让人绝望。先是萨摩藩联合另外一个藩突然发动政变，将长州藩的“尊王攘夷”志士驱逐出京都。一年后，长州藩部队进攻京都，甚至闯进皇宫的蛤御门。虽然最后被击退，但京都很多房屋都毁于战火。

此时西乡隆盛的思想里仍然残存着“公武合体”的梦想，何况他又是萨摩人，因此积极主张进攻“犯上作乱”的长州藩。幕府组织各个藩的军事力量讨伐长州藩，西乡隆盛任征长军的总督参谋。

恰在这时，西乡隆盛与当时幕府的“海军奉行”（海军司令）胜海舟相会，彻底改变了他的认识。与其他封闭而颟顸的幕府官员不同，胜海舟多次出访欧美国家，思想解放。他告诉西乡隆盛，幕府已经无可救药，整个政权都极度虚弱，不能果断地采取行动，绝非更换一两个怯懦的官员就能够解决问题。对于日本来说，现在需要实行雄藩的联合。

胜海舟的一席话改变了西乡隆盛，他力主通过谈判解决长州问题。在长州藩妥协之后，征长军没有开一枪一炮就解散了。此事让西乡隆盛声誉遍及全国，也印证了胜海舟对他的评价：“也许西乡就是人们所说的那个能够肩负起天下之重担的人。”

作为当时最有实力的两个雄藩，萨摩藩和长州藩逐渐走近，形成了联盟，发誓“无论如何，以后双方当竭尽忠诚以报效皇国，光耀皇威，复兴皇权”。秘密进行谈判的，都是和西乡隆盛一样出身的下级武士，后来都为明治维新立下功勋。两个雄藩购买军火，以新式武器武装自己的军队，派人出国学习，引进西方技术人才。萨摩藩甚至以独立国家的地位参加了 1867 年的巴黎世界博览会。

幕府也在努力挽回颓势，派官员赴欧洲学习，购买军舰，争取外国的援助。末任幕府将军德川庆喜任命有现代意识的能干官员担当大任，还将年幼的弟弟派往法国学习，以培养其领导能力。这是一场竞赛，从合法性和资源来看，幕府似乎更有可能胜出。

可是，幕府不断出现战略失误。最大的失误就是 1866 年再次征讨长州藩。这绝对是一场灾难。虽然幕府的军队里已经有一些新的建制，但是兵力明显不足。萨摩藩公然拒绝出兵，幕府军队只能同来自其他部分藩的旧式军队一起投入战斗，而长州藩士气高昂，还有不少民兵参战。双方交战不久，幕府军队就败退，不得不宣布停火。这次战败给幕府的威信造成沉重影响，从此再也没有完全恢复过来。

西乡隆盛当然非常乐意看到幕府这种不光彩的收场，正如他本人所说：“我非常高兴看到事情发生如此荒诞至极的转折。”当时西乡隆盛回到鹿儿岛，重新整编萨摩军队。西乡隆盛会见英国大使时说，希望由朝廷来掌控大权，将来重新协议条约。这位大使说，条约修正将是一个漫长的过程，日本需要的是对政治体制进行根本变革，因为从国际视野来看，日本的政府机制有根本缺陷。在诞生一个拥有独立国家主权的政府之前，“日本在外国人面前都不会有脸面”。

听罢这番话，不知道当时西乡隆盛做何感想。不过，彼时西乡隆盛决心推翻幕府的想法已经很明确。而且当时幕府统治已经摇摇欲坠。

五

当我参观京都的二条城时，深感幕府将军的权威。二条城又名二条御所，是幕府将军在京都的行辕，也是江户幕府的权力象征。御所四周建有东西约 500 米、南北约 400 米的高大围墙，并挖有壕沟。而天皇所居住的皇居周围一片平旷，没有护城河。

跨过壕沟，穿过巨石砌成的城门，再穿过一个木门，眼前出现了一大片宫殿。这就是被誉为日本国宝的“二之丸御殿”。偌大的庭院里竟然没有一棵树。据说，幕府将军不想看到落叶，不愿意由落叶想起他将面对的死亡。看来，权力者尤其惧怕死亡。站在空荡荡的庭院里，面对深色的宫殿，仿佛一下子穿越到了古代。

走进雕刻精美、装饰华丽的宫门，就像进入了一座迷宫。里面有数不清的房间，回廊曲折，不辨南北，顿感权力的高深莫测。室内干净整洁，木质材料和绘画都被养护得一尘不染。每一组构件、每一处木棂、每一块金饰片都反映出细腻的匠心。走在名为“鹂鸣地板”的走廊，脚下发出黄莺鸣叫般的响声，据说这是幕府统治者为保证自身安全而设的报警机关。殿内有不同的会见室，墙壁和隔门上画有狩野派画家的名画，精美绝伦。

其中一间会见室里有许多蜡像，最前方一人踞坐，一把精美的武士刀在其手边。对面许多人都匍匐于地，似乎在诺诺称是。这是 149 年前历史一幕的真实再现。公元 1867 年，末任幕府将军就在这里宣布“大政奉还”，将权力还给天皇。

此事让维新人士措手不及。他们没有料到德川庆喜如此痛快，但是他们不久就发现，由于许多藩主观望形势，不肯来京共商国策，朝廷只能让幕府继续掌管政权。西乡隆盛等提出，德川庆喜必须“辞官纳地”，辞职并将领地和辖区内臣民返还朝廷。也就是要求德川庆喜无条件投降。德川庆喜请求缓期实行“辞官纳地”，为了避免冲突，退走大阪城。在没有战争的和平状态下，讨幕派陷入了劣势：拥护德川幕府的藩毕竟占多数，他们要求任命德川将军为新政府的高官，参与国家大事。

双方的利益冲突根本不可能通过和平方式解决。虽然德川庆喜被逼到了墙角但维新派依然不肯罢手。于是，戊辰战争爆发。西乡隆盛指挥了这次决战。虽然幕府军在数量上占据优势，但是在现代化装备的维新派军队面前，幕府军的战斗力和士气都处于劣势。战斗持续四天，最终幕府军被打败。

1868 年 3 月，西乡隆盛率领军队抵达江户城下。此时，西乡隆盛已经被新政府任命为陆海军负责人。德川庆喜将军队解散，不再寻求抵抗。他本人也离开江户城，住进上野宽永寺，以示对新政府的不抵抗。海军司令胜海舟受命与西乡隆盛谈判。胜海舟当年的预言实现了，西乡隆盛果然成为“担负天下大任”之人。

胜海舟约西乡隆盛到爱宕山散步。看到眼下这座“巨大而雄伟的城市”，西乡隆盛的心被深深地打动了。他对胜海舟说：“如果我们在此决一死战，那么，不知有多少无辜的人会因为我们的缘故将死于战火中啊！”

有一天，我走在东京港区的一条大道上，这条大道与海湾距离很近。在一座大厦前，我意外地发现一块石碑，上面写着“西乡海舟两名人会见处”。原来，148年前的那场决定江户城生死的谈判就是在这里举行的。可惜，四望都是摩天大厦，车水马龙，找不到一点儿当年的痕迹，只有这块石碑在无声地提醒着路人，停下来，想一下历史。

双方达成七项和平协议，新政府军队顺利开进江户城，日本历史称为“江户无血开城”。就这样，统治日本长达260年的德川幕府终于灭亡。天皇下诏书，把江户改名为东京，将年号改为明治，又从京都迁往东京。明治维新的序幕揭开。

六

因为在倒幕和国内战争中的功勋，他被授正三位官职，赏典禄为两千石，成为诸藩家臣中官位最高、受封最厚的人，也成为新政府的核心成员。

可是，作为一个武士阶级，西乡隆盛似乎没有太多的喜悦，而是对于即将到来的社会变革充满了忧虑。他在纪念月照和尚时写下了这样一首诗：“相约投渊无后先，岂图波上再生缘。回头十有余年梦，空隔幽冥哭墓前。”

十三年过去了，推翻幕府的梦想实现了，可是新的改革才刚开始，而且充满艰难。西乡隆盛认为，面对西方的威胁，日本虚弱不堪，只有推翻幕府，才能建立一个现代化的、中央集权的新政府，“与万国并立”。现在幕府已经被推翻，但是藩国体制仍然存在，于是各种“废藩”主张呈现在明治政府面前。

明治政府采取了收买策略：大名向政府交出对土地和人民的封建领主所有权（版籍奉还），大名今后不再世袭，原藩主改为“藩知事”，而且允许他们保留以往所占据领地收入的十分之一作为家用开支。这就保证了大名的既得利益，甚至超过以前的利益，其家禄和华族身份得到保证。由此，各藩的大名摇身一变成为新的贵族阶级（“华族”）。各藩的年贡移交政府，债务也由政府承担，使权力集中于中央。

战争花钱，改革也要支付成本。当初低级武士鼎力支持“尊王攘夷”运动，并为之付出巨大牺牲，本来希望得到政府的好处，没有想到，他们却成为改革成本的承担者。

维新政府打破“士农工商”的等级制度，提倡四民平等，凡是年满 20 岁的男性都有服兵役的责任，废除武士当兵的特权。明治政府颁发“废刀令”，禁止公共场合佩带刀剑，“违反者没收其刀”，废除了武士精英地位的最后特权。大多数武士不但失业，而且世代相传的薪俸被削减，生活成了问题，不得不从事农耕或经商来谋生。

后来，伊藤博文访美时曾在旧金山演讲，扬扬得意地称：“欧洲废除封建制度需要进行长时期的战争，而日本滴血未流、一弹未发就废除了封建制度。”其实，在废除封建制过程中，利益受损的武士多次反抗政府。1870—1871 年，各地就发生了许多武士动乱。

在维新过程中，身为陆军元帅兼近卫军都督的西乡隆盛参与了废藩置县等改革。他以中国宋代陈龙川的话“推倒一世之智勇，开拓万古之心胸”作为座右铭。虽然在改革内容上没有特别的建树，但他统率军事力量，以武力为改革保驾护航，保证了改革顺利进行。由于在倒幕维新活动中的作用和贡献，西乡隆盛被人们誉为“维新三杰”之首。

在改革过程中，下级武士的利益和尊严得不到保证，让西乡隆盛非常痛苦。他不能忘记这些与他并肩的战友，他在给一个参加内战的士兵的信中写道：“临生死之境，使之如私物，事定之后，即行抛弃，影响德义。”他为了给这些并肩的战友一个容身之处，扩充以下级武士为主体的近卫军编制，可近卫军的编制毕竟有限。

1871 年底，明治政府派出“岩仓使团”前往欧洲和美国，为国内改革取经。团长岩仓具视和副使大久保利通、木户孝允、伊藤博文都是政府的重要成员。西乡隆盛并没有参加岩仓使团。事实上，他一开始就反对派出使团。在一个转型国家里，需要许多具有世界眼光的人，尤其是领导人更应该了解世界。一生没有出国，使西乡隆盛的思想有巨大局限。假如他曾经亲自到西方世界看一看，或许会改变其许多固有的观念。

1873 年，维新政府内部的冲突围绕“征韩论”展开。西乡隆盛提出“征韩”，通过侵略朝鲜来解决下级武士的问题，让他们在新的领地取得新的特权和资源。然而，刚从欧美考察归来的岩仓使团的成员认为，日本尽管废除了封建政治制度，但仍很虚弱，应该以内政为先，首先需要进行国内改革。如果侵略朝鲜，进行一场长期战争的成本将会危及国内各项制度的发展。

“征韩派”失败了，西乡隆盛愤然辞去武装部队最高指挥官之职，离开东京，回到了家乡。

七

西乡隆盛宣布放弃所有政治活动，在鹿儿岛乡间过起退休生活，散步打猎，不问世事。

一位弟子后来这样回忆西乡隆盛的隐居生活："从清晨到夜晚，西乡大人都把时间花在了打猎上，催促着他的猎狗、追赶着兔子、穿越在山谷中。当他回到他在乡间的住所，洗完澡后，他似乎格外神清气爽，带着格外镇定的表情，他宣称'我相信君子之心就是这个样子'。"

西乡隆盛推崇宋代的司马光，"为人当学司马温公，无一事不可与人道"，不肯苟且。在勇于权斗的政治家队列里，他是少有的一个光明磊落的人物。这位有些"洁癖"的政治家远离了政治中心，逃脱了推进改革的责任，而这些改革注定将从根本上动摇武士阶级的地位。

受到西乡隆盛人格的感召，大批官兵跟随西乡隆盛回到鹿儿岛。西乡隆盛出钱资助建立了类似军事院校的"私学校"系统，而且得到地方官员的认可和支持。

1876 年，政府强制执行以有息债券的形式一次性付清武士的退休金。在理论上，武士可以用这些债券投资农业、商业和制造业，从而促进经济增长，同时又把赋税收入作为公共投资。但是，大多数人特别是下层武士，都因不善经营而破产，最终沦为劳动力市场上待价而沽的赤贫者。武士丧失了一切物质上的特权，随着处境不断恶化，变得越来越难以驾驭。

废刀令刺痛了武士的自尊，现实利益的剥夺则让武士愤怒不已，武士发动了一系列叛乱。讽刺的是，这些叛乱的领导者无一例外都是来自日本西南部的年轻武士，他们很早就参加反对幕府的运动，在新政府夺取政权的战争中浴血奋战。

萨摩藩拒绝执行中央政府的改革决定，最终爆发了西南战争。尽管历史学家对于战争起因有许多不同的说法，但是这场战争其实是无法避免的，因为正在追求中央集权的明治政府是不可能容忍一个地方政府无视中央政府权威的，尤其是讨幕时拥有最强战斗力的旧萨摩藩。

唯一让后来的历史学家感到困惑的是，西乡隆盛为什么会成为叛军的领导人？建立一个集权的中央政府不正是西乡隆盛的愿望吗，他本人不正是新政府的创建者之一吗？作为一个政治家，他难道不知道叛军不可能获胜吗？

不管怎样，悲剧最终发生了。1877 年 2 月，明治政府创建的第十年，维新时期的一场最大内战爆发，领导者就是西乡隆盛。叛军中除了萨摩军外，还有来自各地的不满武士，合计 3 万多人。西乡隆盛以“质问政府”为名挥师北上，与政府军爆发激战。“明治维新三杰”之一的木户孝允当时重病在床，感叹“与其病死窗下，不如捐躯于征途”，企图亲自规劝西乡，但被劝阻。

美国电影《最后的武士》就是以西南战争为背景拍摄的。它片面地讴歌了日本武士传统的美好，没有反映这个没落群体的另一面：他们是一个食利阶级，不事生产，享有特权。例如，在萨摩藩，四分之一是武士，工商农阶级要承担的负担无比沉重。武士津津乐道的所谓荣誉是建立在严格的等级制度之上的，在他们面前，工商农是没有任何尊严和人格可言的，甚至没有生命权，虽然武士是由他们供养的。武士甚至可以随意杀死他们认为侮辱了自己的贱民而不需要承担任何法律责任。武士身上的武士刀是嗜血的，一把新刀要用杀死贱民的方式来试刀！

西乡隆盛将国家拖进了一场战争，不管他本意如何。他的身后，是一个注定要消亡的没落阶级。明治政府组成了“征讨军团”，合计近 6 万人。在最关键的田原坂会战中，双方的损失都接近各自兵力的四成，战场变成了一座铁与血的炼狱。

幸好，这场战争在半年后就走向了尾声。政府军击败萨摩军，西乡隆盛撤退回到鹿儿岛，在战场上自杀而死，结束了他自己在历史和道德之间的痛苦挣扎，也结束了日本最后一场内战。

因为承受了近代化的负担，武士阶层成为抵抗日本近代化的第一波力量，并最终在反抗中被消灭。从此，消除了障碍的日本，加速了近代化进程。不到三十年的时间，就成为亚洲第一强国，成功实现了“与万国并立”的目的。

八

从东京到鹿儿岛，又沿着鹿儿岛—京都—东京的路线，一路回到东京。横贯半个日本的旅行，我一边寻找，一边阅读，渴望理解西乡隆盛。但总是觉得读不懂，他的形象有时离我很近，有时又离我很远。

我来到东京的上野公园，很容易就找到了西乡隆盛的塑像。一身武士打扮的西乡隆盛站在一个石头基座上，昂首向前，壮硕的身躯像一个相扑选手。圆而大的脑袋使他更像一个卡通人物，可爱可亲。他的左手按在腰间的一把武士刀上，右手牵着一只小狗，既有逼人的英气，又有感人的温情。

西乡隆盛死后，因为是叛军首领，他的官位遭到剥夺，然而民间同情声浪一直甚高。十二年后，1889 年，《大日本帝国宪法》颁布的同时，明治天皇颁发特旨，为西乡隆盛除去“贼名”，追赠正三位。两万多人主动自愿集资，制作了这尊铜像。

中国近代著名思想家王韬、黄遵宪、梁启超、陈独秀等都曾来到这里缅怀这位维新功臣。陈独秀有诗咏西乡隆盛：“男子立身唯一剑，不知事败与功成。”梁启超也赋诗赞赏西乡隆盛：“东海数健者，何人似乃公？劫余小天地，淘尽几英雄。闻鼓思飞将，看云感卧龙。行行一膜拜，热泪洒秋风。”

看来，在他们眼中西乡隆盛确实是一个英雄，虽然是一个失败的英雄。或许，西乡隆盛更像中国历史上的项羽，以失败英雄的形象获得了后人的同情。

西乡隆盛曾对坂本龙马说：“你前天所说的和今天所说的不一样，这样你怎么能取信于我呢？你作为天下名士必须有坚定的信念！”坂本说：“不是这样的。孔子说过，君子从时。时间在推移，社会形势在天天变化。因此，顺应时代潮流才是君子之道！西乡，你一旦决定一件事之后，就想贯彻始终。但这么做，将来你会落后于时代的。”

我想，读懂西乡隆盛真的不容易，因为他身上凝聚着从“尊王攘夷”到明治维新的那段波澜壮阔而又错综复杂的历史。一个封闭两百多年的东亚国家突然被推到世界面前，就像一条船被推进大海，在惊涛骇浪中驶向未知的彼岸。社会形势天天都在变化，既要跟随时代，又要保持道义，几乎是不可能的。“历史与道德的二律背反”注定了西乡隆盛是一个失败的英雄。

胜海舟的追问：建立一个什么样的现代国家

在大变革时代，处境最难的往往是体制内的改革派。体制外指责他们维护旧体制，体制内又批评他们激进冒动，身处夹缝之中，左右为难。

1868年3月，忠于天皇的讨幕军兵临江户城下，并制定了总攻方案。幕府也做了最坏的打算，在街市准备了大量火药，一旦被攻陷就纵火焚城，玉石俱焚。假如真的如此，那么这个当时日本最繁荣的城市就会陷入劫难，日本近代史也会因此而被改写。

幸运的是，悲剧没有发生。拯救了江户城和百万无辜市民的，就是胜海舟——第一个具有现代国家观念的日本人。

一

胜海舟的曾祖父是一位传奇人物，虽然双目失明，但擅长理财，竟成为江户巨富。不过，他的父亲是幕府将军的一个普通家臣。胜海舟生于1823年，和李鸿章同岁。作为武士的儿子，胜海舟从小就刻苦学习剑术，成为幕末的著名剑客之一。

在幕府末期，学习荷兰文的“兰学”广泛流行，学者可以借此了解西方科学技术。1840年后，鸦片战争中清朝战败的消息震惊了日本，从此兰学的研究中心便从医学转向了军事科学。1841年，一位有名的西洋炮术专家进行西洋式的火炮发射和枪阵军事演习，让胜海舟大受启发。这位年仅19岁的剑客认识到，剑术已不适应当今作战的需要，从而舍弃剑术而改学西洋军事知识。

一位老师告诫胜海舟说，要救日本，唯有学习兰学才是正途。胜海舟刻苦学习兰学，如醉如痴。他以一年半的时间抄写了两部多卷本的《兰日辞典》。一部留作自用，另一部以三十两的价格出售，作为租书和购买文具之用。他在书店发现一部兵书，但被某人购去。他便征得该人同意，每晚往返步行八公里，利用书主人夜间休息之时将全书抄完。

对于闭关锁国的日本而言，兰学是一种全新的学术体系，反映了当时欧洲科学革命的大致成果。通过学习兰学，胜海舟不但接触了现代军事知识，而且逐步跳出中世纪的思想樊篱，把目光转向先进的近代文明。后来他在江户开设了一家私塾，讲授兰学和西方军事学。他还根据兰书设计制造步枪，雇工锻造，诸藩纷纷前来订货。

在闭关锁国政策下，日本已经度过了两百多年的太平岁月。虽然知道世界在发生变化，孤立自处的日本从等级观念出发，仍然把世界各国分为三类：一是中国、荷兰两个“通商”国家；二是朝鲜、琉球两个允许派遣使节的“通信”国家；三是包括美国在内的不相往来的国家。假如没有外来冲击，日本可能还将继续维持这种停滞、太平和孤立的状态，胜海舟也会以一个剑客和业余军事家的身份度过平凡的一生。但是，美国舰队的到来，不但打破了岛国的宁静，也让30岁的胜海舟的人生顿生波澜。

1853年，美国东印度舰队司令佩里率领舰队闯进江户湾，让幕府惊慌失措。面对这数千年未有之局面，幕府打破惯例，向各个藩国征求应对之策。诸藩、大名以及与幕府关系密切者纷纷上书，胜海舟也向幕府提交了《培理来航之上书》《关于海防之再度上书》两份建议书。

胜海舟指出，外国船只之所以能够进入江户湾，是由于日本海防力量薄弱而造成的。他认为，建设海军乃日本当务之急，“海国兵备之要在于建造军舰，此乃天下之通论。……没有坚船则难以达成彻底防御外敌之目的”。没有一定的经济实力将难成事。为了解决建造军舰的资金问题，胜海舟提出了“开国交易论”，即放弃闭关锁国政策，与外国通商贸易，将其收益用于海防建设之费用。

在胜海舟看来，有了军舰还远远不够，还应该改革军队体制。因为幕府传统兵制弊端尽显，已经不再适用，“本邦之枪法兵制拘泥传统，武备松弛已无实用。故他者稍有觊觎，则尽显轻蔑之体”。为此，胜海舟建议录用人才、改建西洋兵制、创建军校。

在多达七百余封的建议书中，胜海舟的建议最为幕府赏识，因为它直面现实，有理有据。于是，幕府破格录用胜海舟为“下田取缔手付”，负责西洋书籍的翻译工作。

而立之年的胜海舟由此进入幕府，成为一名体制内官员。

二

1855年底，幕府创办长崎海军传习所，33岁的胜海舟被任命为“长崎海军传习生头役”（相当于海军军校学生总队长）。在长崎的五年里，胜海舟学习炮术、航海术和造船学，成为一名真正的海军专家。

作为日本第一所近代海军教育机构，长崎海军传习所聘请的教官都来自荷兰。一位荷兰中尉曾问一位日本商人：“长崎如果遭到外国人的侵略，你能保卫自己的城市吗？”商人答道：“非我所知，那是幕府的事。”这位中尉在他的书中引用了这个故事，并发表评论说，一旦国家有难，国民必须同心合力，保卫祖国。但日本人的这种义务观念很淡薄。荷兰军舰舰长带领一名军官、四十五名陆战队员登陆，就可以轻而易举占领长崎的所有要害之处。

此事给胜海舟以极大的刺激。荷兰区区一海军中尉，对日本国情尚做如此分析，至于俄国、英国、法国、美国等各大国又怎么能够尊重日本呢？当时的日本全境有数百个藩，人们都把自己所属的藩视为国家，“藩即国”的思想根深蒂固，而日本则被他们称为想象中的“天下”。这种分裂割据、国防实力薄弱的状态，显然难以抵御外来入侵者。

在胜海舟的头脑中，开始抛弃传统而陈腐的“天下”认识，逐渐建立起近代国家的观念。他认为，在列强面前，日本应该是一个统一而强大的国家。为了日本整体的利益，幕府在适当的时机把大政奉还给朝廷，建立统一的国家，这样才能与万国并立，避免沦为殖民地。

长崎海军传习所共招募了三期学生，培养了大量海军优秀人才，其中的高杉晋作、五代友厚等大多去过中国、荷兰、英国等国家。这些同外国有过接触的开明志士都很认同和支持胜海舟的观点。毫无疑问，在那个儒学的华夷观盛行的时代，胜海舟是一位难得的先觉者。

1860 年访问美国的经历，更增强了胜海舟的现代国家意识。那一年幕府派日本使节团访问美国，随行的“咸临丸”由胜海舟担任舰长。这是日本政府的官船第一次横渡太平洋，历尽千辛万苦，终于平安抵达美国。在零距离接触的过程中，胜海舟仔细观察这个现代国家，认识到美国国家体制的先进，深感日本的落后。他注意到旧金山和长崎的钢铁厂没什么两样，只是背后的社会制度不同。美国是总统共和制，总统是从民众中选举产生的，比日本的将军、武士世袭制度要先进得多，人民对国家的认同感也更为强烈，国家的凝聚力更强大。

带着对国家的忧虑回到日本，胜海舟愕然地发现，国内已经发生了巨大变化。“攘夷”气氛高涨，主张开国的幕府大老井伊直弼遇刺身亡，洋学家成为“攘夷”志士追杀的对象，连出洋考察的胜海舟也成了他们的狙击目标。

来自土佐藩的志士坂本龙马“听说胜（海舟）这家伙主张开国论，是很奇怪的家伙，必须杀掉”，于是前往刺杀。在利刃面前，胜海舟镇静自若，不但没有挥刀相搏，反而平静地对坂本龙马讲述自己在国外的见闻。坂本龙马茅塞顿开，大为折服，当场拜胜海舟为师。坂本龙马在给姐姐的信中兴奋地写道：“自己成为日本第一人的弟子。”

在第一次护送使节团出海之后，胜海舟每年或每隔一年都会护送或大或小的使团出访海外。凭着自己在海军领域的才学，1862 年，他被幕府任命为军舰奉行（海军司令），开始作为幕阁行政部门的高级官僚而崭露头角。为了打破藩国各自为政的局面，树立幕府和西南诸藩“一大共有之海局”，胜海舟在当时还只是一个小渔村的神户设立海军塾和神户海军操练所，招收各地有志的青年，为日本训练海军人才。

胜海舟为日本培养和积累了一大批宝贵的人才。除了为推动明治维新建立功勋的坂本龙马外，还有后来曾任外务大臣的陆奥宗光、海军元帅伊东祐亨等声名赫赫的人物，都是胜海舟的弟子。

三

在大变革时代，处境最难的往往是体制内的改革派。体制外指责他们维护旧体制，体制内又批评他们激进冒动，身处夹缝之中，左右为难。

自从进入幕府，胜海舟就在这样的困境里挣扎。作为思想解放的体制内官员，胜海舟不仅希望建立现代海军，也希望幕府进行其他方面的改革，革故鼎新。但是守旧保守的幕府只知道维护既得利益，已经丧失了改革动力。胜海舟对于幕府官员的因循守旧、腐败无能和门阀之见极为反感，经常发表激烈的言论，因而遭到保守派的嫉恨。

1864 年 7 月，幕府命令各藩集结军队，讨伐长州藩。长州藩是西南大藩之一，兵力强盛，决心与幕府决战。一旦开战，日本就会陷入内战之中，甚至导致国家分裂。因此，身为幕府重臣的胜海舟坚决反对。保守派早就忌惮其权力过大，于是趁机将其召回江户，罢免其军舰奉行的职务。胜海舟还受到“蛰居生活”（闭门反省）的处分，神户海军操练所也被迫关闭。

在两年“蛰居”期间，胜海舟博览群书，思考日本未来。他认为，幕府已完全失去民心，因此不再像以前那样坚持以幕府为中心，而是主张以日本为整体来建设现代国家。

胜海舟也与一些藩的维新派人士进行接触。西乡隆盛与其交谈之后，佩服之至，赞赏胜海舟“有英雄气概”“学识深不见底，可敬、可怖”。这次会面不但改变了西乡隆盛对日本出路的设想，也决定了四年后江户城的命运。

彼时，“尊王攘夷”运动风起云涌，幕府越来越难以应付局势。胜海舟一度官复原职，但是因为政见不合，很快又辞职。1868 年初，幕府军队与讨幕军在京都附近的鸟羽、伏见发生激战，幕府败北。胜海舟并不主张打这场战役，因为他担心内战会导致日本“重蹈印度、中国之覆辙，皇国瓦解，生灵涂炭”。

讨幕军乘胜追击，直抵江户城下。要求胜海舟出山的呼声很高，幕府任命胜海舟为军事总裁（相当于全军最高统帅），整个德川幕府，乃至整个日本的命运实际上掌握在他手里。胜海舟深知幕府大势已去，假如一决死战，日本必将陷入内战。在胜海舟的思想观念中，相较于一家一姓权力的得失，日本的国家统一更为重要。在他的劝说下，幕府将军德川庆喜放弃抵抗，移居寺庙。

胜海舟派出代表与讨幕军谈判。虽然双方商定七项和解条件，但讨幕军总攻江户的预定日期未变，大军继续向江户逼近。身为幕府军事总裁的胜海舟鉴于当时形势，一面谈判，一面暗中通过英国公使给讨幕军施加压力，因为有不少英国人居住于江户，一旦开战将会受到牵连。

在日本的历史书上有一幅著名的绘画作品：胜海舟与西乡隆盛跪坐在榻榻米上微笑着交谈，中间有两杯清茶，金色的阳光从纸窗上透射进来，整个画面充满了温暖。这是胜海舟与讨幕军代表西乡隆盛谈判的情景，时间是在讨幕军发起总攻的两天前。最终，双方达成江户无血开城的七项和平协议，包括德川庆喜引退、幕府家臣全部迁出江户城、军舰武器全数交给新政府军、交出江户城等。

1868 年 5 月 3 日，讨幕军顺利开进江户城，正式接管幕府的都城。当时江户人口超过百万，这个繁荣的大都市能够躲过一场血光之灾，胜海舟居功甚伟。更重要的是，他避免了日本的内战和分裂，使日本向完成国家统一迈进了一大步，也为明治维新扫清了道路。

四

明治维新开始后不久，胜海舟被新政府任命为海军卿（相当于后来的海军大臣），一直做到枢密院顾问官，位列正二位一等伯爵。

从幕末以来，胜海舟一贯是亚洲同盟论者，一直坚持着以东亚三国的团结扭转欧美侵略的原则立场。他认为日本简单追随欧美的殖民主义政策是愚蠢的，中日应该联合、携手发展，而不应该相互贬低或竞争。可是明治时代的日本刚走上文明开化道路，就像列强一样开始对外扩张。1874 年日本政府出兵侵略中国台湾，胜海舟因反对而辞职。从此，他一直在野，但是仍然坚持反战立场。

1893 年，朝鲜发生内乱，日本军人蠢蠢欲动。胜海舟认为，日本自身的内政问题重重，反对以武力为背景干涉朝鲜的内政。他也担心日本军队与清朝军队的冲突。他呼吁作为亚洲国家要相互协助，不应该互相残杀。

不幸的是，中日在黄海发生海战。胜海舟是当时日本政治家里唯一公开反对这场战争的。他说，中国和朝鲜是日本的老师，批评日本是“无名之师”。他还愤然写下一首诗：“邻国交兵日，其军更无名。可怜鸡林肉，割以与鲁（俄）英。”在战争开始后，他批评政府压制舆论，搞得大家都不敢说话，“认为唯有自己才正确、强大，只有日本才这样说，而世界可不是这么看的”。在举国一致狂热支持对外战争的年代，身为元勋级政治家却公开反对战争，彰显了胜海舟的气概和勇气。

北洋舰队提督丁汝昌自杀殉国后，胜海舟撰写悼诗公开发表在报纸上，“忆昨访我屋，一剑表心里。委命甚义烈，儒者为君起。我将识量大，万卒皆遁死。心血溅渤海，双美（武士道对武人的最高嘉许）照青史”。

胜海舟年轻时去过中国，有许多中国朋友，他和李鸿章多次交换过书法和著作等礼物。因此，胜海舟对中国非常了解，所做批评极有见地。他认为中国人缺乏国家意识，中国社会停滞而保守。在回忆录《冰川清话》里，胜海舟分析道：“在日本说战争胜利了，兴奋得狂欢大闹，但是支那人，换了天子、战争失败，这些事几乎就如同马耳东风。不管是改换了天子，还是日本战胜了，这些都无所谓。这也情有可原，因为不管是一个朝廷灭亡、另一个朝廷取而代之，还是国家灭亡成了他国的领地，整个社会还是保存着旧态。其社会，与国家的兴亡没有任何关系。”

对于那个时代的中国来说，胜海舟的评价堪称一针见血。在皇权专制统治下，人们不会有现代国家观念，也不会关心国家的前途，“王朝兴亡，匹夫无责”。当然，一个统一的民族国家如果缺乏现代国家观念，也可能走上歧途，就像日本一样。胜海舟反对中日战争的立场也表明，他的国家观念远远超过同时代的人们。遗憾的是，胜海舟的声音没有得到重视，战争最终给中日两国带来了巨大的灾难，而且在历史的阴影下，两国关系至今仍然复杂多变。

晚年的胜海舟完全在野，但是忧国谋国之心从未消失。他谈论政治口无遮拦，对伊藤博文等权贵的批评也毫不留情。他发起西乡隆盛复权运动，为因西南战争背负逆贼之名的西乡隆盛的名誉恢复积极奔走。他严词批判足尾矿毒事件，支持田中正造反对公害、维护人民权益的运动。

1899 年 1 月 19 日，在 20 世纪即将到来的前夕，这位传奇人物因脑溢血死去，终年 77 岁。但是他一生追问的“建立一个什么样的现代国家”的问题，日本还要再经过半个世纪的苦难挫折才能找到答案。对于许多追求现代化的后发国家来说，“建立一个什么样的现代国家”是一个至今都没有答案的问题。

第二编　维新

福泽谕吉：一个国家的启蒙老师

他像谁呢？第一个睁眼看世界，他像中国的魏源；翻译西方经典引进近代文明，他像中国的严复；办报纸开启民智，他像中国的梁启超；办大学培育人才，他像中国的蔡元培。可是，这些人没有一位像他一样，看到自己的梦想成为现实。

傍晚时分，我走进向往已久的庆应大学。望着高大矗立的现代化教学楼，多少有些失落。这个已经有 158 年历史的大学，为什么找不到一丝古典的美，难道它也迷失在现代化的大潮里？

不过，环顾校园，我发现了一栋五层高的古典大楼，古朴的气息扑面而来。我走到它的面前，仔细观察那些老式的门窗，努力寻找属于江户时代的影子。这栋大楼现在是学校办公区，不时有人出入。这是当年福泽谕吉先生建设的大楼吗？他当年是否也常常夹着布包从这里出入？我不敢肯定。但是我敢肯定，作为这所大学的创办人，福泽谕吉一定无数次在这个校园里走过，我走过的地方也一定有过他的足迹。

转过办公楼，迎面是一栋充满西洋风格的八角塔式建筑。

和清华大学那些美式风格的建筑比起来，这栋建筑色彩更加鲜明。大楼正中央镌刻的是七个古朴苍劲的汉隶“庆应大学图书馆”，其上面一行小字是“创立五十周年纪念”，下方的柱头上有一行数字“1858”“1908”。也就是说，这栋建筑建成之日，清华大学还没有面世。

我突然看见，就在大楼门前右侧的树荫之下，有一尊雕像。福泽谕吉！我一眼就认出了这个身着和服、满脸沧桑的老人，因为他和一万日元上的头像完全一样，面色严肃，目光坚毅。

“终于见到了仰慕已久的福泽谕吉先生，”当天晚上，我在微信的朋友圈里这样写道，“他创建了日本第一所大学，培育人才无数，更重要的是，他的思想改变了一个国家的历史走向”。

二

福泽谕吉出生于1835年，当时日本正处于德川幕府统治江户时代。在福泽谕吉小时候，身处武士阶级的父亲曾多次说，长大后要送他到佛寺当和尚。在讲究“士农工商”的日本社会，武士是最高阶级，为什么父亲要儿子出家呢？直到成年之后，福泽谕吉才知道父亲的良苦用心。

江户时代是日本封建社会最完善的时期，也是制度已经板结的时期，“就如同一切的东西皆整然有序地放在箱子里一样，经过几百年都没有动，”福泽谕吉晚年在回忆录说：“生在大臣之家即为大臣，生在兵卒之家即为兵卒；子子孙孙，大臣永远是大臣，兵卒永远是兵卒，中间的阶级亦然，不管经过多少年，丝毫没有改变。”

福泽谕吉的父亲是一个低级武士，虽然饱读诗书，但也只能屈身做一个下级俗吏，一事无成，他认为儿子不管怎么努力，也无法功成名就，而当和尚则不同，一个平凡的鱼贩子的儿子，也可以当上最高阶的僧官。

因为父亲早逝，福泽谕吉没有被送进寺院，而是世袭了父亲的身份，成为家乡中津奥平藩（现为九州大分县中津市）的一个武士。他佩带长短两把武士刀，走在大街上，工商农人都要低头让路。可是这位生性不安分的年轻人不满足这样的虚荣，而是期望着离开门阀制度严苛的家乡。

从地图上看，中津地处日本西南地区，远离京都和东京，在当年显然属于边远地区，闭塞沉闷，局促狭窄。不过，在福泽谕吉 20 岁的时候，美国军舰来到江户的消息传到了西南一隅，人们都在谈论炮术。

这一年，幕府与美国签订《日美友好条约》。至于西边的清朝，《南京条约》彼时已届满十二年，英法美公使致函清朝办理外交事务大臣、两广总督叶名琛，提出修约要求。叶名琛抱着“接触愈少，麻烦愈小”的宗旨避而不见，并向咸丰帝建议，对付外国人“唯有相机开导，设法羁縻”。

福泽谕吉不知道这些信息，但是这位年轻人敏锐地捕捉到鼓荡而来的新时代气息，于是走出家乡，横跨九州岛，来到西海岸的长崎。因为地理位置原因，早在 17 世纪就有荷兰商人居住在长崎港口。进入 19 世纪，这里更成为得风气之先的开放地区。在长崎，福泽谕吉边工作，边学习荷兰文。一年后，他又长途跋涉来到大阪，进入绪方学堂学习正规的荷兰文。

绪方学堂是一家培养医生的医学堂，藏书只有物理学和医学书籍，而且总共不到十本，学生必须抄书。有一次他们借得一本荷兰原版电学书，竟然昼夜不停地抄了三天两夜。学校生活条件艰苦，但是就像福泽谕吉所说，这些穷学生不以为苦，反而颇为自负，“我们的智力思想远远超过王公贵族，自信有资格睥睨之。越难的书对我们越有吸引力，我们已经到了苦中作乐、苦即是乐的境界”。

二

自第一次鸦片战争以后，东亚各国就出现了共振现象，日本尤其如此。

1858 年 5 月，英法联军炮轰大沽炮台，攻下天津。消息传到日本，幕府震惊，很快就相继与俄国、法国、英国、荷兰、美国五国签订通商条约，开放箱馆、兵库、长崎等五个港口。

同一年，福泽谕吉来到江户（现东京），在一家小规模的荷兰学塾里担任老师，教授荷兰学。福泽谕吉很自负，因为发现自己掌握的荷兰学不比江户的学者差。但是当意气风发的福泽谕吉来到刚刚对外开放的横滨观光时，如同被迎头泼了一盆冷水，因为他在这里听到了另一种完全不懂的语言。这位 24 岁的年轻人得知，现在世界上最通行的不是荷兰语，而是英语。

“现在我国正缔结条约，逐渐开放门户，因此，以后一定要学习英语。”福泽谕吉后来这样描述自己当年的心情，“作为一个西洋学者，若是不知英语是行不通的”。他立刻发愤，通过字典等自学英语，还四处拜师。

一个难得的机会到来了。1860 年，为了交换《日美友好通商条约》的批准文本，日本使团乘坐美国军舰赴美国，日本当局派遣咸临丸作为护卫舰。当时航行到外国被视为拿生命当赌注，可是福泽谕吉自告奋勇，要求作为舰长的随员赴美国，被顺利接受。

经过三个多月，咸临丸终于横渡万里波涛，抵达美国。脚穿草鞋、腰间佩带两把武士刀的福泽谕吉走在异国的土地上，不可避免地闹出许多笑话。虽然福泽谕吉已经在书上了解了很多美国的事物，但还是受到了文化差异的震撼。在《福翁自传》里记载了他和一位美国人士的对话——

我随口问道："华盛顿的子孙目前情形如何？"那个人冷淡地回答说："华盛顿应该有个女儿，我不知道她现在在做什么事，大概是某人的妻子。"我对他的冷淡态度觉得很奇怪，虽然我早就知道美国是共和国，总统是四年一任，但是我认为华盛顿的子孙一定是一个重要人物。在我心里，我视华盛顿为日本的源赖朝、德川家康等开国豪杰，因此我提出这个问题，没有想到却得到这样的回答，我只觉得太不可思议了。

在日本，几乎没有人不知道德川家康的子孙，但是美国人却不关心华盛顿的后代。此事给福泽谕吉很大的思想冲击，因此四十年后他仍然记忆犹新，将此事郑重地写进他的回忆录。

在美国，福泽谕吉一心一意钻研英语，还购买了一本韦氏大辞典带回国内——这是日本首次进口英文辞典。咸临丸舰长在美国买了一把黑色洋伞作为纪念，想带回国内风光一下，福泽谕吉劝他自己把玩好了，千万不能在江户大街上炫耀，否则有可能被浪人袭击。

福泽谕吉的担心不是多余的。赴美之前，他已经观察到社会的动荡。就在福泽谕吉回国前半月，主张签订条约的幕府大老井伊直弼在江户城樱田门外被浪人刺杀。

在一个国家向现代国家转型的过程中，一批知识分子到欧美国家亲眼观察至关重要。因为如果没有直接的观察对比，仅仅通过阅读了解，常常是隔靴搔痒，难解其中三昧。美国之行，让福泽谕吉大开眼界，思想焕然一新。

而那些没有机会走出国门的知识分子，在巨变的时代却把握不住方向。他们敌视踏上本国国土的洋人，也不能理解全新的欧美文明，于是排外成为那个时代的主流思潮。尤其是那些崇尚武力的武士，不但仇视洋人，也仇视在洋人面前软弱无能的幕府。当福泽谕吉归国之时，那位比他年长五岁的吉田松阴就因为谋划刺杀幕府高官而被处死。

幕府残酷镇压反对派人士，也激起强烈的反弹。尤其是井伊直弼被杀后，日本政局动荡，“攘夷”浪潮汹涌，日本就像一艘小船在万丈汪洋里漂荡起伏，让有识之士忧心忡忡。

三

手拿地图，我摸索着来到了著名的东京增上寺。这里是德川家族的灵庙，占地广大，建筑雄伟。其正门叫“三解脱门”，是东京最古老的建筑物，已经有近五百年历史。从正门南行，不远就找到了“福泽和近藤两位伟人创办的学塾遗址”。

和东京地图上标注的诸多“某某遗址”一样，这里并没有当年的半砖片瓦，只有一根不高的长方形石柱，无声地告诉人们：这里，这个当年叫作“铁炮洲”的地方，就是福泽谕吉先生创办庆应义塾之地。此处距离海湾仅数百米，空气中隐约可以嗅到大海的气息。我想，一百多年前的夜晚，当福泽谕吉在灯下读书翻译的间隙，一定能够清晰地听到大海的潮音。

从美国访问回来后，福泽谕吉不管外界的政治风浪，安心研读英文书籍。回国当年，他就将在美国购买的汉语和英文对译本词汇集《华英通语》加入日语译文，作为《增订华英通语》出版。这是福泽谕吉最早出版的书籍。

那时福泽谕吉还受聘于幕府的外交部，主要工作就是翻译外国公使、领事或幕府大臣的书信。有意思的是，当时日本国内没有人看得懂英法等国的文字，因此外国公使领事寄来的文书一定会附上荷兰译文。福泽谕吉英语水平由此精进，对世界大势也有了更深入的了解。他已经见识了美国，现在则渴望能够到欧洲亲眼看一看。

机会来了。1861 年冬天，幕府派使节到欧洲各国考察，福泽谕吉作为随员参加了使节团。和那些热衷于各种新奇器物的人不同，福泽谕吉急于了解欧洲的各种制度，包括银行制度、医院制度、征兵制度、选举制度等。尽管来到国外，幕府仍然禁止团员接触外国人，还在使团中安排人监视。读洋书的福泽谕吉当然是“问题人物”，外出参观必定有监视员跟随。这种把锁国政策搬到国外的做法，在一个世纪后的东方国家仍时有发生。

当时英国生机勃发，国力强盛，保守党和自由党却各持己见，为政治问题吵架。福泽谕吉感到迷惑：“两人明明是敌人，却同在一张餐桌上吃饭喝酒，究竟是怎么回事？”他慢慢理解到，和东方国家结党营私、你死我活的帮派斗争完全不同，这是一种全新的政党制度。

此行将近一年，福泽谕吉大开眼界。特别是在伦敦，他惊讶地看到一份报纸批评英国驻日公使对日本傲慢无礼，深受触动，“我阅读此文之后，心中如同放下了一块大石。原来世界上不尽是恶人。我们平时所看到的，尽是外国政府的恶行恶状，他们趁日本尚未进入文明开化之国，往往仗势欺人，故意挑剔日本人的小毛病，让日本伤透脑筋。如今我来到他们的国家，亲眼看到其国也有光明正大、处处为别人着想的人士，令我愈加坚定素来所持的开放门户走进国际社会的理念”。

离国之前，日本岛内“攘夷”论高涨，外交上则破绽百出。在日俄双方谈判库页岛的疆界问题时，日本使节拿出地图说：“你瞧，地图颜色是这样的，因此疆界应该如此。”俄国人说：“如果地图的颜色能够决定领土，那么把这张地图全部涂成红色，全世界将变成俄国的领土。”陪同的福泽谕吉感到可笑，深知“攘夷”论只能使人闭目塞听，愚蠢顽固。他想到日本的前途，不禁悲从中来。

四

对于中国和日本来说，1862 年都是关键的一年。

在中国，英国、法国、美国、俄国等驻华公使根据《北京条约》规定，相继入驻北京，在东交民巷一带设立第一批公使馆。当然这不意味着清朝政府的开放，反而激起深深的屈辱感。

在日本，一位骑马的英国人在横滨附近的村庄无意间冲撞了一个藩主的队伍，被藩主的武士当场砍死。这就是著名的“生麦事件”，它刺激了日本国内的排外情绪。

回到国内的福泽谕吉悲哀地发现，“攘夷”论正如火如荼地展开，局面几乎不可控制。更恐怖的是，暗杀之风兴起，世间杀气腾腾。

东方国家本来自成一体，19 世纪中叶接触西方国家之初，各种冲突在所难免，日本似乎更甚。日本人认为外国人充满晦气污秽，不愿意让他们踏上本国的土地。那些年轻气盛的武士往往会暗杀外国人，发展到后来，他们把传播西洋知识的学者也视为仇敌，到处追杀。

福泽谕吉备感恐惧，因为他的两位同窗好友就遭到追杀，险些丧命。他知道，面对这些凶残乖戾的“爱国者”，无论如何退避都无法让他们满足，只有丢掉洋书，向他们低头道歉，与他们一起高唱“攘夷”论，甚至比他们更激进地提刀追杀洋学者，才能让他们满意。

福泽谕吉无法改变自己的价值观，他认定，“如果试图阻止文明的入侵，日本国的独立也不能保证，因为世界文明的喧闹，不允许一个东洋孤岛在此独睡”。

既然不肯同流合污，就只能谨言慎行。在身份立场不明的人面前，他绝不谈论时事。他家中的木地板特意设计成可掀起式，以期遭人暗杀时可以从地板下逃走。不得不外出旅行时，就编一个假名，行李上也不敢写福泽两字，以避人耳目。他甚至连父亲生前的好友家也不敢拜访。他后来回忆时自嘲道，“那样子就好像逃亡者避人耳目，或宛如小偷四处逃窜一般”。

福泽谕吉并没有多虑。事实上，他几次遭遇险情。有一次他冒名来到“攘夷”风气最盛的长州，在当地理发店理发时，老板喋喋不休地说着“驱逐洋鬼子”！军队穿着各色各样的服装，肩膀上扛着枪，威风凛凛地在街头走过。如果让他们知道了真实身份，福泽谕吉一定会横死街头。

在长达十二三年的时间里，福泽谕吉晚上从不外出，而是安心从事写作和翻译。通过海外游历，他敏锐地察觉到未来世界的潮流是积极引入西洋文明，痛感在日本普及西学的重要。于是，他执笔写下了 10 卷本的《西洋事情》，全面介绍西洋地理、兵法、科技、航海等知识。

1866 年《西洋事情》出版，数年间发行 25 万部。忧国爱民的人士把它当作金科玉律一般看待，几乎人手一部。后来，《西洋事情》还被维新政府指定为教科书。在这本书里，福泽谕吉不仅详细介绍欧洲事物，而且独具匠心地翻译引入了许多现代名词，包括政治、税法、国债、纸币、博物馆、蒸汽机等。思想传播需要借助词语，这些新鲜的词汇给日本人打开了一扇观察和思考世界的窗口，启迪了人们对先进文明国家的认识。值得一提的是，后来这些名词也传入了中国，至今仍被使用。

福泽谕吉一方面埋头翻译著述，一方面教书育人。让他高兴的是，庆应义塾的学生也逐渐增多。这里的莘莘学子研读原版英文书，学习西方知识，但拒绝汉学，因为福泽谕吉深信，“在日本开国之际，若是陈腐汉学占据了少年的脑子，则日本无法进入西方文明国家的行列”。

当时日本仍然是儒家学说的天下，西洋学问是行不通的。人们提起荷兰学书生，总是恶言多于美言。福泽谕吉从年轻时就想把陈儒腐说一扫而空，他说，“我要尽最大的力量拯救他们，将他们引导至我所信仰的原则。我的态度是，全日本的汉学者尽管攻击我，由我一个人来抵挡他们”。

庆应义塾的许多毕业生当了老师，将新的知识带到了日本各地，也将福泽谕吉的思想传播开来。

从西南一隅到国家的政治文化中心，从下级武士到名闻全国的教育家。就这样，一位启蒙思想家走上了历史的舞台。

五

“其实我的愿望是，一年领两百大袋的米粮，身为将军的顾问，大力鼓吹文明开国，大刀阔斧地改革各种制度，”在1862年赴欧途中，福泽谕吉曾这样对友人自陈志向。

可是到后来，福泽谕吉越来越发现，幕府官员绝大多数是守旧分子，完全没有门户开放与自由主义的思想。尽管幕府碍于形势不得不提倡开国论，但实际上却是“攘夷”论的大本营。

到了1867年，当福泽谕吉跟随幕府军舰采购团再度出访美国之时，他的政治观已经发生了巨大变化。横渡太平洋时，他对一位知心朋友说，“不管怎么说，一定要打倒幕府”。

彼时的幕府政治已经腐败冥顽到了极点。福泽谕吉曾在一本经济学著作中将competition创造性地翻译为“竞争”，幕府的财政官员却认为“争”字不好，找不到替代的词，只好把“竞争”两字涂黑，才拿给幕府老中看。

一个专制政权，越到统治后期，越敏感多疑，残暴无义。有一位官员在家信里写了一句“目前国家局势令人担忧，一切有待明君贤相出”，就被秘探举报蔑视幕府大将军，意图谋反，被迫切腹自杀。

幕末时期，日本政治分为东西两派，一个是拥护幕府的“佐幕派”，另一个是拥护天皇的“拥皇派”。两派互相敌视，大打出手。福泽谕吉不肯拥护幕府，对“拥皇派”同样保持怀疑。因为天皇派同样排外，而且一举一动都必须说为了“攘夷”，甚至宣称“即使日本破坏成焦土，也要彻底‘攘夷’”。

福泽谕吉远远地避开现实政治，埋头翻译著述，陶铸人才。著书翻译完全是一人之志，他没有受到别人的指示，也没有与其他人商量，也不曾托人写序言或题字。他的书被守旧人士抵制，却成为社会上的畅销书。在内心深处，他也为国家混乱落后的局势担忧，他甚至一度想，让自己的孩子将来当天主教的神父，以远离政治。

1868 年初，维新军开进了江户城，幕府被推翻。但是社会秩序还没有恢复，不时有战斗发生。幕府所办的学校已经垮台，而维新政府根本无暇顾及教育问题，只有庆应义塾仍继续坚持正常教学。福泽谕吉鼓励青年学生说：“不管世上如何动乱，我们绝对不让洋学的命脉断绝。庆应义塾一天也不停课，只要庆应义塾还存在一天，大日本即是世界的文明国。我们不在乎世间的变动。”

1868 年 5 月上野发生激战，江户城内几乎全部歇业，秩序混乱不堪。在炮声隆隆中，福泽谕吉坚持上课，用英文讲经济学。课下，学生搬梯子爬到屋顶观看一公里外的硝烟。

维新政府下达征召令，邀请福泽谕吉加入政府，但是他托病不出。后来政府又要他负责政府的学校部门，也被婉言拒绝。他说：“我自己该做的事情是，将自己所学的洋学教给学生，尽最大的努力著书翻译，希望引导我国国民向文明之国迈进，每个人做自己应该做的事情，不是很正常吗？车夫拉车，豆腐店卖豆腐，书生读书，这都是尽他们的本分。”

福泽谕吉认为，在富国强兵、为最大多数人民谋求最大幸福方面，东方诸国明显落后于西方国家，原因就在于教育。“我于日本戮力于提倡洋学，是想办法让日本成为西式文明富强之国，”福泽谕吉说：“我使庆应义塾成为西洋文明的领导，使之宛如东道主，也可以说是一手包办西方文物制度的买卖，或者西方学问的特别代理商。”

1871 年，福泽谕吉将庆应义塾迁到了现在的港区三田。这里位于高坡之上，能够远眺东京湾，海风披襟，开拓心胸。庆应义塾越发成为青年学子的向往之地，学生人数不断增多。福泽谕吉每日在学校里巡视，爱校如家。他废除了学生见老师敬礼的虚饰制度，师生都将学校视为自己的家，气氛融洽。福泽谕吉的教育思想重在自然的原则，将人定位为万物之灵，提倡培养独立完整的人格。

福泽谕吉受到了师生的爱戴。时至今日，庆应大学里“先生”还是福泽谕吉的专称。一般师生间的称呼为“某某君”，只有创校人福泽谕吉被称为“福泽先生”。

六

福泽谕吉曾到大阪一游，以蛮横的武士态度问路，农夫惶恐回答，恭恭敬敬；可是当他态度和善地问路时，却遭到冷遇。

当时明治维新已经进行了数年，可是底层社会仍然如故。这引起了福泽谕吉的思考，“现在社会上流行高压政治的说法，可是我认为并不是政府采取高压的态度，而是人民自己招致高压的。对这样的人民究竟如何是好”？他深感启蒙的重要性，于是发起一大宏愿，要靠一支纤笔来推动社会启蒙。

“天不生人上之人，也不生人下之人，”1872年福泽谕吉在《论人与人平等》文章里写道，“如果大家不分贵贱上下，都爱好这些学问，并有所体会，而后士农工商各尽其分，各自经营家业，则个人可以独立，一家可以独立，国家也就可以独立了。”这篇文章振聋发聩，引起极大的社会反响。

此后，福泽谕吉又先后写下一系列文章，抨击封建社会的身份制度，提倡自由平等、婚姻自由等进步思想。他强调“一人之自由独立关系到国家之自由独立”。而要达到个人的自由独立，就必须要具备现代科学知识。他也吸收西方的社会契约论，提出要使国民和政府的力量相对均衡。他肯定人民为国家主人，同时号召人民舍身卫国，使日本文明追上先进国家。1875年，这些文章结集为《劝学篇》出版，发行数十万册，影响了整整一代人。

在东方国家转型过程中，几乎都遭遇了“国家到底向何处去”的疑问，这也是这些国家的知识分子面临的问题。福泽谕吉给出了自己的回答。

在出版《劝学篇》的同一年，福泽谕吉出版了对日本走上现代化道路产生深远影响的《文明论概略》，回答了“日本向何处去”的时代命题。这本书认为，一国文明程度的高低，可以用人民的德智水准来衡量，世界各国分为野蛮、半开化和文明三种。福泽谕吉断定，西洋文明为当时的最高文明，日本落后于西方，所以主张日本挣脱儒佛教主导的东亚文明的束缚，努力学习西洋文明，以便迎头赶上并最终超越西洋文明。

显然，这是一种“全盘西化”的观点，至今仍然受到中国学者的诟病和嘲笑。但是知人论世，在当年日本极端保守的思想环境下，这种决绝的思想确实起到了打破思想束缚、引入现代文明的作用。由于历史文化、地理环境等因素的客观制约，“全盘西化”是断然不可能的，可是“取法乎上，仅得其中”，福泽谕吉的主张至少在策略上是成功的。

二十三年后，中国知识分子也对“中国向何处去”这一问题给出了答案。在戊戌变法的风云中，湖广总督张之洞出版了著作《劝学篇》，提出了“中学为体，西学为用”。在他看来，有关世道人心的纲常名教不能动摇，只有工商学校报馆诸事可以变通举办。他主张在维护君主专制制度的前提下接受西方资本主义列强的技艺，并以这种新技艺“补”专制旧制之“阙”。他对“设议院”等涉及政体的部分讳莫如深，高谈“人人与国为体”的论调。他认为旧学派不识时务，也对新学派指责有加，认为新学派将动摇中国文化与教育的根本，“吾恐中国之祸，不在四海之外，而在九州之内矣”！

“黑船来航事件”二十三年后，日本就有了坚定地学习西方文明、呼吁民主自由的福泽谕吉。在国门被迫打开五十多年后，中国主流知识分子的认识依旧停留在“中体西用”的认识水平上。两相比较，怎能不令人扼腕叹息！

七

明治维新将“文明开化”作为国策，不断推出新的改革措施，让福泽谕吉非常高兴。他说：“我也不认为能大功告成，干脆趁势打开更大的窗户，让西方文明诸国的空气吹袭日本，将全国的人心彻底推翻，在远东建立一个新文明国，使日本与英国并驾齐驱，东西遥相呼应。”

1873 年（明治六年），日本历史上第一个研究传播民主思想的学术团体“明六社”诞生了。这是一个由一批思想、立场相近的著名知识分子和官员组成的启蒙组织，福泽谕吉是其中的重要成员。他一生厌恶宦途，但是对启蒙却不遗余力。他和明六社的朋友一起以“开启民智”“文明开化”为己任，通过其机关刊物《明六杂志》传播先进思想，发表了大量影响巨大的论文，还翻译出版了 20 多部介绍民主、共和、自由、平等、法治思想的西方书籍。

然而，随着民智开启，日本社会兴起“自由民权运动”，一系列政治事件接连发生，要求改革政治、“还政于民”的呼声越来越强烈。明治政府转而对言论采取严厉的管制措施。1875 年，《明六杂志》被迫停刊，“明六社”也自行解散。不过，在社会力量的推动下，1881 年 10 月天皇颁布敕谕，规定九年之后开设日本国会。

随着快速近代化和开设国会日期不断临近，日本社会因见解的不同而造成激烈对立。福泽谕吉认为，在这个时节最需要有一个不偏不倚的言论平台，发表公正持平之论。他满怀豪情地说：“现在日本国内，能够经济独立，文思俱佳，本身对政治、商业没有野心，又能超然物外的，舍我其谁？”

就这样，福泽谕吉创办了《时事新报》(《产经新闻》的前身）。他确定的办报方针是“独立不羁”，遵循不偏不倚的立场。福泽谕吉说：“凡与此精神不悖者，无论是现任政府、诸多政党、各工商企业、各学者团体，不论对方是谁，我们都将其作为朋友相助。若是违背此精神者，亦不问谁，皆作为敌人而排斥之。”

福泽谕吉亲自撰写社论，评论时政，察人之所未察，言人之所未言，引导社会舆论。他自己始终以一只“雁奴”自任，并以此为荣。群雁夜宿于江湖沙渚中，千百只聚集在一起。其中较大的安居中央，较小的在外围司掌警戒的工作，防御狐或人类前来捕食它们。这些从事警备工作的被称为“雁奴”。福泽谕吉倡导“学者雁奴论”，认为学者应该做“雁奴”。

1885年《时事新报》发表“脱亚论”，主张日本“所奉行的主义，唯在脱亚二字。我日本之国土虽居于亚细亚之东部，然其国民精神却已脱离亚细亚之固陋，而转向西洋文明”。福泽谕吉呼吁说：“我国不可狐疑，与其坐等邻邦（中国、朝鲜）之进，退而与之共同复兴东亚，不如脱离其行伍，而与西洋各文明国家共进退。”

这篇文章在日本影响深远，被认为是日本思想界对亚洲的“绝交书”，也在中国、朝鲜引起强烈反响。至今中国主流学界对《脱亚论》仍然持批判态度，认为福泽谕吉对亚洲邻国轻蔑无礼，是一位种族歧视主义者。其实，真正完整读过《脱亚论》的人似乎并不多。细看全文就知道，中国人在很大程度上误解了福泽谕吉。

福泽谕吉批评的是当时中国和朝鲜的政府，并不是贬低其民族本身。他看不起的是当时中国与朝鲜的不思进取、抱残守缺，希望“这两个国家出现有识志士，首先带头推进国事的进步，就像我国（日本）的维新一样，对其政府实行重大改革，筹划举国大计，率先进行政治变革，同时使人心焕然一新”。至于要“脱亚”，也是国民的精神“脱离亚细亚的顽固守旧，向西洋文明转移”，这与他在《文明论概略》中的思路是一致的。

八

在庆应大学校门左侧，有一栋别致的洋房，它就是“福泽纪念园”。当年这里是福泽谕吉的宅邸，从1871年开始，他在这里生活了整整三十年。在这三十年里，它亲眼看着自己的祖国走向文明开化，富强起来。在19世纪的最后一年，也就是明治维新三十二年之后，日本经济繁荣，工厂遍布，政治上制定宪法，开设国会，司法独立，成为亚洲第一个宪法国家。日本越来越被欧美国家认可，不平等条约也逐渐被废除。

“环顾国内，固然有不少难以忍受的事，然而整体来说，国家夜以继日地进步，”1901年，66岁的福泽谕吉在《福翁自传》中这样写道，“回顾我的一生，不但没有遗憾，可以说尽是些愉快的事”。不过，这个一生以启蒙为己任的思想家说，“在我的生涯中还有三大理想：第一，我希望全国男女的品德日益高尚，不忝成为真正文明进步国家的国民；第二，希望能够用佛教、基督教或其他宗教使民心祥和安静；第三，投下大笔资金，以研究有形或无形的崇高学理”。

不幸的是，1901年，这位“心中只求能够鞠躬尽瘁死而后已”的老人就因病去世。他被安葬在距离庆应大学不远的善福寺。每逢他的忌日（被称为“雪池忌”），庆应大学校长都会带领师生前往扫墓。据说，他的墓碑上刻着“大观院独立自尊居士”九个大字。这位一生最重视人格独立的思想家，生前一直自称为“独立自尊居士”。

福泽谕吉身后所遗的虽然只有一所大学和22卷文集，却至今为日本国民感念。因为他是这个国家的启蒙老师，他的思想改变了日本的历史走向。一个伟大的思想家远比政治家重要得多，因为比起政治来，思想更持久，更有历史穿透力。

我一次次地走进庆应大学的校园，坐在图书馆附近的石凳上，望着福泽谕吉的雕像，思绪万千。想一想，如果福泽谕吉健在，已经是180多岁的人了。可是我总觉得，他离我们这个时代并不远。近代以来的中国知识分子不也像福泽谕吉一样，生活在国家转型的时代浪潮里？我常常恍惚觉得，福泽谕吉就像一位中国的知识分子，脸上刻满沧桑，眼中充满忧虑。

他像谁呢？第一个睁眼看世界，他像中国的魏源；翻译西方经典引进近代文明，他像中国的严复；办报纸开启民智，他像中国的梁启超；办大学培育人才，他像中国的蔡元培。可是，这些人没有一位像他一样，看到自己的梦想成为现实。

福泽之问：是国家的政府，还是政府的国家？

这真是一个具有历史穿透力的问题。“中国人所要的，究竟是国家的政府，还是政府的国家？”这难道不是中国一百多年来一直在试图解决的关键问题吗？可是，面对这个发人深省的“福泽之问”，到底有多少中国人想明白了呢？

福泽谕吉一生没有进政府任职，但是其作用却超过许多权倾一时的政治家。他被称为“日本近代教育之父”“日本的托尔斯泰”，其文章和著作对推动日本走向近代化发挥了无可替代的作用。在日本，福泽谕吉的名字家喻户晓。面额最大的一万日元上就印着他的头像，有时候人们也将一万日元直接叫作“福泽谕吉”或者“谕吉”。

福泽谕吉早年受聘于幕府的外交部，主要负责翻译往来外交公文。当时他是一个主张对外开放的“体制内改革派”，希望幕府能够推动日本走向文明开化，成为与欧美国家比肩的文明国家。

但是随着时间的推移，福泽谕吉越来越失望。到明治维新前夕，他不再对幕府抱有任何幻想。1867 年他随幕府代表团去美国，途中他对好友说：“不管怎么说，一定要打倒幕府……这个政府已经腐败到极点。这件事姑且不说，就拿‘攘夷’一事来说，因为身为政府当局，所以不得已勉强提倡开国论，但其实幕府才是‘攘夷’论的大本营。我们看品川港的炮台，幕府认为炮台太小，现在正在改建……这不是用来‘攘夷’的吗？这种政府垮掉算了。”

朋友赞成他的观点，但是也提出了质疑，“你说得没错。可是我们能搭船来美国，也是用幕府的经费。你所吃所穿的不都是幕府的东西吗？我们吃它穿它，却要打倒它，那岂不会感到问心有愧吗？”一句话，你福泽谕吉这样做不是“吃饭砸锅”吗？

“无所谓。你我受聘于幕府，并不是因为我们伟大，而是我们能看懂洋文，”福泽谕吉回答道，“就如同皮革业者只因为他的职业而被列为贱民一样，而你我就如同修理皮靴的人。幕府的大官不想做这种脏事（皮革业），幸好有个皮革业者，于是叫他修理皮拖鞋。我们受聘于幕府，就如同修理皮拖鞋的人进出幕府衙门一样。我们根本不需要客气，尽管把它打倒。”

可见，福泽谕吉对于所谓“吃饭砸锅论”的指责毫不在意。他很清楚，他吃的是自己的饭，而不是政府的恩赐。他特别强调每个公民的独立，反对个人依附于政府。

更难能可贵的是，这位19世纪中叶的日本知识分子已经吸收了西方的社会契约论，提出要使国民和政府的力量相对均衡，为此就要培养自由独立的公民。他在著作《劝学篇》中强调，“一人之自由独立关系到国家之自由独立”。八十年后，中国的胡适也说过类似的话，“争你们个人的自由，便是为国家争自由！争自己的人格，便是为国家争人格！自由平等的国家不是一群奴才建造得起来的”！

福泽谕吉把政府与国家清晰地区别开。他说，“就人民的职责来说，是没有理由只把国事交给政府而袖手旁观的。只要具有一国国籍的人，就有在那个国家里面自由自在地饮食起居的权利；既有他的权利，也就不能不有他的义务”。

尽管赞成打倒当时的政府，但是福泽谕吉本人不是一个革命家。在明治维新前，福泽谕吉没有参与推翻幕府的运动，而是安心翻译著述，培养人才。幕府被推翻后，维新政府邀请福泽谕吉出任政府官职，也被他拒绝了。

前来劝导的官员说：“政府不会让你白白工作的，你为国家效力，政府会好好表扬你。”福泽谕吉回答说：“我不知道为什么需要表扬。每个人都应该做的事情，不是很正常吗？车夫拉车，豆腐店卖豆腐，书生读书，这都是尽他们的本分。如果说做自己本分的事，政府还要表扬，那么就应该先从隔壁的豆腐店开始表扬。”

当时许多读书人以进政府为荣，以为当官才是正途。福泽谕吉非常不满这种社会风气，认为这是奴隶性的表现。他说，“让全国人民了解诸国独立自主的精神，我认为必须有人以身作则成为人民的楷模。一国的独立自主来自国民的自立之心，若举国皆带着古来的奴隶劣根性，那么国家如何维持？我认为不能再犹豫了，自己要以身作则，不在乎别人的想法”。因此，福泽拒绝当官，以身心完全独立，自尊自爱，不侮辱自己作为终身的追求。

到晚年，福泽谕吉欣喜地看到，通过对外开放，对内改革，日本已经成为亚洲第一个宪政国家。政府权力受到宪法约束，公民与政府、政府与国家的关系得到宪法的保障。虽然仍有很多不足，但是福泽谕吉梦想的“国家之自由独立”逐渐成为现实。

在他写回忆录的那一年，中国北方的义和团运动正在如火如荼地进行。这些激情的“爱国者”像当年的日本浪人一样，仇视外国人，把怒火撒向本国同胞。这些都是清朝政府煽动、纵容的结果。或许正是有鉴于此，福泽谕吉在自传里特意提到了中国的未来。“纵观今日中国的情势，我认为只要清朝政府存在一天，中国就无法迈向文明开化的大道。换言之，必须彻底推翻这个老朽的政府，重新建立新的国家，人心才能焕然一新。不管清朝政府出现多少伟大的人才，或是出现一百个李鸿章，都无法进入文明开化之国。要使人心焕然一新，将中国导向文明之国，唯有推翻清朝政府，此外别无他途。”

那么，一旦推翻清朝政府，中国是否能够像明治维新那么成功呢？福泽谕吉的回答是，“谁也不能保证。不过，为了国家的独立自主，无论如何一定要打倒清朝政府。中国人所要的，究竟是国家的政府，还是政府的国家，我想中国人自己也很清楚”。在福泽谕吉逝世十年之后，清朝政府终于被推翻。可是，他提出的问题中国人并没有解决。

这真是一个具有历史穿透力的问题。“中国人所要的，究竟是国家的政府，还是政府的国家？”这难道不是中国一百多年来一直在试图解决的关键问题吗？可是，面对这个发人深省的“福泽之问”，到底有多少中国人想明白了呢？

影响日本近代史的两本中国书

19世纪中叶以后，中国国力衰败，沦为列强宰割的对象，而日本蒸蒸日上，跻身强国之列。同为东亚国家，中日为什么会走上截然不同的道路？这是许多仁人志士一再追问的问题。其实，《海国图志》和《瀛寰志略》两本书在两国间的不同遭际，已经给人们提供了答案。

1851年，中国商船将一本中国书带到了闭关锁国的日本。当时日本实行严格的进口审查，这本书由于含有涉及天主教的违禁文字而被查收上缴。不过，它没有被焚毁，也没有被束之高阁，而是被送到官方机构，供那些关心世界形势的幕府重臣研读。

这本书就是魏源编写的《海国图志》。亲身经历了鸦片战争的魏源深感时代发生了巨大变化，中国急需了解世界。于是他以林则徐主持编译的《四洲志》为基础，从1841年开始广泛收集资料穷数年之力，编写成《海国图志》50卷刊刻面世。

这是一部具有划时代意义的巨著。它摒弃了“九州八荒”“天圆地方”“天朝中心”的史地观念，向中国人介绍了世界各国的历史和地理，传播了近代自然科学以及全新的文化知识。更重要的是，它打破了传统的“夷夏之辨”的文化价值观。魏源在该书序言里写道，“是书何以作？曰：为以夷攻夷而作，为以夷款夷而作，为师夷长技以制夷而作”。在中国近代史上，这是第一次提出“向西方学习”的新课题，魏源也因此被誉为“睁眼看世界第一人”。

《海国图志》可谓应运而生。当时清朝在鸦片战争中惨败，正是急需新思想新观念的时代，但是清朝仍然沉酣在“天朝上国”的迷梦里不肯醒来。《海国图志》不仅没有受到重视，反而因为它辑录“异邦蛮夷”的情况，有违中国固有的学问之道，受到主流社会的攻击和排斥。士大夫认为，这本赞美西方“奇技淫巧”和“政治制度”的著作实属大逆不道，应该坚决封杀，甚至有人主张把它付之一炬。

直到十多年后的 1858 年，一位名叫王茂荫的官员上书朝廷，建议将《海国图志》刊刻重印，“使亲王大臣家置一编，并令宗室八旗以是教，以是学，以是知夷难御非竟无法之可御”。但是清朝对此不予理睬。《海国图志》一书仅勉强刊刻千余册，随即销声匿迹。

几乎与此同时，在“黑船”叩开日本国门之后，《海国图志》在日本却成为热门图书。日本的有识之士认为这是一本“有用之书”“天下武夫必读之书”，纷纷加以翻译、训解。从 1854—1856 年仅仅三年时间，日本出版的《海国图志》就有 21 种。由于人们争相购读，《海国图志》在市场上供不应求，价格竟然涨了两倍多。

《海国图志》对日本社会影响巨大。当时的著名维新思想家佐久间象山十分推崇魏源的著作，他的学生吉田松阴在著作里也多次提到读《海国图志》一书的体会。吉田松阴利用《海国图志》提供的世界知识，提出了“尊王攘夷”的政治主张，成为日本维新运动的先驱。后来，吉田松阴开办私塾，以《海国图志》为教材，培养了一大批人才，其中木户孝允、山县有朋、伊藤博文等成为明治维新的元勋，为日本走上近代化道路做出了巨大贡献。

正如日本著名作家井上靖在《日本现代史》中所说，“幕府末期日本学者文化人等的思想起了革命，倾向开国主义，其契机是读了中国的《海国图志》”。中国学者钱基博也说，“日本之象山、吉田松阴、西乡隆盛辈，无不得《海国图志》，读之而愤悱焉！攘臂而起，遂以成明治尊攘维新之大业，则源有以发其机也”。

比《海国图志》稍晚数年，清朝还出现了一本可以帮助国人认识世界的启蒙著作《瀛寰志略》。和只担任过中低级官员的魏源不同，《瀛寰志略》的作者徐继畬是一位“省级”高官，曾任福建布政使，办理过厦门、福州两口岸的通商事宜。在接触英国、美国等国家的传教士、官员和商人的过程中，徐继畬收集了大量关于外部世界的资料，用五年时间完成了10卷本的《瀛寰志略》。

这本书除了介绍地球概貌、各国地理分布、风土人情等，对各国的宗教信仰、历史沿革、政治制度等均有涉猎。它对希腊文明给予了充分肯定，对雅典及古罗马的民主政治十分欣赏，推崇欧美国家“以商为本”的理念及民主政治。显然，此书比《海国图志》更加进步，代表了当时中国人认识世界的最高水平。作者希望借此开启民智，引导民众学习西方的先进技术、先进制度，实现强国富民。

当然，作为政府高官，徐继畬深知保守势力强大。在《瀛寰志略》刊刻之时，他本来想把清朝地图放在“亚细亚”之后，但是好友担心这样会招致保守士大夫的抵触，所以建议将清朝地图放在卷首。徐继畬依言而行，可是1849年《瀛寰志略》正式刊行后“即腾谤议”，士大夫群起攻之，指责作者徐继畬“张外夷之气焰，损中国之威灵”“轻信夷书，动辄铺张扬厉”“一意为泰西声势者，轻重失伦，尤伤国体。况以封疆重臣，著书宣示，为域外观，何不检至是耶”……在朝野士大夫愤怒的攻击和谩骂中，这本书被迫停止刊印。

然而，《瀛寰志略》却受到了日本读者的欢迎。日本学者将此书誉为“通知世界之南针”，从1859年就开始翻刻，不断地重印。这本书早于福泽谕吉的《西洋事情》，帮助日本人打开了眼界，对后来的明治维新有启导之功。

19世纪中叶以后，中国国力衰败，沦为列强宰割的对象，而日本蒸蒸日上，跻身强国之列。同为东亚国家，中日为什么会走上截然不同的道路？这是许多仁人志士一再追问的问题。其实，《海国图志》和《瀛寰志略》两本书在两国间的不同遭际，已经给人们提供了答案。

明治迁都：世界历史上的成功范例

日本之所以能够成为亚洲第一个走上工业化道路的国家，跻身于世界强国之列，当然是明治维新之功。而明治维新之所以能够顺利推进，很大程度上要归功于迁都东京。在这个意义上，明治迁都堪称是世界历史上少有的迁都成功的典范。

在天盖之下，帘子全都卷了上去，天皇坐在那里……天皇一起立，从他的眼部到脸部上方被天盖遮住而看不到了，但是，每逢他一动，我就能很清楚地看到他的脸。大概是化了妆，他皮肤很白。嘴的形状不好，是医生说的那种突颚，但从大体上看他的脸部轮廓周正。眉毛被剃了，在剃掉的眉毛一厘米上面是画的眉毛。衣服是垂在后面的黑色宽松的披肩，像斗篷一样的白色长袍，加上紫色的宽松的长裤。

这是一位英国外交官眼中的明治天皇，时间是1868年的春天。

一年前，这位本名叫作睦仁的少年继承大位，成为日本历史上第122位天皇。彼时正是“尊王攘夷”运动的高潮期，年仅15岁的天皇赶上了一个风云动荡的时代。“尊王攘夷”派逼迫幕府将军“大政奉还”，并在京都附近打败了幕府军队。不过，这些大事都是维新派大臣完成的。和幕府统治时期的天皇一样，明治天皇深居内宫，不过问具体政务。

“天皇”这个词是7世纪面向唐朝构想出来的形象，日本人并不习惯这一称谓。即使在幕末时期，庶民在日常生活中根本不说“天皇”或“天皇陛下”，而是使用“天子”的说法。“天子”被认为是宗教权威肉体化的存在。天皇所在的地方叫“云上”，公家叫“云上人”，常人不能拜见“龙颜”，“玉体”不能踏在地上，造成了上下隔绝。甚至在过去数百年间，形成了天皇足不出京都的惯例。

幕府将军被推翻以后，国家的统治出现了空白，谁能够成为国家的最高统治者？维新派认为，应该把天皇推出来，作为站立在政治制度顶点的人。希望他能够像近代西方国家的帝王那样，成为一位坚强、主动的天皇。可是，天皇被包围在女官中，始终没有走出皇宫。女官都希望他成为一位传统的、女性化的天皇。虽然朝廷发出了废除公家染黑牙的命令，但是天皇仍然按照惯例染黑了牙齿，作为成人的符号。

当然可以进行宫内改革，问题是，即使可以用制度和规则来更新陋习，也很难在短期内改变人们的思想。维新派对保守的京都不存在任何幻想。对他们来说，后宫的陋习是烦恼之源，只要天皇继续生活在几百年来的京都，生活在暮气沉沉的御所，就很难进行改革。

维新派认为，如果“主上在玉帘之内……除了极少的公卿之外不能朝拜，和为民父母的天赋职掌相乖离”，就根本不可能真正推动维新大业。要改变这一局面，万象更新，应该迁都，让年轻的天皇彻底离开原有的生活环境。在他们的主导下，1868 年 7 月 17 日，朝廷发布了将江户定为东京（东部的京城）的诏书。

经过斗争，天皇终于启程了。可是，日本最神圣古老的神道场所伊势神宫内，宫前华表在无风的情况下突然倒塌。这时朝廷正在伊势进行着最重要的神事——祈祷当年收成的“大尝祭”，所有人都被吓坏了。神宫送出的信件到达京都时，天皇车驾已经出发了。一位名高位重的大臣骑马追上了天皇，逼天皇还驾。幸亏维新派压住了场面，但天皇必须向神宫遥拜。

1869 年 5 月 9 日，3000 多人的队伍簇拥着天皇，浩浩荡荡地进入东京城，改革后的政府机构也移过来。新的首都诞生了。

1603 年，德川家康在江户开设德川幕府。经过两百多年的苦心经营，到明治之初，这个幕府统治的核心地区已经成为日本的经济、文化中心。据 1693 年的调查，江户各阶层的人口总数就已经达到 100 余万，超过当时世界上最繁华的城市伦敦。优越的地理位置和发达的经济，为明治维新提供了良好的基础。更重要的是，这里远离京都，可以趁此机会清洗旧的朝廷势力，推动改革。

在历史上，一般把 1868 年 3 月颁布的《五条誓文》作为明治维新的开端。但事实上，真正的改革措施是从迁都以后才开始实行的。迁都不久，新政府就打出“御一新”（意指革新，后常代指明治维新）的旗帜，开始中央集权的近代国家建设。新政府强制实行“版籍奉还”和“废藩置县”政策，废除封建等级制度，宣布“四民平等”，平民可以自由择业和迁徙，为工业发展提供了大量自由劳动力。不久又颁布“废刀令”和“征兵令”，禁止武士带刀，改革兵役制度，从此消灭了武士阶级，彻底结束了武士阶层控制中央的时代，也铲除了日本封建制度的基础。在此基础上，明治政府实施了富国强兵、殖产兴业和文明开化三大政策，开始向近代化急行军。

宫廷改革也得以顺利推行。原先在宫中掌握大权的女官和贵族公卿遭到排斥，后宫的决定权集中在皇后手中，天皇得到了自由。众多维新志士被征调到天皇左右，对明治天皇的生活和性格养成产生了巨大的影响。他们培养塑造了明治天皇“威严、慈爱、刚毅的优秀的男子汉气质”。他视察各地，慰问民众，从“看不见的天皇”转变为“看得见的天皇”，从宗教上的存在变为政治上的主权者。虽然明治天皇不介入具体政务，但其开化进取的个人形象和道德模范作用，不但使其获得了堪与彼得大帝媲美的声誉，也在很大程度上塑造了明治维新的时代精神。

日本之所以能够成为亚洲第一个走上工业化道路的国家，跻身于世界强国之列，当然是明治维新之功。而明治维新之所以能够顺利推进，很大程度上要归功于迁都东京。在这个意义上，明治迁都堪称是世界历史上少有的迁都成功的典范。

岩仓使团：求知识于世界

访问归来，决策精英对于日本的未来道路达成了共识。从此，日本以“殖产兴业”“富国强兵”“文明开化”为立国三大政策，迈开追求文明的坚定步伐，致力于创造一个全新的近代国家。在一代人的时间里，日本就跻身世界强国之列，实现了“明治梦”。

1905 年 9 月，清政府的五位高官搭乘法国轮船，从上海出发，开始了长达半年多的海外考察。上谕要求此行“分赴东西洋各国，考求一切政治，以期择善而从”。对于一个向来以“天朝上国”自居的老大帝国而言，“五大臣出洋”是开天辟地第一次，因此引起国内外舆论的高度评价。

其实，清朝此举并非独创，而是学习三十四年前的日本。让人感喟的是，日本做得更为彻底，引导着明治维新走向了成功。

一

对于日本的维新志士来说，推翻幕府统治固然值得庆贺，但是随后而来的建设新国家任务让他们倍感压力。“维新三杰”

之一的大久保利通后来回忆说："自己认为，要打倒幕府建立天皇政治，而且那一事业也大体完成，干了我们应当干的事。但是以后就实在为难了。"

可贵的是，明治维新之初，以天皇名义发布的《五条誓文》就提出"破旧来之陋习""求知识于世界"。于是，在国内局势尚未稳定，需要解决的问题堆积如山之时，维新政府就组织了一支庞大的外交使团出洋考察。

使团以右大臣岩仓具视为特命全权大使，木户孝允、大久保利通、伊藤博文、山口尚芳为副使。这些人都是当时明治政府的核心人物，著名的"维新三杰"中就有两人（木户孝允、大久保利通）参加使团。这么多重臣一起出访，堪称维新政府"集体出动"，说明这个后发国家渴望了解和学习先进经验的迫切心情。

恰如伊藤博文所说："为使我帝国进入开明各国之社会，内政应如何改革，应有何种法律，政务应施何种方略，外交应以何为准则，以及应如何交际等，都是需要咨询研究的。"太政大臣三条实美在送行时说，"内治外交，前途大业之成败，在此一举"。

1871 年 12 月 23 日，岩仓使团从横滨启航，开始了走向世界的旅程。至今日本的历史书上经常可以看到一幅油画作品，反映的就是当时的场景：众多政府高官和外交官站在岸边送别，岩仓具视身穿传统服饰，在西装革履的木户孝允和大久保利通的陪同下，乘坐小汽轮，缓缓驶向远处的美国商船"亚美利加号"。蔚蓝色的海水，多姿多彩的服饰，构成一幅庄严华美的画卷。

这个隆重的场面，与三十多年后清朝五大臣出洋的场景形成鲜明对比。五大臣在北京正阳门车站上车出发时，遭到革命党人炸弹袭击，数人受伤。清政府只好重组队伍，3 个月后五大臣出洋时，火车站戒严，所有闲杂人等一概不得入内，气氛非常紧张。

岩仓使团首先跨越太平洋，抵达美国，在第一站旧金山就受到了热情欢迎。旧金山市长为他们开了一个欢迎会，席间伊藤博文发表演讲。这位政府要员曾在 22 岁时留学英国，所以能够讲一口流利的英语。他首先指着日本国旗说，这个又红又圆的东西绝不是所谓的信封套的封蜡（“封蜡”意指日本的锁国），日本现在是刚从海平面出现的太阳，光还弱，色还薄，但等一会儿升到中天的时候，将会光彩纷呈。同样，日本国旗在不久的未来也会得到世间的景仰。演讲充满幽默和信心，博得了满堂喝彩，也引发了美国报纸的诸多评论。

不过，当岩仓使团来到华盛顿时，却遭遇了尴尬。1858 年，江户幕府同美国缔结的第一个承认贸易自由和通商开国的《日美友好通商条约》，有效期为十四年。有效期将至，岩仓使团希望与美国重新签约。可是开始谈判前，美国方面却提出要验看信任状。岩仓使团大囧，因为他们不曾带来信任状，而且谁也不知道外交交涉必须要信任状。

不得已，使团派人回国备办了必要的文件，这样才开始交涉谈判。然而美国却不肯简单地答应改约的要求。双方商定，以东京为交涉地，继续谈判（该条约直到二十八年后的 1899 年才废止）。木户孝允在日记中沮丧地写道：“彼之所欲者尽与之，我之所欲者一未能得，此间苦心竟成遗憾，唯有饮泣而已。”

谈判受挫，并没有让岩仓使团气馁，更没有让他们对美国产生偏见。当时美国内战已经结束，正在进入电气时代，到处生机勃勃，一片繁荣景象。木户孝允在写给国内的信中说：“虽然市街的面貌早有所闻，皆与想象的无特别不同，但至于学校和其他工厂则实在是我的拙笔难以尽述。”

作为特命全权大使，岩仓具视被明治天皇依为柱石。美国见闻让他耳目一新。他说，眼前的现实“与昔日之思虑大相径庭之处不少”。就是在美国，这位明治政府的重臣剪掉长发，脱下了传统的日本贵族衣服，改穿西服。

二

在美国考察半年之后，岩仓使团横渡大西洋，来到欧洲，先后考察了英国、法国、比利时、荷兰、德意志、俄国、丹麦、瑞典、意大利、奥地利、瑞士 11 个国家。他们广泛接触各国首脑政府官员和各阶层民众，考察政府机构、议会、法院、公司、交易所以及工厂、矿山、港口、农牧场、兵营、学校、报社和福利设施，参观名胜古迹、博览会等，全面认识西方文明，“日日鞅掌，不暇宁处”。

随团秘书久米邦武在后来出版的《美欧回览实记》一书里，如此描述使节团全体成员日复一日的繁忙行程安排——

一旦我们乘坐的火车到站，我们立刻将行李丢在旅馆，然后就开始考察，白天我们四处奔波，观察裸露的机器和咆哮的机车。我们站在钢铁机器中间，四周烟雾翻腾，煤灰落满全身。傍晚时刻回到旅馆，宴会马上就要开始，我们几乎没有时间脱去肮脏的外套，在宴会上，我们必须保持高贵的礼仪。如果受邀去剧场，为了跟紧舞台的节奏，我们不得不张大眼睛竖起耳朵，所有这些，把我们折腾得筋疲力尽。黑夜刚过，早晨迎接我们的又是前往一家工厂，并在厂里四处考察。在这种情况下，新奇的声音和景象充斥着我们的耳朵和眼睛。我们被这样那样的邀请弄得心力交瘁。尽管我们可能想要喝一杯水或是头靠肘弯打一个盹儿，但是我们不能这样做，因为在日本与其他国家的谈判中，任何我方个人的马虎都会导致失礼的后果。

欧洲的繁荣富足给日本人留下了深刻的印象，号称“世界工厂”的英国尤其让日本人感到震撼。在这个当时世界上最发达的资本主义国家里，岩仓使团看到，“到处是黑烟冲天，大小工厂遍地”，“无论到何处，竟无一物产于地上，唯有煤与铁而已，产品皆自他国输入（加工后）再输往他国，工厂之盛更甚于以往传闻”，英国“独擅纺织航海之利，而成雄视横行世界之国”。这群来自农业国家的东亚人由此认识到，发达的近代工业和繁荣的国际贸易是国家富强的根本原因。

岩仓使团的成员各有分工，大久保利通将他的调查集中于欧美的工业和经济体系。他向工厂领班提问题，征求法律学者的建议。他得出这样的结论，“英国城市的繁荣发生在蒸汽机的发明之后”。久米邦武也注意到，“当今欧洲国家的财富和人口现象是在 1800 年以后才开始显现的，最近的四十年表现得最为显著”。他们感叹道,“这么多年的知识积累才点亮了文明之光”。

岩仓使团清醒地认识到，日本与西方之间存在着巨大的差距。但是巨大差距并没有让他们望洋兴叹，妄自菲薄。相反，他们认为，西方刚刚经历过工业革命，就产出了如此巨量的物质财富，日本完全可以奋起直追。于是，他们下定决心以西方国家为榜样，并追赶西方。

大久保利通后来成为推动日本近代化最重要的国家领导人，他这样总结岩仓使团的成果说，“通过考察，彻底觉悟到，要想在这个世界上独立建国，富国强兵之必要自不待言，而要实行富国强兵则务必从殖产兴业上下手，切实谋求其进步发达。建国大业，靠议论辩舌不行，靠勉强筹措不行，靠虚声恐吓不行，靠权谋术数不行”。

当然，假如仅仅停留在物质财富上，那么日本此后开始的改革就可能是一场中国式的“洋务运动”而已。让人惊叹的是，岩仓使团的见识远远超过了器物层面。

在参观英国议会后，这些来自远东的精英分子得出这样的结论：“由人民公选议员而执立法之权，乃欧洲的一般通例，这在政治上是与中国、日本最为不同的……中国、日本的人民，历来有农耕自立的风习，以修身为政治的主义，而不重视财产，因而立法上无基准的主义，更不知民权、物权为何物，反而压制民权、物权，并以此为移风易俗的良模，故治国安邦的议论常忽视财产问题。又因君子小人截然有别，自成一类，而使国家逐渐陷入贫弱。因东西洋相距遥远而来的人民习惯、差异，必然造成政治形式的不同。但方今世界舟楫相通，贸易往来，而欲维护国权、保全国益，则必须使国民上下全体一心，首先重视财产、致富图强。此不唯应须深切注意，且宜依此建立立法权。”

在逗留美国期间，木户孝允就曾留意美国宪法的翻译和研究，在欧洲，他又把当时在普鲁士留学的青木周藏叫来，对宪法、地方自治、土地制度、宗教等问题，进行讨论和研究。木户孝允说："各国事迹虽有大小文鄙之差，然究其所以废兴存亡者，要之唯在于顾其政规典则之隆替得失如何。"

显然，这样的认识极其难得。尤其是对于深受儒家文化影响的日本来说，在还没有开始走上资本主义道路之前，就认识到制度的重要性，认识到必须通过建立制度来保障民权、物权，是非常有远见的。

三

日本为什么落后？这是一个萦绕在岩仓使团所有成员脑中的一个关键问题。

他们在考察中认识到，造成日本落后的深层次原因在于教育落后。西方教育注重实际，国民从少儿时期起就掌握近代科学文化知识和技能，以之作为立身处世、繁荣经济的资本，从而成为社会文明进步的推动力量。而日本人"务无形之理学"，就像"在睡梦中过了两千年"。明治维新以来，虽然有一些传授西方文化知识的学校，但从日本教育的整体来说，基本上还是沿袭旧式的传统教育。

在美国考察期间，木户孝允就给国内文部省官员写信说："如果对后人子弟的行为，不予以格外重视，那么日本国家的保安是没有指望的。""为了防范十年以后的弊病，只有兴办真正的学校"，他激励国人说："日本人决非与今日欧美之人有异，唯在学与不学。"

后来在欧洲的所见所闻，更让岩仓使团坚信教育的重要性。使团中专门负责考察教育的田中不二麿说：“历涉殆十数国，立政之体虽各不同，至于其竭力于教育，彼此皆出于一辙。”西方教育普及，造就了大批人才，在国家建设中起到了重要作用。如美国，“小学校之多，新闻纸之多，入学童子之多，超越诸国”。日本人口与之相差无几，而土地不及美国的百分之三，但是“野有遗利，山有遗宝”，得不到充分开发和利用，“上下不免于贫弱”，原因就在于“不教之民难使，无能之民不可用”。

在木户孝允看来，“欲使我国推进全民之开化，开发全民之智慧，以维持国家权力，独立不羁，虽有少数人才出现仍十分困难”，必须大抓全民的智力开发，普及教育，才能为日本的近代化事业源源不断地输送人才，以“期其人千载无尽”。“其为急务者，莫先于学校”。

岩仓使节团还发现，东西方在教育内容上存在着根本性的差异，“西洋人勉有形之理学，东洋人务无形之理学，使两洋国民之贫富不同，尤觉生于此积习”。“有形之理学”指与工业生产有密切关系的科学知识，“无形之理学”则指儒家的经学。日本传统的儒家教育“所学之物，非高尚之空理，则浮华之辞藻，与民生切实相关之事业，则被视为琐碎小事，而绝非用心于此”。如果不对传统的教育模式进行改造，就培养不出堪当重任的人才。

岩仓使团经过考察得出的结论是，要想富国强兵，使日本跻身于世界强国之列，就必须培养出大批的实用人才，必须对原有的教育制度和教育内容进行根本的改革。岩仓使团还在国外期间，这些思想认识就影响了国内的教育政策。1872年，日本政府颁布《学制令》，学习西方近代国民教育，在全国范围内规定了整齐划一的教育制度并强制推行，要求“自今以后，一般之人民必期邑无不学之户，家无不学之人”，反映了日本政府发展教育的决心。

岩仓使团归国后，努力推进“求知识于世界”的教育改革，全面改革教育制度，学习近代科学知识。1879 年日本的小学达到 28025 所，在全民范围内普及了初等教育，中学和各类专科学校也在各地纷纷兴办。甲午中日战争前日本全国已建有各类大中小学近 3 万所，以至于中国知识分子叹息道，“日本学堂之密度甚于中国之鸦片馆”。

四

岩仓使团有强烈的问题意识。他们每每把日本同西方对比，从中找出西方国家富强的原因和可以行之于日本的方法。

在一年多的考察过程中，岩仓使团感受到世界潮流的强烈冲击。当时欧美各国相继采用共和制和君主立宪制，封建君主专制已经被取代，“欧罗巴洲列国，感触于佛朗西革命，民伸自由之理，国变立宪之体，尔来星霜仅经八十年，中虽奥国保续帝威，二十年来亦已改为立宪之体，俄国之独裁，十年来略图与民自由，欧洲之文明源于此改革之深浅，其精华发而为工艺产物，利源滚滚涌出”。

因此，岩仓使团认为，日本应该顺应世界潮流，建立新的政治体制。问题是，欧美各国做法各异，日本应该学习哪个国家呢？

1873 年初，岩仓使团来到德国。此时，这个使团已经在海外参观了一年多的时间，仍然兴趣高昂地吸收一切新知识。在德国，使团成员参观了克虏伯工厂和西门子电机制造厂，以及兵营、大学、博物馆等，深为这个不久前还是分裂的国家的高速发展所震动。德国是一个农业国家，统一后致力于建设富强的民族国家。这和日本不是很像吗？因此，岩仓使团对德国的亲切感油然而生。更让岩仓使团感动的是，德国首相俾斯麦接见了他们。

俾斯麦讲述个人经历，也讲述了作为欧洲后进国的普鲁士依靠军事实力步入大国行列的历程。这次现身说法，给岩仓使团留下了深刻的印象，也促使他们思考日本未来的发展道路。他们认为，“研究此国之政治与风俗，比研究英国之事情得益尤多”。

后来，岩仓使团又来到俄罗斯。在明治维新之前，日本就和这个国家打交道，认为这是一个了不起的强国。可是在亲眼看到美国、英国和德国之后，他们打破了原有的认识。在俄罗斯他们看到，“（市街）整齐恢宏……（建筑）壮观，在欧陆亦属第一……但俄国全为贵族之文明，人民全同奴隶，财物为上等人包揽，全国处于专制压迫之下，是以俄国之贸易不能自振，掌握于外国人之手，其利得为外国人所独占，观诸圣彼得堡之商店，触目皆大商号，但尽为日耳曼人所设”。

一路走来，反复比较，岩仓使团得出的结论是：不管是美国式的共和政治，还是英国式的君主立宪，都不适合日本的国情，不足以仿效。用大久保利通的话说就是，“民主政治实合天理之本然”，但“不适用于习惯旧习、固守宿弊之国民”。他认为以君主立宪之名、行专制集权主义统治之实的德国政治体制更适合日本，“重新经营国家不可不如彼”。注重考察各国宪法的木户孝允也说，“现在罕有与普国新政比邻者”，“尤当取者，应以普国为第一”。

也就是说，岩仓使团的结论是，由“小国”走向“大国”的普鲁士道路，才是最适合日本的国家发展模式。日本应该在政治、军事方面以普鲁士为范例，就完全可能像普鲁士一样崛起于东方。事实上，后来德国也确实成为日本效仿的榜样。日本政府学习德国君主立宪政体和军事强权政策，建立起以天皇为核心的立宪政体。日本的国家制度在相当程度就是德意志帝国在东方的翻版。

可是，“成也萧何，败也萧何”。德国的榜样作用促使日本成为新兴的军事强国，影响日本走上了军事扩张、武装侵略的军国主义道路，给亚洲邻国、最终也给本国造成了巨大的灾难。

五

1873 年 9 月，岩仓使团回到日本。这次出访时间长达一年 9 个月，耗资达百万日元，占明治政府 1872 年财政收入的 2% 以上。如此巨大的代价是值得的，因为岩仓具视、木户孝允、大久保利通、伊藤博文通过实地考察，“目睹彼邦数百年来收获蓄积之文明成果，粲然夺目，始惊，次醉，终狂”。他们认识到，以前日本并没有从根本上学西方，一些改革措施还“多属皮毛之事”，因而沉痛地检讨说：“我今日之文明非真正之文明，我今日之开化非真正之开化。”

在出访前，岩仓使团与留守的政府要员达成约定：在出访此期间，留守政府应尽量不进行新的重大改革；如不得已进行改革时，应知照使团；待使团完成使命归国后，参照各国情况再实施改革。

访问归来，决策精英对于日本的未来道路达成了共识。从此，日本以“殖产兴业”“富国强兵”“文明开化”为立国三大政策，迈开追求文明的坚定步伐，致力于创造一个全新的近代国家。在一代人的时间里，日本就跻身世界强国之列，实现了“明治梦”。

清朝也曾派出一些考察团远赴欧美，可是出洋者人微言轻，根本不足以影响朝廷大计。当然，根本原因是清政府一直犹疑不决，从未真心学习西方先进国家。梁启超比较了中国与日本在 19 世纪中叶学习西方的道路之后说道：“三十年后，日本其兴，中国其弱乎？日人之游欧洲者，讨论学业，讲求官制，归而行之；中人之游欧洲者，询某厂炮船之利，某厂价值之廉，购而用之。一个重学，一个重物，强弱之原，其在此乎？”

清朝最早搞洋务运动，失败后是戊戌变法，戊戌变法失败后，又纵容义和团与列强宣战，直到八国联军占领北京，才认识到老路已经走到了尽头。于是痛下决心，效仿三十多年前日本的岩仓使团，派五大臣出洋进行考察。可惜此时改革时机已经丧失，清朝垮台已经开始倒计时。

因此，五大臣出洋并没有成为历史的拐点，而是一场历史大剧谢幕前的插曲。而岩仓使团则是历史性的起点，从那时起，中日两国的未来命运已经被决定了。

头发革命：国民头上卷起大旋风

头发改革看似小事，其实是打破保守势力、推动社会改革的一着妙棋。欧美文明风暴不但在国民头上卷起大旋风，吹跑了数百年来作为国民风俗的丁髷，而且动摇了封建社会的思想基础，为向西方国家学习、推动社会变革铺平了道路。

1863 年的一天，一群年轻的日本留学生走进荷兰的一家剧院，他们身穿西服，头戴礼帽，举止优雅。按习惯，观众在剧场内必须脱帽。当这些年轻人摘下帽子时，竟然引起全场哗然，因为这些人都留着奇怪的发型：头顶部剃得光亮，仅将脑后的头发扎起，就像切下来一束，扎得又细又短，结结实实地伏在光头上。乍一看，就像头顶上架着一把小手枪。

在人们的哗笑声中，这群学生羞愧地退场。其中的榎本武扬后来成为明治政府的重臣，西周成为著名的启蒙思想家。不过，当时这些年轻人还籍籍无名，只是他们幸运地成为幕府派出的第一批留学生。幕府明文规定，留学生在外期间“不得改变衣服发容”。衣服可以更换，但是不敢轻易剪发，结果成为人们嘲笑的对象。

据历史学家考证，日本人留发是受唐朝文化影响。公元682年，天武天皇发布诏书："自今以后，男女悉结发。"从此，日本男人就模仿唐制结发于头顶，最后形成了独特的日本发型"丁髷"：将头顶部的头发剃光，将其余的头发结成发髷向前面弯曲伏在头顶，从正面看仿佛汉字"丁"。在长达两百多年的江户时代，除了有罪之人不能结发外，成年男子的基本发型都是"丁髷"，人人以此为美，每天花费在头发上的时间都要半小时到一小时。

1853年日本开国之后，踏上岛国的外国人都被这种怪异的发型惊呆了。在他们眼里，这个既麻烦又难看的发型就像"猪尾巴"。所以，"猪尾巴"最初并不是专指清朝男人脑后的辫子，而是指日本人头顶的丁髷。1869年日本出版的《西洋闻见录》一书在介绍西洋风俗时写道："西洋人奇称本邦男子之结发为ピキテイル，ピキテイル乃豚尾之意，称清国男俗之辫发为ロングテイル，ロングテイル乃长尾之意。"所以，远在后来的清朝留学生之前，日本留学生就遭遇了异样的眼光和嘲弄。

终于，受到刺激的日本留学生不顾幕府禁令，在荷兰全部剪掉了发髷。可是四年后学成归国之时，他们不得不全部戴上假发髷，小心翼翼地走在祖国的土地上。因为一旦秘密被人发现，有可能因违反禁令而受到幕府处罚，更可怕的是，那些盲目排外的"爱国贼"会公开斩杀他们。

维新开始后，"破除旧来之陋习"成为"文明开化"的主要内容。1871年9月23日，明治政府发布"散发脱刀令"，"散发、制服、略服脱刀可随意，但穿礼服之时需带刀"，允许民众剪去发髷。号令受到了思想解放人士的欢迎。从海外归国的留学生及与外国人打交道的商人率先剪掉丁髷，将头发剪短并披散开。这种既简便又清洁的“散切头”深受青年军人、学生的欢迎。

不过，作为传统的一部分，流行数百年的发型仍然被保守人士所珍视，不肯放弃。有些人即使剃掉发髷，也用帽子遮掩，以至于有些地方的帽子供不应求。在偏远地区，人们拒绝断发，甚至出现了因剪掉丁髷而引起的离婚及诉讼。抵制“散发脱刀令”最强烈的是武士阶层，有些武士甚至声称，丁髷是日本之“魂”，宁死不肯断发。由于守旧势力的阻挠和抵制，许多地方几乎与旧藩时代无异。

至今，日本的历史书里经常可以见到这样一幅照片：四位西装断发年轻人士站立，意气风发，中间却坐着一位身穿和服、脚穿皮鞋、头顶丁髷的中年人。这就是 1871 年维新政府向欧美派出的第一个大型使团，团员都是政府重臣，留丁髷发型的是特命全权大使岩仓具视，因此被称为“岩仓使团”。彼时“断发脱刀令”颁布已三个月，可是这位传统的捍卫者仍然留着丁髷。这张照片既是日本走向西方的历史见证，也是日本新旧交替时代的生动写照。

岩仓使团首站来到美国，所到之处都引起人们的围观，岩仓的照片还被刊登在报纸上。岩仓具视自认为是个人魅力使然，在美国留学的儿子告诉他，“这是因为奇怪的发型和具有异国风情的和服成为让人看热闹的对象，这不值得作为代表日本的大使夸耀，相反应该感觉可耻”。在儿子劝告下，岩仓具视才在芝加哥剪掉了丁髷，并穿上洋装。

日本各地方政府为了让国民成为“开化之人”，积极推动民众断发。大阪府宣传断发有益身心健康，“人的精神全部寓于头部，所谓灵液汇集之处，须郑重保护之。改变半发，有利身体健康”。同时，大阪府还对剪发店免税，向结发店征税。岩城县布告则强调，要改变日本人在国际上的形象，“方今与万国频频交往，无墨守荏苒野蛮之头型取海外嗤笑之理，当决然断发”。有的地方政府还发布“半发课税令”，规定留丁髷者每年要缴纳税费 50 钱，用作学校的费用。

散发真正推行开来是在 1873 年。那年 3 月，21 岁的明治天皇剪掉发髷，蓄新式发型。当年 10 月，明治天皇蓄西式发型、穿军服的照片作为“御真影”，在全国各地的官厅、学校悬挂，供民众礼拜。在这个天皇拥有无上权威的国家，明治天皇的表率作用带动了“自上而下的文明开化”，民众纷纷涌向理发店，除去头顶的“猪尾巴”，新式发型自此流行开来。

头发改革看似小事，其实是打破保守势力、推动社会改革的一着妙棋。欧美文明风暴不但在国民头上卷起大旋风，吹跑了数百年来作为国民风俗的丁髷，而且动摇了封建社会的思想基础，为向西方国家学习、推动社会变革铺平了道路。仅仅二十年后，这个曾经腰插双刀、梳着世界上独一无二丁髷的独特民族，拥有了近代化的国会与法律，建立了新式陆军与海军。

清朝建立之初，为了巩固统治地位，强制在全国推行剃发，改变延续千年的发型。虽然最初遭到了顽强抵抗，但是在残酷的镇压下，人们逐渐接受了辫子。诚如鲁迅所说：“这辫子，是砍了我们古人的许多头，这才种定了的。”随着时间推移，到了清末，人们已经忘记了血的历史，反而将辫子视若生命，无论如何不肯放弃。当时人们已经有了留学、办实业、办报等各种自由，但是辫子不能动。统治者不肯放弃辫子可以理解，可悲的是，民众也将异族统治者强加给自己的辫子视为不能动的“宝贝”。据说，在海外的华人劳工一旦被外国工头剪掉辫子，立刻萎靡不振，就像太监一样。辫子已经成为专制和奴性的象征。

直到1912年，在日本政府发布“断发脱刀令”四十一年之后，在无数仁人志士流血牺牲之后，中华民国的临时大总统孙中山颁布“剪发通令”，中国的头发革命终于开始。

一百多年过去，人们头上的辫子早已无影无踪，但是心中的“辫子”是否剪掉了呢？

米百俵精神：宁肯挨饿，也要搞教育

打败幕府之后，改革图强就成为明治政府的主要任务。为此，日本学习欧美，开展文明开化，传播启蒙思想。兴办近代教育是开发民智的主要途径。维新开始不久，日本就掀起了兴办教育的热潮。

明治政府军在取得鸟羽、伏见之战的胜利后，一路向东进发，势如破竹。但在进军北陆道途中，遭到了长冈藩的顽强抵抗。最终，长冈藩被战火夷为平地。在百废待兴之际，近邻的藩国送来了“米百俵”—— 一百袋大米以示慰问。藩士们盼着分配粮食，可负责长冈藩教育的小林虎三郎（思想家佐久间象山的弟子）却主张把大米统统卖掉换钱，购买学校的书籍和教学器材。他说，现在的“百俵”将来会有成倍的回报。

这就是被日本人传为美谈的“米百俵精神”。在第二次世界大战中的1943年，一位剧作家把这个故事写成戏剧，在歌舞伎座上演，由此广为流传。正是这种“米百俵精神”，使明治时代的日本在短短数十年里，就跻身世界强国。

打败幕府之后，改革图强就成为明治政府的主要任务。为此，日本学习欧美，开展文明开化，传播启蒙思想。兴办近代教育是开发民智的主要途径。维新开始不久，日本就掀起了兴办教育的热潮。

1872 年 9 月，明治政府颁布《学制》，确定了普及国民初等义务教育的方针，对学校设置和学校教育做出了规定。《学制》是一个庞大的国民教育计划，标志着日本近代教育的开端。与欧美国家相比，日本开始实施义务教育制仅比英国（1870 年）晚两年，而早于法国（1882 年）和美国（1918 年）。

与《学制》同时颁布的，还有《关于奖励学业的告谕》。讲述了人人“非学不可”的道理，指出“学问乃立身之资本，凡为人者皆不可不学也。夫迷途失向，陷于饥饿，家破身亡之徒，终皆不学之过也”，要求做到“邑无不学之户，家无不学之人”。

为此，政府规定了儿童的上学年龄，各年级使用全国统一的教材，强力推进小学教育，学生集体上课，实施升级和毕业考试。政府督促家长减少孩童的劳动负担，让子女接受小学教育。由于国家处于草创时期，财政能力非常薄弱，政府只能征收学费。学费加重了农民负担，遭遇了极大的社会阻力。因为当时日本仍然以农业为主，大部分孩子是维持家计的劳动力，上学并不是绝对必要之事。

这并没有动摇政府的意志。尤其是在岩仓使团考察了欧美各国的教育状况之后，政府更加坚定了发展教育的战略决心。在考察过程中，作为“明治维新三杰”之一的木户孝允写信告诉国内，“奠定牢不可破之国基者唯在于人，而期望人才千载相继无穷者，唯真正在于教育而已”。

岩仓使团归国后，精英阶层达成了共识：培养人才是立国之本，为了使富国强兵、殖产兴业顺利推行，必须让一般国民接受最起码的教育。从此，教育立国确立为政府的指导思想。

明治政府学习法国的“学区制”模式，在全国划分 8 大学区，计划设立 8 所大学、256 所中学和 53760 所小学。不过，到 1875 年，全国只设立了 2.4 万余所小学，入学率也只有 35.4%。这主要是因为政府无力提供必要的财政支持，办学几乎全靠学生的学费。对于贫困家庭来说，上学成了不轻的负担，许多家庭还无力送孩子上学。地方政府对那些不让孩子上学的村民征收“学校费”，官员也到各地巡查，有时甚至出动警察督促儿童上学。

这些强硬做法固然推动了教育发展，同时也在社会上激起了民众的不满情绪。因不满征收过重的教育税和学费，到处有捣毁学校的事件发生，甚至有的地方爆发了反对学校的小规模农民起义。政府于是改变了策略，主要从宣传教育、改进教学内容、提高师资质量等方面吸引儿童入学。

进入 19 世纪 80 年代，明治维新的成效开始逐步显现——经济快速发展，国民经济水平提高。随着普通家庭的经济状况逐步好转，送孩子上学的家庭越来越多。1885—1895 年，日本小学的入学率从 49.6% 上升至 61.2%。

值得注意的是，在甲午中日战争之后，日本普通小学入学率急速上升。一个流传甚广的说法是：明治天皇当年下令将清朝的全部赔款用在教育上。事实上，日本获得赔款共计约 2.597 亿两白银（折合日元为 3.895 亿元），但绝大部分被用于战争费用和扩军费用，政府只拿出赔款的 2.8%（即 1000 万日元）设立教育基金，以本金和利息充作发展普通教育的补助费。

尽管相对于近4亿日元的战争赔款，教育基金的数额极其微小，但在当时，这笔钱可以建造17座八幡制铁所那样的大型钢铁企业，而钢铁是当时各项建设所急需的。日本政府坚决发展教育，宁要课本，不要钢铁。这笔费用也确实解决了日本教育的大问题。在1900年年度预算中，日本政府从教育基金中拨款50万日元用作市镇村立小学的设备费用及教育奖励费。同年，第十四届议会上通过“市町村立小学教育费国库补助法案”，预算总额达100万日元。这样，困扰多年的教育经费问题终于得到解决。

从这时起，日本对全国小学生实行学费全额免除制度，实现了真正的义务教育。为了提高就学率，地方政府向适龄儿童颁发校徽和入学铭牌。学校将入学学生分为8个等级进行表彰和批评，甚至采取威胁强制手段，迫使学龄儿童入学。1900年，日本的学龄儿童就学率增至81.5%。

1904年，清朝颁行新学制《奏定学堂章程》，正式实行近代教育制度，比日本晚了三十多年。在同一年，日本的学龄儿童就学率已达83%。到1912年，这一数字达到98.2%，日本社会的文盲基本被消灭。

在基础教育迅速发展的同时，日本的中等、高等教育和职业教育同样发展迅猛。到明治末期，日本已完全称得上是与经济强国相称的“教育大国”了。彼时的中国刚刚告别皇帝、进入民国，教育的追赶之路才刚刚开始。

明治时代的“国退民进”

“国退民进”对于日本具有划时代的意义。日本经济由此脱离官督商办，开始走上自由发展的新阶段，为私人企业成长提供了良好环境。

1893 年秋天，维新政府公开拍卖富冈缫丝厂。这个当初总建设费将近 20 万日元的大型国有企业，最终被三井银行仅以 12 万日元的价格收购，其中还包括价值 8 万日元的原材料。奇怪的是，日本民众并不反对这种“贱卖国有资产”的做法。维新政府更是如释重负，因为政府一直为亏损的富冈缫丝厂提供巨额补贴。

这个亏损的国有企业转为私有后不久，就扭转困局，成为一个盈利企业。从国有企业到私有企业，从亏损到盈利，富冈缫丝厂的命运变迁，折射着明治时代日本工业化的道路，也为那些追赶型国家提供了经验。

一

维新政府掌握政权之后的第三年，就成立了工部省，目的是“劝奖百工”，推行殖产兴业政策，发展日本经济。可是，当时的执政者虽然艳羡欧美国家的工业化，但是并不清楚如何实现工业化。岩仓使团访问欧美时一个重要任务就是寻求这个问题的答案。

作为岩仓使节团的副使，大久保利通参观了英国的纺织厂和造船厂后写道，“国之强弱系于人民之贫富，人民之贫富系于物产之多寡”。在他看来，只有兴办制造业，才能物产丰富。尽管国家的普通百姓可以通过艰苦卓绝的努力兴办一些制造业，但速度太慢，效果不彰，“溯本求源，未尝不仰赖政府官员诱导奖励之功”。

岩仓使节团归国后，正式成立内务省，大久保利通领导的内务省同大隈重信的大藏省、伊藤博文的工部省形成了三位一体的推行殖产兴业政策的领导体制，从紧张的财政收入中挤出一大笔钱，在各地建立官营棉纺厂、水泥厂、玻璃厂等“模范工厂”。

政府发展的重点是缫丝和棉纺。因为从德川时期开始，缫丝和棉纺就是发展良好的本国工业。1868 年，生丝的出口量约占日本出口总量的 40%。其税额约占新政府当权第一年所征出口税的一半。然而，从 1869 年开始，一度因蚕瘟病暴发而衰退的欧洲养蚕业复苏，日本丝的需求急剧下降。维新政府官员认为，日本手工缫制粗糙不匀，生丝质量低劣，应该引进欧式机器，让出口生丝重新成为新政权生存至关紧要的外汇来源。

富冈缫丝厂就这样成为机器引进的受益者。年轻的维新政府总计投资 20 万日元建造楼房车间，引进最新式的机器设备，聘请富有经验的法国商人监督和指导生产。1872 年 6 月，富冈缫丝厂开工，第一批蚕丝在里昂和米兰销路畅旺，甚至在维也纳世界博览会上获得了二等奖。

望着富冈缫丝厂烟囱里冒出来的滚滚浓烟，政府官员大为振奋，他们更加坚定了“暂时创办官立事业，示以实例，以诱导人民”的决心。在十多年间，维新政府斥资6800万日元，开办了遍及造船、采矿、冶炼、建材和纺织等诸多领域的官营企业。这种官营企业散布在日本各地，包括当时还是蛮荒之地的北海道也建立制糖厂、面粉厂、鱼类罐头厂等诸多“模范工厂”。

一切看起来都那么积极向上，野心勃勃的政府官员也得到了巨大满足。

二

但是，维新政府很快就懊恼起来。尽管政府投入那么多资金，却几乎没有什么官营企业能够盈利。

作为一座官营模范机械缫丝工厂，富冈缫丝厂问题成堆。从法国进口的生产机器虽然先进，但是政府派来的管理者对技术问题知之甚少，也没有管理工厂的经验。因为害怕东京的上司会听到关于他们无能的风声，他们禁止有抱负的企业家进入他们的工厂参观。

虽然富冈缫丝厂的生丝因质量上乘而闻名，但即使国家给予大笔补助，缫丝厂本身也没有盈利。到1875年，富冈缫丝厂亏空已达22万日元，比建立和装备该厂所花的费用还多。

事实上，在19世纪70年代，日本所有的官营企业几乎没有盈利的。十年间官办纺织厂总产量仅为100万磅纱，根本不能形成有效的规模。在北海道，十年间政府投入了1400多万日元办企业，却没有盈利，成为政府的莫大负担。

这是“国有企业”的典型病症。政府拥有企业管理权，可是官员不懂经营之道，盲目决策，而且热衷于中饱私囊。有报告指出，这些国有企业“根本不可能作为模范工厂。而且官设之厂必须遵从官衙之法规，故与我公司（民营企业）之工厂相比，人员多，因而冗费亦不少”，“业务常存几分威风，使人民畏忌与其接近”。结果，这些企业虽然有政府给予的各种优惠政策和补贴，依然缺乏竞争力，亏损严重。

诚如一位史学家所说：“自明治初年，渐行所谓奖励工业……（工部省）开拓矿山、制造机械和造船……不计利息，不计减损……产品不能销售之物，则自行标价，尽藏库中……故而穷于支付工资与购入材料，只能以补贴营业金的名义从大藏省申报领取。即或是矿山、造船等需用几十万元的官营事业也都是如此弊病。”

与暮气沉沉的官营企业形成鲜明对比的是，民间自发建立的私营企业蒸蒸日上。从事缫丝生产的民营企业家不像政府的决策人那样迷信昂贵的机械化和热衷建设，建设高楼，而是因陋就简，因地制宜。他们用木头楼房代替砖房，以泥为地，让当地的匠人设计木架子代替贵重的铁制机器，雇用村里的工匠建造水磨代替蒸汽机。这些技术改造非常成功，固定成本不到政府花在富冈缫丝厂每个工人身上的十分之一。此外，农村缫丝厂有良好的蚕茧作为货源，附近村庄的妇女又可以提供几乎取之不尽的廉价劳力。因此，尽管这些私营企业的规模都很小，但是极具竞争力，缫丝总产量远远超过官营企业。

1877 年，大久保利通被暗杀，他所力推的官营工厂模式也开始陷入困境。因为政府再也拿不出钱来支持“模范工厂”，日本的工业化进程陷入了困境。

三

知识分子最早对日本的工业化道路提出了质疑。

启蒙思想家福泽谕吉对当时官方控制几乎所有领域的做法进行了激烈批评。他在 1877 年撰写的《分权论》中指责“有司专制”说：“你想要从事商业吗？如果不依靠政府，就难以获得生财的本钱。偶有要依靠政府者，但政府已独自先行一步。你想要开垦土地，想要开凿矿山吗？其结果都会如此。”

福泽谕吉抨击官营企业说：“对于那些过去是藩士族、今天是官员的人来说，从事工商业是他们的短处。另外，资本的自由远没有超越日本政府。那些拙于经商之人，掌握着巨额资本，指望其中没有挥霍浪费之事，是万万不可能的。这一点，从旧幕府末年至维新以来的实际可以看出来。”

另一位启蒙思想家西周也曾论述道：“政府之所以为政府，只在于能辨别裁断国民的公事诉讼及是非曲直。然而，在农工商之事上，政府总是处于其间，指手画脚这种做法，乃政治经济学之大忌……应予尽快废止。”

比这两位思想家更彻底的，是经济学家田口卯吉。田口卯吉被涩泽荣一誉为日本的“亚当·斯密”，他撰写的《自由贸易日本经济论》为日本自由主义经济理论建立了体系。1879 年他创办《东京经济杂志》，站在自由主义的立场批判政府的经济政策。

他说：“何谓劝业？是谓政府直接制造乎？此乃实际阻碍民间同种产业之兴起，决不能达到劝业之目的。”“政府之制造，已确实妨碍民间同种产业之兴起……应该中止劝奖保护之政策，使政府的事物限定在适当的领域之内……日本人民业已足以同外国人竞争，业已能够经营制造商业，何须政府自身为之？”

田口卯吉的主张遭到另一位经济评论家犬养毅的反对。1880年，记者出身的犬养毅创刊《东海经济新报》，提倡贸易保护政策，与田口卯吉的《东京经济杂志》对垒。犬养毅认为，日本产业尚未发达，政府必须承担起责任，以公共经费兴办企业，“当今吾辈不仅不认为政府正为其不当为之事，而且期待政府应尽其当尽之”。

田口卯吉则认为，“世上往往有些政府崇拜论者，他们都觉得‘政府’这个词有很伟大的力量，以种种借口增加官营企业，其要义在于主张官营企业虽有垄断之弊，但其事业仍不应由民所有”。田口举例说，民办铁路比官办铁路运费便宜，邮递公司比驿传局更为便利，“垄断之可怕不在民业，而在官业”。

双方论战持续了一年多，吸引了许多读者的关注和参与。当时的私营缫丝业者就曾投诉反映政府办的劝业场财大气粗，民间缫丝业者几乎被排挤出市场，“我县官府，为促进民众真正的兴产之力，不应使劝业场过于兴盛。为向外部夸耀劝业之盛，就应奖励人民之一般兴产，以图富裕之基。不期永久之实荣，只图一时之虚荣，难成劝业之盛也”。在棉纺业座谈会上，民营企业代表严厉地批评说，官营工厂“根本不可能作为模范工厂”“只表明棉花变成棉纱的过程，如此而已”。

这场论战不仅是思想理论的交锋，而且是日本当时两种政策思想对立的缩影，对以后日本的社会发展产生了不可忽略的影响。

其实，当时政府里对于国有企业也有不同意见。一位主抓“殖产兴业”工作的工部省官员也认为，国有企业难以为继，“不如贷与人民，使其自由营业，那时方能收支两抵，事业日益扩大”。

不过总的来看，田口卯吉的观点得到了民间的支持，犬养毅的观点则得到了政府的赞赏。政府要人大隈重信就很欣赏犬养毅，将其调入政府，担任统计院权少书记官。犬养毅从此步入政坛，后来曾担任首相。

四

维新政府也逐渐认识到官营企业的缺陷。1880 年在创建农商务省时就承认：“而（官方）自行开展事业，或贷与资金而直接干涉农商事业，或庇保数名农商，以其成效为他人模范，无形之中损害普通农商之利益。此类事态应一律避免。”

1880 年 11 月 5 日，维新政府公布《工厂转让概则》，标志着“国退民进”的开始。财政专家松方正义担任参议兼大藏卿（财政部长），主持政策调整工作。彼时日本纸币贬值，物价狂涨，金银大量外流，财政窘迫。松方正义果断地削减行政经费，原则上不再批准新的公共事业，同时出售政府企业。

松方正义在一份建议书中写道，“政府不应在创办工商业上与人民竞争，因其永远不如受追逐私利的直接动机驱动的企业创办者精明和有远见。因此政府最好不要直接介入商业贸易，而是留给个人和企业去经营发展”。

在出售官营企业的过程中，当然也遭遇了阻力，尤其是那些被怀疑为“贱卖国有资产”的案例，激起了社会舆论的不满。1881 年，北海道地方政府决定把政府官产作价 39 万日元，并以三十年无息偿还的优厚条件出售给“关西贸易商会”，从而引发社会各界对藩阀与政商相互勾结的强烈批判。结果酿成了“明治十四年政变”，大隈重信被赶下台，支持出售官产的北海道开拓使次官黑田清隆也从位子上被拉下来。

尽管有种种反对，到1889年宪法颁布之前，除兵工业外，官营企业、半官半民企业几乎全部被出售给民间。因为随着经济的逐步发展，普通民众都认识到了官营企业与民争利的害处。当政府出售富冈缫丝厂时，几乎没有什么社会阻力。

“国退民进”对日本具有划时代的意义。日本经济由此脱离官督商办，开始走上自由发展的新阶段，为私人企业成长提供了良好环境。

19世纪80年代日本出现了民间创办企业的热潮。初露头角的企业家在日本列岛的所有城市、小镇和村庄涌现。在1884—1890年，日本的各种公司由702家增加到3092家，增长了4.4倍，资本额由1340万日元增加到18936万日元，增长了14.1倍。

这是日本民营企业家崛起的时代，涩泽荣一、岩崎弥太郎等具有开创精神的企业家成为风云人物。他们收购亏损的国有企业，将其改造成为盈利企业，同时又建立了许多新工厂，开辟新兴产业。到19世纪90年代初，工厂烟囱向外冒烟，火车穿梭于城乡间，汽笛声响彻原野。这些信息告诉人们：这个国家正在向工业化飞速前进。

19世纪70年代，日本出口原材料，工业产品则严重依赖进口，其中大约一半为纺织品。三十年后，情况已经倒过来，20世纪初日本大量进口原材料，主要出口工业产品，尤其是棉纱和棉布。到 19 世纪末，私人纺织厂几乎昼夜不停，棉纱和棉布的产量超过了 1.13 亿千克，大约占日本制造业总产量的 25%。

到 20 世纪初，日本已经成功跻身工业化国家行列。维新政府发展经济的梦想终于成为现实。

富冈缫丝厂一直运行至 1987 年才停止生产，随后被改造成旅游景点，供游客参观。2014 年，在建成 142 年之后，这个承载着明治时代梦想的工厂正式被列入“世界文化遗产”名录。

武士：一个统治阶层的消失

武士的暮钟敲响了，可是没有一个统治阶层甘愿主动退出历史舞台。1877 年西乡隆盛率领武士叛乱，成为武士在日本历史舞台上的最后表演。叛乱很快被镇压，西乡隆盛剖腹自杀。这是一个时代终结的隐喻，日本武士就是以如此惨烈的方式退出了历史舞台。

1872 年 9 月，维新政府的一道命令让武士陷入恐慌。

这项命令名为“散发脱刀令”，要求武士今后不带刀，以破除旧习，提倡“开化文明”。自公元 9 世纪以来，武士成为这个国家的特权阶层，武士刀被视为武士精神的一项灵器。武士随身携带长短两把佩刀，走在大街上，农工商人必须低头避让，否则自认为受侮辱的武士有权挥刀砍人。假如不能带刀，特权怎么体现呢，怎么获得其他阶层的尊敬呢？

其实，武士的不满由来已久。在“尊王攘夷”运动中，许多武士为颠覆幕府统治立下了汗马功劳。他们本来期待分享革命果实，可是革命成功后，绝大多数武士没有获得好处。由于内战导致债台高筑，政府急需减少财政负担。考虑到武士薪俸一直是沉重的财政负担，因此对此进行改革成为节约开支的明确目标。于是，武士等来的不是奖赏，而是世代相传的薪俸被削减。1870—1871 年，各地发生了许多武士动乱，都直接或间接和这个因素有关。

武士动乱事件也让维新政府更加警惕。明治维新的目标之一，就是废除藩国，推动国家从封建制度向中央集权转型。数百年来，武士作为藩的家臣和战士，只知道效忠藩主，不知道报效国家。显然，武士将是废藩的主要阻力。所以，政府一边小心翼翼地废除藩国，一边悄然地解除武士的特权。

1871 年 8 月，天皇发布敕令，宣布终结大名的统治，废藩置县。为达此目的，维新政府给予各地大名各种各样的诱惑，包括任命其为原领地的知事、发放优厚的退休金、取消各藩的债务、授予贵族头衔等。大名被收买了，各藩国军队遭到遣散，藩的官员被解职。

后来，维新政府又废除封建等级制度，宣布“四民平等”。政府废除了强制执行隔离措施的法律规定，解放了贱民群体。所有平民都被要求采用姓氏，农工商见到武士要跪倒致敬等传统要求也被废除。“散发脱刀令”也是改革措施之一，因为有名有姓、束发、带刀是武士的传统特权。

除了政治特权外，武士还享有家禄等经济特权。所谓家禄，就是藩主向武士免费提供的经济补助。废藩置县让武士失去了作为藩主的家臣或战士的职位与经济补助。他们的“户口”转入中央政府，却导致中央政府的财政更加紧张。到明治维新初期，武士占日本总人口的 6%。以 1871 年为例，当年财政收入 5004.5 万日元，财政支持为 5733 万日元，武士的补助支出为 1507 万日元，约占财政收入的三分之一，比陆军军费的两倍还要多。补助要减额，特权要消除，自然让武士成为社会不安定因素。

为了平息武士的不满，有些官员提出，应该征召武士入伍，建立国家统一的军队。他们说，只有武士才拥有勇气、忠诚和荣誉感等尚武品格，何况千年以来武士都充任军役。一位高级军官提议，留出 20% 的国家收入以创建一支常备军，并建议国家的准备金要大到足以使所有年龄在 20~45 岁的武士入伍。

不过，这些建议遭到维新政府中大多数官员的反对。他们担心，武士脾气暴躁，散漫放纵，更忠于他们的同族之人而不是中央政府。军队一旦成为武士麇集之所，局面很难控制。政府官员们普遍支持征兵制，理由非常堂皇：这是一种已在西方国家采用的制度，行之有效，优点多多。至于此前曾作为学习对象的中国，其军事制度备受质疑，因为它已经无力镇压大规模的叛乱，也无力保卫国家免遭英、法、俄等国的武装侵扰。

1873 年 1 月 10 日，政府颁布《征兵令》，所有年满 20 岁的男性都有服兵役七年（三年常备军，四年预备役）的责任，并要求年龄在 17~45 岁的男性进行登记，以备可能的征召。此举的直接目的是缔造一支真正忠于中央政府的国家军队，并适应新近从西方采用的高度管制的军事制度。

普遍征兵制的推行让武士失去了最后的机会。更让武士绝望的是，《征兵令》之后政府还发表了一个声明，以直言不讳的语言责备武士阶级“抗颜坐食，甚至杀人而官不问其罪”，断言如今所创立的兵役制度将为“士兵和农民的团结”扫清道路。政府还特别强调说，“士非从前之士，民非从前之民，均系皇国一般之民，报国之道亦应固无差别”。

既然武士今后对国家的军事贡献没有了，为何不把武士的薪俸转换为一次性总付？此时武士年俸花费成为中央政府支出的最大部分，难以承受。结束武士享有的薪俸，既可以进一步废除武士特权，也可以为殖产兴业节省资金，一举两得。

在政治上，执行这一决策需要谨慎小心，因为愤怒的武士已经在佐贺叛乱，虽然叛乱很快被平息，但是毕竟让政治家不敢轻举妄动，所以只能逐步调整。直到 1876 年，维新政府才强制执行“秩禄处分”制度，以金禄公债来交换武士的退休金：政府发放金禄公债代替家禄，最小的世袭薪俸将以其年值的 14 倍换取政府的债券，并按 7% 的利率提供利息。而最大的世袭薪俸是按照年值的 5 倍计算，并按 5% 的利率提供利息，其余的将处于这两个数值之间。生活津贴将按照这些比率的一半换算。

维新政府共向 310971 名武士发放了价值 1.13 亿日元的金禄公债证书，以一次性赎买武士阶层的家禄特权。对于政府而言，“秩禄处分”制度使政府的预算费用减少了大约 30%。实际上，由于通货膨胀，最终减少的更多。对于较为富裕的武士和他们的封建领主来说，这种代偿以国库债券的形式提供了有用的资本金，可用来投资土地或其他形式的企业。维新政府规定，金禄公债可以作为资本金设立银行。这大大缓解了日本银行业发展初期资本金缺乏的困境，日本银行数量在两年内从 7 家增加到 150 多家。

这些金融创新制度保证了大名和一些上层武士的经济利益。他们加入宫廷贵族或银行家行列，过着舒适而体面的生活。

在他们的家臣中，有少数武士在官僚机构和武装部队中找到了飞黄腾达的职业，成为日本政治精英的核心。这些人都是改革的受益者，也成为最支持改革的群体。

可是，绝大多数武士却无法从改革中受益，因为他们靠这些金禄公债根本无法维持生计。到 1884 年，已有 80% 金禄公债被出卖，公债集中到商人和高利贷者手中。最贫困的武士只能回归土地，或从事其他种类的生产工作，下降到农民和工人的行列之中。更让他们绝望的是，政府强行推行债券制度的同时，完全禁止在公共场合佩带刀剑。维新政府废除了武士精英地位的最后特权和痕迹。

武士的暮钟敲响了，可是没有一个统治阶层甘愿主动退出历史舞台。1877 年西乡隆盛率领武士叛乱，成为武士在日本历史舞台上的最后表演。叛乱很快被镇压，西乡隆盛剖腹自杀。这是一个时代终结的隐喻，日本武士就是以如此惨烈的方式退出了历史舞台。

1900 年，美国学者巴什福德・迪安（Bashfork Dean）来到日本，考察武士刀的制造工艺，并且找到了几位依然掌握此类技艺的家族。但在五年后重返该地时，发现这些老人已经离开人世，子孙已经将那些具有历史价值的武士刀贱价卖出。日本各地的古玩店里到处可以买到这些使用古老技艺打造的犀利兵器。在街头，不时有个别衣衫褴褛的浪人，像旧时代的阴魂一样游荡。

大久保利通：真正的“东方俾斯麦”

李鸿章一度被称为“东方俾斯麦”，被寄予改变国家面貌的厚望。其实，真正有资格称为“东方俾斯麦”的，不是李鸿章，而是大久保利通。

对于追赶近代化的后发国家来说，领导人走出国门、了解世界是非常必要的。岩仓使团考察欧美诸国，不但让维新政府的高官们开阔了视野，而且彻底改变了使团副使、大藏卿（财政部部长）大久保利通。

和明治时代的许多政治家一样，大久保利通出身低级武士家庭。他依靠自己的聪明才智，从萨摩藩走向全国的政治舞台。他在推翻幕府统治过程中建功甚伟，也为建立维新政府、加强中央集权而运筹帷幄，因此和西乡隆盛、木户孝允一起被誉为“维新三杰”。

在维新之初，这个刚过不惑之年的政治家对于以后如何行事感到迷茫，不知道日本发展的道路在哪里。政府内发生争论，别人引经据典，滔滔不绝，大久保利通总是沉默寡言，对答无词。人们对他的评价是：“无才气无学识，唯一的长处是坚决果断。”

欧美各国的游历考察，让大久保利通眼界大开。尤其是1873年3月，德国的铁血宰相俾斯麦在接见岩仓使团时的一番话，让大久保利通如醍醐灌顶。俾斯麦讲述了弱小可欺的普鲁士怎样成长为统一强大的德意志帝国，告诉来自万里之外的亚洲客人，“弱小国家要想独立自主，必须振兴国力，既要富国，又要强兵”。

大久保利通豁然开朗，终于找到了一直在苦苦寻觅的日本崛起的道路。他从此认定，日本若想同西方列强并驾齐驱，首要任务在于增强自身的国力。

“由于欧美考察旅行，公的人品变化令我吃惊。”与大久保接近的地方官安场保和说：“从前只是富于豪迈坚毅的气质，考察后却具有了潇洒风度，而且识见大增。原先，只是完全倾心于政治大局，对于其他事情并不留意。但回国后表示，为使我帝国对峙宇内万邦，必须建立富国的强固基础，其施政方针专在于大举奖励教育、殖产、工业、贸易、航海等事业。”

回国后不久，大久保利通给政府提交了一份《殖产兴业建议书》，开宗明义提出：“大凡国家之强弱，系于人民之贫富；人民之贫富，系于物产之多寡；物产之多寡，系于人民是否勉力于工业。”所以日本要想改变落后面貌，必须鼓励民众发展工商业。

1873年11月10日，内务省正式成立，大久保担任内务省内务卿，同大限重信的大藏省、伊藤博文的工部省形成三位一体的领导体制。大久保利通是其核心，因此这时的日本政府通常被称为“大久保政权”。从此，为了实现富国强兵、殖产兴业、文明开化三大维新目标，这位铁腕人物带领日本开始了一段急行军。

大久保政权把主要力量放到殖产兴业上。政府兴建官营模范工厂，以便为民营企业培训员工，并提供技术等方面的帮助。据估算，当时明治政府财政支出的五分之一都投入到兴办企业当中。为了从资金方面支持民众的兴业活动，政府颁布银行条例，鼓励民众设立银行，两年间日本的银行就从 7 家增加到 150 多家。政府不惜代价，用高薪招收、聘用外国科技人员和各种专家学者。一个外国专家的月薪，最高可以达到两千日元，是政府高官的三倍多。政府还积极培植养蚕制丝业和振兴农业。大久保利通曾派人到外国学习先进技术，回国后大胆授予开发养蚕之全权。

为了给殖产兴业提供良好的社会环境，大久保利通进行地税改革，强力推行“秩禄处分”，剥夺武士阶级的俸禄，从根本上瓦解了旧武士阶级。他还带头推进文明开化。虽然大久保利通不会跳交际舞，但也常常出席舞会。他还率先剪短长发入朝觐见天皇，群臣都为他的大胆举动惊骇。在他的推动下，明治天皇也剪短了头发，于是群臣竞相仿效，除去了头顶发髻。有人曾指责，大久保利通推行文明开化政策太过激了。大久保利通回答说：“在文明开化的问题上，一定会出现过头现象，到那时让后代的政治家去修正好了，如今必须在这个道路上突飞猛进。”

大久保利通的激进改革措施也遭遇了各种阻力，但是这位以铁血宰相俾斯麦为榜样的政治家宣称，“兴一善不如除一恶”，即便遇到反抗，也坚决实行，甚至不惜采取激烈手段推行他的政策。但政府在发展工业方面，既缺乏经验又急于求成，导致政府财政难以维持，而文明开化过程中的过火行为，也引起保守人士的反感。与此同时，改革带来的不公平也激化了社会矛盾。

不满的农民发动起义，愤怒的武士发动叛乱，结果都被大久保利通血腥镇压了下去。西乡隆盛领导的西南叛乱也以失败告终。大久保政权还制定了《诽谤律》《报纸条例》等，压制自由民权运动。1878 年，一切反政府的活动都看不到了，国内似乎完全太平下来。大久保利通踌躇满志，准备将已经取得一定效果的各项改革继续推进下去，以完成日本与万国对峙的夙愿。

1878 年 5 月 14 日的早晨，大久保利通在家中对来访的地方官员说："维新以来已经十年岁月；内外事件频发。不肖利通担任内务卿以来未见政绩，实在不胜惭愧。现在是内外安定，此时正欲努力贯彻维新的盛意。要达到此目的，不得不以三十年为期。假如将它分为三期，明治元年至十年为第一期，还是创业期。明治十一年至二十年为第二期，确实这是最重要的时期，整顿内政、充实国力就在此时。利通虽然不肖，但欲排除万难完成此志。明治二十一年以后的十年为第三期，这是守成时期，等待后进的优秀分子继承大业。"

谁也没有想到，这段话竟成了大久保利通的遗嘱。一个小时后，在通往办公室的道路上，不满的武士刺杀了大久保利通。据说，大久保利通虽然身受白刃，还厉声呵斥，沉着地将放在膝上的文件用绸巾包好，然后倒在血泊中，时年 49 岁。

俾斯麦因为将弱小分裂的国家统一为强大的德意志帝国，而成为 19 世纪下半叶亚洲各国的偶像。李鸿章一度被称为"东方俾斯麦"，被寄予改变国家面貌的厚望。其实，真正有资格称为“东方俾斯麦”的，不是李鸿章，而是大久保利通。大久保利通死后，伊藤博文等继续推行殖产兴业、文明开化、富国强兵三大政策，终使日本与万国并峙，跻身世界强国之列。

三岛通庸：威权主义体制下的能吏

他是一个所谓的开发独裁型的行政官员，对于实现地方的近代化和推动经济发展负有强烈的使命感。在他看来，议会和民权派纠缠于所谓的民主程序，拖延时间，效率低下，只能延迟和阻碍经济发展，所以应该铁腕镇压，甚至不惜将反对者冠以“阴谋动乱”的罪名“予以扑杀”。

明治维新伊始，为了实现富国强兵的目标，日本各地竞相发展经济。距离东京300多公里的山形县也不甘落后。可是当地一面临海，三面环山，交通不便，要发展经济就必须修建道路。三岛通庸就在这样的背景下就任山形县县令，开始了他官僚生涯中一段非同寻常的经历。

三岛通庸以前是萨摩藩的一个武士，也是中央政府老中大久保利通从前的弟子。他热衷于土木工程建设，被称为“土木县令”。山形县曾是“朝廷之敌”德川幕府的支持者，为了让这里的人们接受明治政府的统治，推动当地的“文明开化”，三岛通庸接二连三地建设西式校舍、博物馆、医院等设施。同时大力修建道路，并要求路的宽度必须能通行马车。

为了打通栗子山中间860米长的隧道，三岛通庸购买了号称比人力强20倍的蒸汽钻洞机。据说这是当时最先进的机器，在美国和英国也各只有一台。三岛通庸身先士卒，吃住在工棚里，就像一个十足的工作狂。当隧道贯通的时候，他还赋诗称“梦醒入洞中，迎面沐初风”，兴奋之情溢于言表。

这项工程的官方开支仅为30000余日元，当地居民承担了95000余日元的支出，负担了多达15000人次的劳役。虽然当地民众负担沉重，但这毕竟是惠民工程，因此三岛通庸赢得了很高的声誉。天皇巡行东北时，还特意到此参观，表扬三岛通庸能干。

1882年1月，三岛通庸被任命为福岛县县令，目的是让他修建完成山形县经福岛县通往东京的道路。福岛县位于山形县南部，是公路必经之地。彼时日本的自由民权运动正处于高潮，福岛县自由党势力强大，议会里民权派过半数，一再限制政府的权力。但三岛通庸并不畏缩，他扬言，要在自己任职期间“使纵火犯、强盗和自由党不得抬头”。

为了排除自由党的阻力，让工程建设顺利进行，三岛通庸首先收买原来的武士阶层，同时罢免赞成民权论的区长、户长和小学教员。他对县议会不予理睬，县议会两次要求他出席讨论预算，他都拒不到场。这些蔑视议会的做法让议员非常不满，身为自由党党员的议长发表演说，呼吁对三岛通庸进行不信任投票——

设立这种县议会，乃用来反映公众舆论，因此公共政策的执行应与县议会的意见相一致。毋庸置疑，今日之世界不同于往日之世界，今日之民众也与往日之民众不同……然而，（三岛通庸县令）从未出席过一次县议会会议；他不仅未能考虑民众的意愿，而且显示出对这一宝贵的公众集会的蔑视。

三岛通庸无视民选议会的做法很快就引起了民众的不满。民众支持议会，声势浩大。三岛通庸不认为民意有什么了不起，不肯让步，反而禁止举行政治集会，一有批评政府的声音就立即予以干涉。

耐人寻味的是，这些做法还打着“依法”的旗号。两年前，明治政府为了应对自由民权运动，颁布《集会条例》，规定政治性演说必须提前到警局申请，集会现场必须由警员监视，而且警员有权随时终止演讲。封上民众的嘴，向来是专制者的不二选择。

在一次集会上，一名民权运动积极分子讲述了欧美的历史：英国的暴政引起了美国的独立运动，残暴的俄国沙皇和贵族导致了无政府主义。这位演讲者指出，“政府镇压孕育了革命”，并把听众的思考引向本国。他质问道：“为什么警察抓住只言片语便把演讲者投入监狱？为什么警察以莫须有的借口便解散公众集会？”此时，一名坐在演讲台上的警察走上前来，宣布此次集会已经对公共秩序构成了威胁。演讲者被勒令下台，听众也被驱散。

三岛通庸提出的议案被福岛县议会全盘否决，但是他毫不介意。他声称已经从中央政府获得许可，按照原来提交的议案强行开展道路建设。三岛通庸命令福岛县西部六郡的居民，不论男女，每人在两年期间必须服一个月零一天的劳役。不参加修路工事的人，男人每天要缴纳 15 钱，女人每天缴纳 10 钱的“代金”。

这种霸道的行为引起民众不满，福岛县的自由党都是当地的著名人士，是可敬且可靠的公民。他们主张在法律框架内，以温和平稳的方式扩大民众的参与权，推动政治进步。为了阻止三岛通庸的蛮横做法，自由党发起了请愿活动，呼吁抵制税收。

没有想到，三岛通庸动用了暴力来回应。他派出 230 名警察前往镇压，居民的房屋遭到袭击，财产遭到剥夺，抗税领导人也遭到逮捕。被激怒的民众向监狱行进，有 1000 多人聚集到警察署要求放人。在示威游行过程中，有人（很有可能是一个密探）向警察局投掷石块，砸碎了一些窗户的玻璃。警察立刻攻击手无寸铁的人群，打死一名示威者，打伤数人。

假如是在一个民主国家，三岛通庸必将被追究责任。可是对于一个威权主义政府来说，这种做法并无不妥。三岛通庸还认为这是一个难得的好机会，他早就想找借口铲除反对派。他把这个事件称为“恶棍的暴行”，立刻发出秘密指示，“把他们全都逮捕，一个不留”。

县政府对福岛县境内的自由党进行大肆逮捕，以议长为首的 2000 多人被捕。许多人遭到拷打虐待，还有人在警察局关押期间死去。三岛通庸还动用司法体系的力量来对付反对派。在高等法院的裁判中，他要求司法官判处议长等人死刑。不过，司法官没有屈从于他的压力，最终只判处监禁数年。

这就是日本自由民权运动史上著名的“福岛事件”，当时震惊全国。无情镇压自由民权运动的三岛通庸不但没有遭到惩处，反而被委以重任，又兼任了福岛县南部枥木县的县令。三岛通庸像在其他地方一样，继续强行搞建设。

枥木县的民权人士也奋起反对。他们不仅在县议会中进行抵制，还组织居民进行反抗。一些激进的民权人士策划以炸弹袭击三岛通庸。但是由于制造炸弹时不慎失火爆炸，引起了官府的警觉，三岛通庸逃过一劫。16 名激进的民权人士在枥木县的加波山起事，并发表《革命举兵之檄》，矛头直指三岛通庸。但因势单力薄，3 天后起义即被政府镇压。

三岛通庸不改其志，仍然以铁腕方式推动道路建设，毫不手软。1884 年 11 月，从东京通往山形县的公路终于完工。被人们骂为“魔鬼”的三岛通庸晋升入京，担任内务省土木局局长。一年后，他又当上了警视总监，掌握了东京的治安大权。

“福岛事件”之后，自由党已经解散，但是东京的自由民权运动依旧声势浩大。1886 年 12 月，明治政府突然发布《保安条例》，逼迫民权运动家离开东京。警视总监三岛通庸负责实施，尽管他长于暴力镇压，但是在首都承担如此凶暴的任务还是有些许犹豫。

一天夜里，三岛通庸以年终酬劳为名，将治下的全体警察署员召集到芝公园喝酒。到下半夜，三岛通庸看见满座全都醉了，才发出驱逐民权人士的号令，“倘有违背命令者，立地斩决”。警官杀奔京城的各主要场所，一夜之间，570 多名民权人士被驱逐出东京，被抓进警察局的无辜者不计其数。

这一事件给日本自由民权运动带来巨大打击，也让三岛通庸成为民权人士眼中的死敌。因此，两年后当三岛通庸病亡的消息传来时，民权人士无不拍手称快。

不过，三岛通庸并不简单地是个“坏官”。时至今日，在山形县米泽等地，三岛通庸的功绩仍然受到很高的评价。他是一个所谓的开发独裁型的行政官员，对于实现地方的近代化和推动经济发展负有强烈的使命感。在他看来，议会和民权派纠缠于所谓的民主程序，拖延时间，效率低下，只能延迟和阻碍经济发展，所以应该铁腕镇压，甚至不惜将反对者冠以“阴谋动乱”的罪名“予以扑杀”。

在明治维新时期，日本是一个典型的威权主义发展政府。它排斥自下而上的制度性权力制衡，以政府为核心自上而下地推动经济发展，对民众政治参与进行限制。这种“集中权力办大事”的发展模式固然有促进经济增长的作用，但是也给公民的权利带来伤害。这种双重性在三岛通庸身上表现得非常典型。

一百多年过去了，环顾世界，这种发展模式仍然在某些国家得到追捧，三岛通庸之类的能吏也所在多有。假如三岛通庸还活着，他在这些国家一定会仕途通畅、平步青云吧。

江藤新平：日本的商鞅

因为执掌法律，江藤新平一度被称为“日本的商鞅”。耐人寻味的是，这两个“天资刻薄”之人，命运也颇多相似之处：两人都曾居高位，后来亡命天涯，最终遭酷刑处死。更具讽刺意义的是，这些酷刑都是他们自己制定的，原本想用来毫不留情地制裁别人，没想到自己却先被制裁了。

1874 年，日本各地张贴着这样的通缉令——

佐贺县士族、征韩党江藤新平，年龄 41 岁，相貌如下：身材高而胖，脸面长颊骨高，眉浓而长，眼大而长，额宽广，鼻和嘴一般，皮肤浅黑，左颊有黑痣，舌大而长，其他一般。

曾几何时，江藤新平是明治政府的高官，备受尊崇。谁能够想到，现在他却成为全国通缉的要犯。一些人还积极寻找，希望借机邀功请赏。

江藤新平出身下层武士，很早就参加“尊王攘夷”活动。维新政府成立后，论功行赏，江藤新平被任命为司法卿，主持司法。当时日本刚刚脱离封建割据状态，法制极不统一，新政府要建设统一的国家，实行中央集权制，就要进行一系列司法改革。江藤新平雷厉风行地摧毁原有的司法制度，破旧立新。他实施行政与司法分离的政策，把司法从行政中分离出来，确定了司法省、审判官、检察官、法院等的职制和事务章程。他对于充溢着自由、平等、博爱精神的法国民法典情有独钟，积极推动民法编纂。他甚至说，“误译亦不妨，唯需速译”。

作为一个激进改革派，江藤新平卓有成效的工作，奠定了日本新司法体系的基础。不过他个性急躁倔强，时人颇有非议。

当时在政府就职的涩泽荣一说，江藤新平像法国大革命中的罗伯斯庇尔，“在与他人接触时，江藤氏总是首先试图找出别人身上邪恶的地方，至于长处，则等之后再说。不，极端一点说，他几乎不管别人有什么长处……不管给别人添多少麻烦，他都全然不顾，硬是推行自己无理的主张，为此他喜欢强词夺理，非按自己说的做不可。而且他不愿听别人的意见，独断专行，如果有人不听他的，他就一定要将对方打倒”。

1873 年，明治政府围绕是否“征韩”发生了激烈争论。当时下级武士生活陷于困境，不满日益增加。作为决策层的一员，江藤新平和西乡隆盛、板垣退助等一起主张对朝鲜发动战争，以安抚心怀不满的武士，转移社会矛盾。而大久保利通等则认为，日本当务之急是改革内政，不应仓促发动战争。

结果，反对征韩派胜利，主张征韩论的高官纷纷辞职。板垣退助参与自由民权运动，西乡隆盛回乡隐居，江藤新平也以养病为由，回到家乡佐贺县。但是这位政治家还是不能忘情于政治，以在野之身担任“征韩党”领袖。

“征韩党”是一个由失意的武士组成的政治团体。它指责政府对朝鲜的软弱外交，主张立即征韩。和这些不得志的武士交往，使政治上失败的江藤新平更加激进。回到家乡不到一个月，江藤新平就打起了反对新政府的旗帜。

1874年2月4日，江藤新平首先抢劫了一家银行，抢到20万日元的经费，然后结集了3000多名武士，发动武装叛乱，占领了佐贺县城。起义军要求恢复旧的朝议制度，“发扬皇威”。

东京得到佐贺叛乱的消息，立即出兵进行镇压。江藤新平以为，佐贺县起事后，西乡隆盛会起兵呼应，一举改变大局。但是，西乡隆盛拒绝协作，江藤新平陷入孤立。在政府军的强大攻势下，力量薄弱的叛军很快就全面溃败。

江藤新平乘船从海上出逃，来到西乡隆盛的家乡鹿儿岛。他原想依靠西乡隆盛东山再起，但是他与西乡隆盛几乎谈了一天，西乡隆盛不为所动。江藤新平又渡海来到四国寻求帮助，无人肯施以援手，只能失望地离开。

此时通缉令已经遍布各地，江藤新平只能晓行夜宿，但还是被一位村长认出，将他扣留，转交官府。就这样，江藤新平结束了一个多月的逃亡生涯，被关进监狱。在狱中，他写下了一首七言诗，为不能实现侵略朝鲜的志向而悲叹，“欲扫胡尘盛本邦，一朝后跌卧幽窗。可怜半夜萧萧雨，残梦犹迷鸭绿江”。

被捕仅仅一周之后，1874年4月13日，41岁的江藤新平以叛乱罪被处以枭首之刑，当晚执行。江藤新平临刑时吟咏绝命诗，从容就死。其诗曰：“我今为国死，死不负君恩。人事有通塞，乾坤吊我魂。”

因为执掌法律，江藤新平一度被称为“日本的商鞅”。耐人寻味的是，这两个“天资刻薄”之人，命运也颇多相似之处：两人都曾居高位，后来亡命天涯，最终遭酷刑处死。更具讽刺意义的是，这些酷刑都是他们自己制定的，原本想用来毫不留情地制裁别人，没想到自己却先被制裁了。

不过，故事并未随着江藤新平的死亡而结束。在被枭首后，他的首级被挂在市街上示众。照相馆将他和另外一位叛乱者岛义勇的首级拍了照片公开出售，东京的报纸评论说：“两氏因叛乱受诛，当然这是罪有应得。但是他们是国家重臣，不能因起事失败而轻易议论，难道要和耶稣钉十字架的像摆在一起看吗？如果那样，似乎是为了侮辱国家，这到底是侮辱谁呢？”一位律师也提出非议，“我国法曹之前辈和鼻祖（指江藤）受此残酷的刑罚，这是拥护人权上的大课题”。

更为戏剧性的是，社会上流传说，祈求江藤新平的亡灵可以治好百病，瞎眼重见光明。因此参拜者蜂拥而来，川流不息。商人还在附近开设糕饼店和水果店，热闹非凡。后来政府贴出布告，禁止参拜。

随着明治维新的成功，国家逐渐强盛起来，人们也开始以更加宽容的心态看待那些命运不同的维新功臣。1911 年，江藤新平被处死三十八年之后，日本议会给江藤新平平反，取消了罪名，追授正四位。

对于江藤新平，国民党元老戴季陶的评论很到位。他在《日本论》一书中这样说，“这些举兵的，算他们是勇敢，算他们是洁白，却总不能不说他们蠢，不能不说他们不识时务。为什么呢？因为他们在一方面，既看不见国际政局的关系，一方面又不晓得有立宪政治、民权运动这一条最适当的新路。不晓得把藩国的团结变成民众的团结，去组织政党，顺应时代的需要，造就自己的新生命”。

板垣退助："近代日本的第一个恩人"

板垣引用汉朝老将军马援的故事说，自己将不屈不挠地为民权运动奉献生命，"死生无常，旦夕不可测，强健如余者，又何足为赖？人云死而后已，若余不幸而死，乞诸位将我坟墓，湮没于秋草茫茫里"。

1928年，国民党元老、蒋介石的智囊戴季陶写了一本书《日本论》，产生了巨大影响，至今仍然是研究日本的重要参考书。在这本薄薄的小册子里，作者为一位人物独辟一章，并称他是"近代日本的第一个恩人"。

他就是明治维新的功臣之一、日本自由民权运动的先行者——板垣退助。

一

幕末风云时期，日本武士中涌现出一批豪杰，板垣退助是其中气质独特的一位。

1837年板垣退助生于地处边陲的土佐藩，自幼便不相信鬼神。他曾经把村里稻荷神社的护身符弃于茅坑，以试验有无神罚。当时日本人有食物禁忌的迷信，但他招集众人一同试吃，证明无害。

23岁时，板垣退助参加藩政，主管军事。后来，他被派驻江户，开始广结天下英杰，视野大开。当时“尊王攘夷”运动风起云涌，各个藩国都面临抉择。土佐藩的掌权者主张“公武合体”，对藩内“尊王攘夷”派进行残酷镇压。板垣不满此举，毅然辞职，到京都学习军事。学成后又返回土佐藩，等待时机。

1868年，维新派与幕府之间的决战爆发。在板垣退助等的推动下，土佐藩举兵加入讨幕派。板垣本人被任命为总督府参谋，率兵转战各地，建树战功。在攻打德川家族老家日光市时，板垣退助说服幕军与政府军，避免在德川氏家庙日光东照宫交战。后来日光东照宫中专门设立了板垣退助的铜像，以表彰他为保护贵重文物做出的贡献。

天下动荡之际，板垣退助和许多武士一样，希望建功沙场，博取功名。一场战役却对这位军人产生了关键性影响，最终推动他走向了和其他维新领袖不同的人生道路。

若松城是日本强藩会津藩的据点，1869年被维新政府军围困。若松城城高池深，并有强兵把守。板垣退助指挥的土佐藩兵是攻城的主力，他以为会遭遇一场恶战，决心葬身若松城下。出乎意料的是，敌方并没有顽固抵抗，城池最终被攻陷，会津藩主投降。

“会津乃天下首屈一指之强藩，政善民富，若上下一心杀敌报国，我不满5000之官军岂能轻易降之，”后来板垣退助回忆说：“怎料一般人民偕妻子带家财，四散逃生，无一人与我为敌，且纷纷来投……我深感奇观，至今难以忘怀。”板垣退助由此认识到，不以人民为基础的政府和国家是怎样的脆弱。万民不能共安乐，国家就会灭亡，因而必须实现“四民平等”。

战争结束了，明治政府的权威得以确立。作为一员武将，板垣退助因拥有赫赫战功，成为排名仅在西乡隆盛之后的军事英雄。他和大久保利通、木户孝允、西乡隆盛、大隈重信等一同被任命为参议，参与大政，成为明治政府的权力中心。

这些三四十岁的武士个个心胸万夫，踌躇满志，开始引导这个国家走向新的道路。遗憾的是，仅仅几年之后，这些新政治家就因为国家的发展战略而分道扬镳。

二

革命成功之后，为革命而卖命的并不一定能成为胜利的受益者。下层武士为推翻幕府发挥了重要作用，却没有获得犒赏，反而成为改革的对象。明治政府的废藩置县、征兵制度、剥夺士族特权等各项改革措施，动摇了日本数百年的封建制度，也摧毁了武士的精英地位，许多武士甚至生计困难。因此，武士阶层的沮丧和愤恨日益增长。

于是，板垣退助和西乡隆盛等政治家主张，以征服朝鲜的军事行动来安抚武士的不满，保障其利益。但是大久保利通等通过访问欧美国家认识到，日本应该首先解“内治之急”，进行国内改革，因而坚决反对对外开战。

这场“征韩”论战后来扩大到对整个国家目标的评估，最终以反对派获胜而告终。维新政府发生了分裂，西乡隆盛、板桓退助、江藤新平等多位维新功臣离开中央政府，联袂下野。明治政府演变为寡头政治，开始以铁腕推动日本的近代化。

和回到家乡隐居不出的西乡隆盛不同，板垣退助仍然关注政治。这时西方人文思想在日本得到广泛传播，尤其鼓吹万民平等、独立自主的学说对精英人士影响很大。板垣退助以欧美的自由民权思想为工具，积极介入日本政治运动。

1874年，板垣退助和参议副岛种臣、后藤象次郎、江藤新平等8人组织“爱国公党”，开启了日本自由民权运动。这是日本最初的政治结社，之所以称为“公党”，主要是为了和私党或朋党区别开来，表明以天下政治为使命。

爱国公党向政府提出《民选议院设立建白书》，提出国家振救之道，“唯在张天下之公议。张天下之公议，唯立民选议院耳”。只有这样，才能“使人民学且智，而速进于开明之域之道”。它驳斥了那些认为民智未开、时机不成熟等理论，直言不讳地说：“夫人民对政府有纳税义务者，则对其政府之事有与知可否之权。”

《民选议院设立建白书》第一次正面向寡头统治提出挑战，标志着一场宏大的社会运动的开端。但是，它的要求并没有被政府接受。因为大久保利通等政治寡头不愿意与人民分享权力。他们的理由是：日本要在列强环伺的世界里实现富国强兵的目标，必须有强有力的领导掌握改革的方向和速度，通过实行一定程度的专制主义推进工业化。

板垣退助则认为，实现工业化的过程也是日本实现社会、政治变革的大好机会，民众不应该被摒弃在外，否则民众的权利得不到保障。板垣回到故乡后，组织成立“立志社”，研究和普及西洋思想。立志社的章程宣称：所有日本人都被平等地赋予生存权、自主权、财产权、营生权和追求幸福的权利，这些权利“没有任何人能够剥夺”。此时卢梭的《社会契约论》被介绍进来，在一部分精英中流传。卢梭的思想深刻地影响了板垣退助，也为他所推动的自由民权运动提供了理论武器。

卢梭的思想引发了法国大革命，也让日本的自由民权运动人士深受鼓舞。特别是1877年，西乡隆盛在鹿儿岛率领士族起事反对明治政府，得到许多立志社成员响应。他们图谋武装起义颠覆政府，实行立宪政治。让他们失望的是，半年后西乡隆盛兵败自杀。在此三年前，和板垣退助一起发起“爱国公会”、共同起草《民选议院设立建白书》的江藤新平在家乡起兵叛乱，不到3个月就失败被捕，枭首示众。

虽然同情江藤新平和西乡隆盛，但是板垣退助并不赞成他们的举动，也阻止自己的弟子参与武力反对政府。据说，听到江藤新平的死讯后，板垣说：“这样没有耐性的孺子，万万干不了大事！”板垣退助从来没有谋求武力推翻政府，而是把主要精力转向言论和宣传，谋求体制内改革。

1877年，立志社向政府发出了建议书，“为培植国民独立之根本及人民之安宁计，唯有设立民选议会，确立立宪政体之基础”。但是寡头政治的执政者傲然声称，人民“愚昧无知、胸无点墨”，即使人民代表也需要教育。不过，这份建议书被大量印刷，流传到了全国。

三

随着民众权利意识的传播，板垣退助的家乡土佐藩俨然成为自由民权运动的圣地。板垣退助本人也被奉为自由民权论的先觉，农民中一度流传“板垣公救世”的神话。日本出现了无数政治社团，报纸也进入言论集会的黄金时代，要求自由民权的声浪逐渐弥漫岛国。

1879年下半年，各种力量汇成一股洪流，演变成如火如荼的国会开设请愿运动。许多国民主动起草宪法，当时由集体或个人起草的日本宪法草案达数十种。这是日本历史上第一次真正由被统治者自由讨论“国家的理想状态”，并为实现这一理想状态而开展行动，因此让当政者惊慌不已。

陆军参谋本部首脑山县有朋担心，民权运动领导人在时机到来时会推翻政府。他对伊藤博文说：“我们耽搁一天，邪恶的污染就会扩散到更多地方，渗入年轻人的心灵，必然产生无法估量的罪恶。”但是，伊藤博文认为，立宪思想为世界大趋势，“一乡之心易制，一国之情难治；一国之形势易转，宇内之风气难回。现今之世界乃宇内大势之所推致，而非一国一州之事端也”。

虽然当政者中也有不同意见，但是寡头统治集团总是试图限制舆论的自由表达和公民的结社权利，而且毫不犹豫地使用警察和法庭来扰乱和恐吓反对他们的人。政府先后发布《新闻报纸条例》《谗谤律》，压制持不同政见者和新闻记者。随着自由民权运动的加快发展，被捕的新闻记者人数不断增加。

1880年4月，汇集了几乎所有自由民权派的“国会期成同盟”召开大会。同一天，政府发布《公众集会条例》，要求所有的协会组织都必须提交成员名单和组织章程，召集公共集会之前必须获得官府批准。警察被赋予相当大的权力，去调查和管制政治团体的活动。警察会参加所有的集会和演讲，如果演讲者偏离了经过核准的题目或演讲内容不利于当局，警察就会进行干预。该项法令也否决了士兵、警察、教师乃至学生出席政治集会的权利。

由于警察简单粗暴地拒绝予以批准，许多政治集会根本无法举行。此外，编辑和记者对政府的批评，也会遭到罚款或监禁，有时连表面上看来羞羞答答的建议书也会遭受处罚。东京的报纸《吾妻》的编辑被监狱关押两年，并罚款200日元，原因仅仅在于他发文称，天皇与其他政府官员一样，都是民众的公仆。

但是，潮流浩荡，政府的强权阻止不了如火如荼的自由民权运动。1880年11月，“国会期成同盟”在东京召开第三次全国大会，公开宣称，除非达成开设国会的目的，不论经多少岁月，决不解散此一同盟。同盟代表向政府提交9万多人所签名的国会开设请愿书。43岁的板垣退助还亲自到各地方游说，推动全国国民运动。

在强大的社会压力下，明治政府最终同意，九年后，也就是在1890年开设民选议院、制定宪法，同时威胁说：“如仍有故意逞躁急煽事变，为害治安者，将绳以国法。”

四

1882年春天，板垣退助遇刺的消息震惊了日本。

政府承诺开国会、立宪法之后不久，板垣就在“国会期成同盟”的基础上成立了日本第一个政党——自由党，并众望所归地被选举为自由党总理。自由党的章程第一条就明确提出“主张扩充我日本人民之自由，伸张及保全其权利”。几个新成立的政党都为争取更多民众的支持，竞相在全国进行演说活动。

板垣退助也在各地进行演讲，南船北马地奔波。

1882年4月6日，板垣退助来到位于日本中部的岐阜市。当天晚上，他面对300多名听众，进行了两个小时的演讲。演讲完毕退场时，一个壮汉手持白刃直刺板垣退助胸部，板垣翻身与之格斗，虽浑身鲜血，仍睥睨刺客，高声喝道，“板垣虽死，自由不死”。

当时，板垣退助在日本毁誉参半。有人视其为自由民权的圣人，有人认为他是破坏国体的国贼。时人怀疑凶手是政府指使，其实凶手就是一位误认板垣退助为“国贼”的小学教师。他被判处无期徒刑，在北海道劳改，宪法颁布时得到大赦才出狱。他立即赶到东京，向板垣退助道歉。板垣退助原谅说：“你的行为是爱国，我不责备你。但在行动前仔细观察我的行动，就明白我不是国贼。今后如果发现我有害国家，可以再刺杀我。”

“板垣遇刺”的新闻被各报争相报道，由此改编的戏剧也被搬上舞台，经常上演。板垣退助成为人们崇拜的自由民权运动的偶像。一百多年后的今天，岐阜市仍然竖立着一尊板垣退助的铜像，基座上就镌刻着日本自由民权运动史的那句名言“板垣虽死，自由不死”。

在日本应该建立什么样的宪政体制这一问题上，有几种不同意见。有人主张学习法国宪法，议院采取一院制，实行普选制。另有政治家主张学习英国式宪法，实行限制选举的上下两院制，内阁必须以政党为基础。政府官员则倾向于学习普鲁士宪法，不承认政党内阁，主张上下两院的限制选举而参议国政。

为了更清楚地了解欧美宪法，板垣退助远赴欧洲，考察西方先进国家的立宪政体。他与当时在欧洲考察宪政的伊藤博文等交换草拟《大日本帝国宪法》的意见，还在法国会见了《悲惨世界》的作者雨果。

回国后板垣退助发现，自由党已经超出了和平的政治斗争，一些血气方刚的年轻党员在试图把政治斗争引向暴力革命。他们主张普选制，全国人民都有参政权，为此不惜鼓动反政府运动。少数激进分子甚至组织发动民众起义。在政府的强力镇压下，这些暴力斗争都以失败告终。政府更颁布《保安条例》，民权运动家被迫离开东京，拒不撤离者遭到拘捕。

作为体制内的改革派，板垣退助恐惧民粹主义，反对自由党被引向革命。1884 年，他解散了自由党。在解党演说中，板垣退助引用汉朝老将军马援的故事说，自己将不屈不挠地为民权运动奉献生命，“死生无常，旦夕不可测，强健如余者，又何足为赖？人云死而后已，若余不幸而死，乞诸位将我坟墓，湮没于秋草茫茫里”。

五

如果说，1868 年明治维新伊始是日本寻求建立新制度的起点，那么这个过程几乎耗费了整整一代人的努力。1889 年 2 月 11 日，以普鲁士宪法为蓝本的《大日本帝国宪法》颁布，并于 1890 年 11 月 29 日施行。

日本宪法虽然有浓厚的专制主义色彩，但是明确规定了民众“非依法律，不受逮捕、监禁、审讯及处罚”“书信秘密不受侵犯”“有言论、著作、印行、集会及结社之自由”等权利。能够把这些内容写入宪法，显然有板垣退助等民权活动家的功劳。

很少有既得利益者愿意让渡权力，假如没有板垣退助，日本民众恐怕很难获得这些权利——尽管这些权利很有限，但是放眼当年皇权专制禁锢下的东亚，这是难能可贵的第一部民权宪法。

诚如戴季陶所说："他（板垣）拿起当时刚译起的半部《民约论》，猛烈地主张自由民权。这一个运动，的确是日本一切政治改革、社会改革的最大动力……这一个民权运动，一方面使下层民众多少得到了一些自由，另一方面也造成了现代产业文化的基础。至于日本的立宪制度，不用说是他直接的功劳，所以不但日本的农夫工人应该感激他，就是那些阔老官，也没有不受他的恩惠的，更应该要感激他。"

宪法颁布、国会设立后，板垣组织成立的新"自由党"，成为日本国会的三大政党之一。自由党主张减轻地税、修改有关言论集会结社法律、修改选举法、修改国会法。板垣退助被选举为自由党总理，开始在宪法范围内的政党政治斗争。

1891年，板垣退助在东京神田演讲时再次遭袭。当时一个凶汉蹿上讲坛将板垣退助扑倒在地，但很快被制服。54岁的板垣退助慨然说道："我与国家一样到了死的年龄，国家也有新陈代谢的必要。尽管如此，看起来还有些价值。"这番话获得了听众的喝彩。

1896年4月，板垣退助脱离自由党，就任伊藤内阁的内务大臣的职位。因为当时日本尚没有政党内阁的先例，板垣退助身为政党一员而加入内阁，必然引起官僚保守派的反对。所以板垣退助任职前，宣布脱离自由党，以示其不偏不党以尽职责。但是因为政见不合，板垣退助不久便辞职。

两年后，板垣退助领导的自由党和大限重信领导的进步党合并，组织成立“宪政党”，其联合决议书说：“为期宪政之完成，有同一希望之党派相结合，组织一大政党，进一步努力以达其目的。”随后，板垣退助和大隈重信二人组织宪政党内阁。这是日本有史以来的第一次政党内阁，由大隈重信任总理大臣兼任外务大臣，板垣退助任内务大臣，史称“隈板内阁”。不过，由于内讧，宪政党很快分裂，各组新党，日本最初的政党内阁仅四个月就解散了。

年过花甲的板垣退助自此从政界引退，但是仍然从事为民众谋自由的社会运动，至死不休。甲午中日战争后，战败的清政府把台湾割给日本。日本政府对台湾实施高压政策，台湾民众遭受不平等待遇，年过八旬的板垣退助在台湾看到这些情况非常痛苦，认为这是人道主义所不许的，于是发起“台湾同化会”，要求日本撤废特殊的统治台湾的法律，给台湾人民一样的宪法权利。可惜，板垣退助一离开，“台湾同化会”就被日本的台湾总督查封了。

1919年,83岁的板垣去世，但是自由民权运动仍继续发展。当时明治天皇已经驾崩，日本进入了政党政治互动、以民意所趋为主的大正民主时期，社会上自由民主气息浓厚。

六

戴季陶曾在日本留学四年，后来又多次访问日本。每一次到日本，他都去拜望板垣退助。戴季陶看到，这位当年的讨幕健将、维新元勋和自由民权运动的老英雄门前冷落，生活穷苦，甚至每月总有一两回连米钱房钱都付不出。

这种窘困的景象让戴季陶大为感伤，他认为，没有板垣退助的奋斗，20世纪初的日本就不可能这么文明发达。这个“近代日本的第一恩人”晚年生活如此落魄，实在不应该。但是板垣退助本人安之若素，因为他从不希望升官发财。

1887年，日本政府决定实行“华族”制，维新功臣都被授予各种勋位，板垣退助名列伯爵之位。因为贵族制度和主张平民主义的自由民权精神相违背，板垣退助拒绝接受爵位。天皇再度传旨，谕其接受伯爵作为其维新勋劳的赏赐，板垣退助再辞。直到第三次，他才不得不接受。根据规定，这些爵位是可以世袭的。但是板垣退助接受爵位后不久，就提出“一代华族论”，并在其遗书上写道：“为了贯彻生前的主张，决不申请袭爵。”板垣退助死后，家人把伯爵之位还给了天皇。

1938年，也就是在板垣退助去世十九年后，为了纪念日本宪法颁布五十周年，雄伟壮观的日本国会议事堂中央大厅，竖立起三位“宪法功劳者”的铜像，分别是伊藤博文、大隈重信、板垣退助。伊藤博文和大隈重信都活跃在朝堂之上，数度担任内阁总理，致力于自上而下地改革日本政治，而板垣退助则主要活跃于民间，自下而上地推动日本的自由民权运动，殊为不易。

“二战”后，日本政府曾发行100日元和50日元纸币，上面都绘有板垣退助的肖像。至今日本不少地方还竖立着板垣的铜像，长须飘飘，凛凛如生。每天都有游客徘徊在铜像前，仰望着这位民权运动家，向他献上诚挚的敬意。

涩泽荣一：宁做企业不做官

涩泽荣一以个人的努力推动了日本近代化，也为打破官尊民卑的制度而奉献一生，再也不涉足官场。即使伊藤博文总理力邀他出任内阁大臣，他也坚决拒绝。鲜为人知的是，涩泽荣一还曾经当面劝告孙中山放弃政治活动，专心做一个企业家。

作为东方国家，历史上日本和中国一样，社会等级森严，官员是社会的最上层，商人则备受鄙夷。即使进入明治维新后，许多人仍然将进入政府视为荣耀之事。所以，当明治六年（1873 年）一位高居大藏省少辅（相当于财政部副部长）之位的官员主动要求辞职“下海”时，在政界激起轩然大波。

这位主管国家预算大权的官员当时年仅 33 岁，人们都认为他前途无量，为什么要抛弃锦绣前程、弃官从商呢？他的回答是：“我时常与东京、大阪的实业家会面，对业务进行种种交谈，但看来他们以往卑躬屈膝的习惯并未扫除，面对政府官员只会低头、敬礼，既无学问，也无霸气，根本想不到要开创新事业或对事物进行改良。为让民间实业界发展起来，首先便需要有这样一个人，但我不知道谁才是最适合的人物，也不知道现在的生意人有多少才识。并非我自夸，我只觉得，如果我自己来干的话，必然会做出一两件成果来。”

这位充满“舍我其谁”气概的人士，就是后来被称为“日本商业之父”的涩泽荣一。

涩泽荣一出身于农民家庭，父亲在种植稻米之外，兼做杂货生意和买卖染色用的蓝靛，涩泽荣一也帮助父亲操持家务。在十七岁那年，有一次他代替父亲出席领主征收御用金的会议，仅仅因为他是农家子弟，就遭到领主仆从的蔑视和嘲笑。这件事让涩泽荣一非常愤慨，成为终身记忆。

“领主家的官吏对我彻头彻尾是一种仗势欺人的态度，不仅完全不承认我的人格，还对我训斥、嘲讽……对领主家的官吏轻视的愤怒深深地留在了心底，无论如何也无法忘怀。”他在晚年的回忆录里说：“同样都是人，没有任何理由，不，应该说无论有什么理由，只因为是武士就将农民视同奴隶般对待，是非常不应该的。我痛下决心，无论如何都要成为一个卓越的人，站到比他们高的位置之上。”

在当时来说，比官吏更高的位置只有一个选择，就是当大官。后来，官场的大门果然向这位胸怀大志的年轻人敞开：由于精明能干，他被幕府将军德川庆喜重用，成为幕臣。不过，此时“尊王攘夷”运动已经风起云涌，幕府统治摇摇欲坠。假如继续留在国内，涩泽荣一很有可能和幕府这艘旧船一起沉没。事实上，他的许多朋友在此后的战乱中丧生，只有涩泽荣一幸运地逃离了时代的旋涡。

1867 年初，涩泽荣一被派往欧洲，出席在法国巴黎举办的万国博览会。而后，他作为侍从留在巴黎，陪同幕府将军之弟在法国留学。当时的欧洲正是资本主义工业化高歌猛进的时代，巴黎则成为展示经济繁荣的大橱窗。从蒸汽机车、工业车床、纺织布机械到教学医疗设备，无一不让涩泽荣一感到万分新奇，眼界大开，也让他痛感日本的落后。他从此认定，打开国门、融入世界才是日本的光明之路。

涩泽荣一曾陪同将军之弟拜见比利时国王。国王说："今后的世界是钢铁之世界，日本将来可能成为多用钢铁之国，而我国的钢铁生产发达，钢材质量良好，到那时请你们使用我国的钢材。"涩泽荣一再次受到思想上的启迪：就连一国之君都直言不讳地谈贸易买卖，可见工商业对这些国家是多么重要。

不过，给涩泽荣一更大影响的，其实是工业社会中的人际关系，尤其是官与民、官与商的关系。在巴黎，涩泽荣一认识了两个人：一个是政府官员维莱特，一个是银行家弗洛里海拉尔特。在此后的许多场合中，涩泽荣一不厌其烦地讲述这两个法国人的故事，可见对他的影响至深——

按日本的习惯，这两人在一起时，商人必然要对官员大人的命令唯唯诺诺，但这两人接触时情况却截然不同——我当时也懂一些法语，所以在一旁听着——态度几乎没什么区别。一人说，这样做应该会比较有利，另一个便接着道，那就按你说的做吧。两人之间毫无尊卑上下之别，这让我深受感动。原来如此，就是应该要如此才对！在日本，商人不管多么有才能，都必须对官员大人唯命是从，往往不得不屈从于官员，甚至被迫指鹿为马。而在法国却没有此类弊端，全体国民都是平等的，官员不会因为是政府官员而狐假虎威。

涩泽荣一痛切地认识到，“必须改革日本的现状才行，一定要将这样的习俗移植到日本”。在他看来，要使日本兴盛，必须打破官贵民贱的旧习，排除轻商贱商的思想，向西方学习，将工商业作为富民强国的大业。

两年以后，涩泽荣一回到日本，加入维新政府，成为大藏省官员。他直接参与了新政府的货币制度改革、废藩置县、发行公债等几乎所有重大政策的酝酿和制定。值得一提的是，将“bank”译语定为“银行”、创造“日元”（日语为“円”）都是涩泽荣一的功劳。在外人看来，涩泽荣一已经实现了早年的梦想，“成为一个卓越的人”。

当时明治维新才开始数年，百业待举。涩泽荣一深知国家的兴旺发达系于实业，而发展实业需要一大批扫除卑躬屈膝陋习、敢与官员平等相待、勇于开创新事业的企业家。因此，在政府工作四年后，涩泽荣一毅然决然地放弃官位。他对那些对他弃官从商深感惋惜的人说：“我的信念不可改变，我要走自己的路。如果说有为之人都愿当官，而平庸之辈才甘于从事工商的话，那么国家的进步与发展是不会有希望的。在我看来，平庸之辈虽可为官，而非英俊之才则不能从事工商。”

从此，涩泽荣一“下海经商”，走上了实业报国道路。在此后五十八年的漫长岁月里，涩泽荣一参与创办的企业组织超过 500 家。这些企业遍布银行、保险、矿山、铁路、机械、印刷、纺织、酿酒、化工等日本当时最重要的产业部门，其中许多至今仍在东京证券交易所上市——东京证券交易所也是他创办的。涩泽荣一不仅是日本公认的近代产业先驱，而且是近代日本工商业的精神领袖。一个世纪后的今天，他仍然是日本企业家最崇敬的人。

涩泽荣一以个人的努力推动了日本近代化，也为打破官尊民卑的制度而奉献一生，再也不涉足官场。即使伊藤博文总理力邀他出任内阁大臣，他也坚决拒绝。鲜为人知的是，涩泽荣一还曾经当面劝告孙中山放弃政治活动，专心做一个企业家。在他看来，中国需要政治家，更需要献身产业、推动工业化的企业家。

1928 年，东京举行了一个盛大的庆祝活动，日本政界、商界的精英全部到场，为涩泽荣一庆贺“米寿”。88 岁的涩泽荣一回顾自己的一生，再次提到了少年时受辱和在法国见到的官民平等的情形，“我被领主的官员侮辱，觉得官民之间隔阂甚深，然而看法国人行事却有天壤之别，令我茅塞顿开。世人平等的时代一定会到来，一定要提高实业的地位。今天看到诸位，觉得我的想法一直没有错”。

全场嘉宾起立，掌声雷动，向这位改变社会、改变时代的人物致敬。

岩崎弥太郎：他与胡雪岩不一样

一个弃官从商，一个由商而官，两个人物逆向而行的人生轨迹，正是两个东亚国家不同走向的绝妙象征，也昭示着两个国家不同的命运。

1885年，风云一时的红顶商人胡雪岩在杭州黯然去世。同一年，叱咤风云的日本企业家岩崎弥太郎也撒手人寰。有人说，两人“都是红顶商人，只是命运不同”。其实不然。

胡雪岩确乎是典型的“红顶商人”，从商到官，生意越大，官品越高。最后“后台”倒了，他的商业帝国也瓦解冰消；岩崎弥太郎则是弃官从商，事业越做越大，成为一代卓越的企业家，直到今天他所创办的三菱财团仍然屹立于世界。岩崎弥太郎的故事值得咀嚼回味。

岩崎弥太郎出生在土佐藩一个低级武士家庭，他的祖父因为贫困不得不把武士地位卖掉，岩崎家从此便被排斥于正规武士之外，不再有武士家族的荣耀。由于当时严格的社会等级制度，少年时代的弥太郎备受歧视和冷遇。

为了营救遭人陷害的父亲，岩崎弥太郎曾悲愤地在官府门口的柱子上写下“无贿不成官，罪由喜恶判”，结果身陷囹圄一年。据说，同牢房的一位樵夫教会了他算术，弥太郎感激地许下诺言：如果有一天他成了天下巨富，将报以一大柜金钱。

长大以后，聪明能干的岩崎弥太郎因造田有功，成为土佐藩的一名下级官员。他曾帮助经营藩国的直营商馆“开成馆”，显示出了经商才干，后来被任命为开成馆代理干事。在土佐藩执政的后藤像二郎为了实现自己的经济政策，常常向他求助。

1868 年明治维新开始，日本进入了一个大变革时代。后藤像二郎进入维新政府，成为一名重臣。当时维新政府广揽才俊，大批出身低微的有志之士进入政府。后藤像二郎非常赏识岩崎弥太郎的精明能干。假如岩崎弥太郎踏实地在政府工作，以其过人的聪明才智和坚强的政治“靠山”，仕途肯定光明无限。

但是，这位年轻人却别有抱负。1871 年，明治政府废藩置县，一些地方政府将官营商业卖给个人。36 岁的岩崎弥太郎毅然脱下官服，彻底退出政坛，“下海”从商。他买下政府的两艘船，开始了自己的海运事业。因为他认为，海运业是这个岛国发展的命脉。

岩崎弥太郎的事业起步之时，胡雪岩已经是清朝著名的成功人士。他拥有遍布大江南北的钱庄 20 多处，资金 2000 万余两，田地万亩，俨然天下首富。他还被授官江西候补道（相当于副省级），赐穿黄马褂。

岩崎弥太郎将自己的企业命名为“三菱商会”，从事贡米运输。当时日本以米纳税，需要船队把贡米从地方输送到中央。政府也专门成立了一个“邮政蒸汽公司”，来从事这桩生意。这个船运公司受到大藏省庇护，其势锐不可当，把许多民间的弱小船运公司挤到破产的边缘。

作为私人企业，三菱商会勇敢地与官方背景的邮政蒸汽公司展开激烈竞争。岩崎弥太郎本着“规模虽不大，然以在野之身，任意做官方办不到的事情”的精神来经营公司，以信誉为上，重视服务。而“邮政蒸汽公司”由于是政府的直营公司，对顾客态度很差，经营管理也很松懈，因此很快就被三菱商会夺走了顾客，常年亏损。

后来维新政府认识到，官营企业远比不上民营企业有效率，因此将许多官营企业出售给民间。既然民间的三菱商会业绩更好，与其照顾常年亏损的邮政蒸汽公司，不如让三菱商会发展。于是，政府将邮政蒸汽公司的船只转让给了岩崎弥太郎。

随着企业不断发展壮大，三菱商会改名为“三菱会社”。它先后与美国的太平洋邮船公司、英国 P.O 汽船公司展开激烈的价格竞争，最后都赢得了胜利。到 1877 年，三菱会社共拥有 61 艘汽船，吨位高达 35464 吨，占日本全国汽船总吨数的 73%，岩崎弥太郎一跃成为海上霸王，几乎垄断了整个日本的海运业。

当时海运是备受青睐的行业，许多企业家竞相进入。被称为“日本资本主义之父”的涩泽荣一也创立“东京风帆船会社”，与三菱会社展开了惊心动魄的“大海战”。当时《东京日日新闻》如此描写这场惨烈的竞争——

两家公司一起由神户出航之后，为了抢先到达目的地，船员与船长都绑上头巾，不计成本，拼命将煤炭铲入火炉中，双方都不肯认输，在海上进行马拉松赛跑。到达纪州藩时，火炉内的火力强到把烟囱烧得赤红，船员却不因烟囱可取代火炉的暖气而高兴，因为当时船内已达灼热难耐之温，由陆地遥遥望去，好像看到两只火龙在竞速一般，情况十分可怕。

最后，两家公司经过谈判，合并成为“日本邮船公司”，很多高级管理职位都是岩崎弥太郎的人马。可惜，此前不久，岩崎弥太郎因病去世，并没有看到这家日本最大公司的诞生。不过，他的弟弟岩崎弥之助和儿子岩崎久弥本着岩崎弥太郎的精神，一步一步地使三菱走向组织化、现代化的企业集团，最终建立了一个庞大的商业帝国。

岩崎弥太郎只活了 50 岁，从事商业不到十五年时间。这个由封建官吏转变而来的大企业家，纵横捭阖于商场，也善于利用政治资本发财，甚至从战火中捞一把。然而，这仅是岩崎弥太郎的一方面，更重要的是，他经营观念超前，开创了许多实业。在生前，他以汽船为中心，将事业范围扩大到汇兑业、海上保险业、仓储业、银行等领域，而这些正是日本走向近代化的基石。

反观胡雪岩，则从大商人变成了一个头戴“红顶子”、身穿黄马褂的二品大员。他时刻和官场保持着密切联系，他的生意并没有什么开创性，主要通过和官场做生意来达到赚钱的目的。所以一旦“后台”倒掉，他的事业就灰飞烟灭，他本人也只是一颗划过历史夜空的流星而已。百年后的今天，胡雪岩徒留下一段传奇成为后人谈资。

所以，岩崎弥太郎与胡雪岩不一样。岩崎弥太郎是一个具有开创精神、冒险精神的企业家，而胡雪岩不过是一个“红顶商人”而已。

一个弃官从商，一个由商而官，两个人物逆向而行的人生轨迹，正是两个东亚国家不同走向的绝妙象征，也昭示着两个国家不同的命运。

古河市兵卫：一位企业家的功与罪

他利用从足尾铜矿得到的巨额利润广泛投资各种行业，缔造了一个工业帝国“古河财阀”，变成了这个国家最富有、最具影响力的人物之一。

1871 年，日本政府要出售足尾铜矿的消息在商界传播开来，但是商人都大摇其头。因为这个铜矿已经开采了两百多年，产量明显下降，没有什么盈利空间了。因此，当一个企业家出手将其买下时，立刻成为商界的头号新闻。

这位企业家就是古河市兵卫。他出身低微，早年是一个豆腐贩子，后来经营丝绸出口生意，获得巨利。在购买足尾铜矿之前，他已经得到了一些产出很好的矿山，被商界公认为成功的企业家。不过，他购买足尾铜矿的决定遭到了激烈反对，许多人认为铜矿不过是政府手中的一块“鸡肋”，如果接手肯定会赔得倾家荡产。然而，45 岁的古河市兵卫却一意孤行，多方奔走借贷，最终买下了足尾铜矿。

两年后，事实就证明了古河市兵卫的过人眼光。他通过采用当时成熟的探矿技术发现了新的矿脉，再加上引进新的采矿和处理技术，使这座矿山的铜产量迅速提高。1891年年产量猛增到7200吨，占全国铜产量的大约40%。足尾铜矿变成了一头金牛，使古河市兵卫成为赫赫有名的矿山大王。他利用从足尾铜矿得到的巨额利润广泛投资各种行业，缔造了一个工业帝国“古河财阀”，变成了这个国家最富有、最具影响力的人物之一。

古河市兵卫是明治时代“成金”的典型。在日本将棋中，棋子“步”进入敌阵后，可以当“王”下的大将“金”使用。人们把那些忽然拥有巨额财富（“暴发户”）的现象称为“成金”。

不过，在古河市兵卫获得个人财富的同时，也给日本社会带来了灾难。

足尾铜矿位于东京市北部的枥木县，矿坑、处理厂和居住区坐落在两条狭窄的树枝状的河谷中。这条河谷的主要河流是渡良川，它流入东京西北大约200公里的人烟稠密的关东农业平原。随着产量剧增，矿山附近的环境受到了极大的破坏。大量树木作为燃料、坑木而被采伐，四周山上的林木和植被被剥光。尾矿倾倒进渡良川，河水变成了青白色，成千上万条鱼都翻白漂了上来。铜硫酸盐的污水还沿着渡良川朝下游漫去，侵入了周围的农田和村庄。

“（有毒的污水）每年都造成惨重的损失和痛苦，耕地被毒化，饮水被污染”，一位议员在国会上控诉说：“甚至堤坝边的树和草也受到了威胁，没有人知道未来会有什么样的灾难后果。”

无人倾听这样的呼声，政府也不理睬停止在足尾采矿的要求。因为当时日本正在追求富国强兵，政府官员认为开矿符合国家的“更大利益”，由此导致的任何小小损害都无关紧要。足尾铜矿是日本最大的矿山，如果停产国家经济会受到很大的损害。

一家报纸的社论公开宣称：“即使可以论证铜矿的污水要对渡良川两边农田的损害负责，但是尾铜矿对国家所产生的公众利益要远远大于那些受影响地区的任何损失。这样的损害都可以通过补偿而得到足够的处理。”

至于古河市兵卫本人，则扬言：“这一带风景是不错，但风景不值一文！”他还施展手腕，结交权贵，这些权贵对污染事实视而不见。1891 年，一份迟来的科学检验证实这种污水含砷和多种重金属。面对富有说服力的科学报告，政府仍然宣布，足尾采矿并不对公众利益有害。

由于政府的放任，情况越来越恶化。渡良川流域本来是富庶的鱼米之乡，可是后来童山濯濯，洪水泛滥，有毒的河水毁掉了河流渔业，毁掉了 1500 公顷以上的耕地。洪水流过的田地里，庄稼全部枯死，再撒种根本不发芽了。农家的牲畜一批批地死掉，病人也大量增加，惨状愈演愈烈。这就是日本历史上第一场重大工业污染事件——足尾矿毒事件。

1896 年，汹涌的洪水毁灭了 88 个村庄的 300 多户人家，另外还淹没了 13000 户，从渡良川上游一直冲到东京郊外，被污染的农田增加了 30 倍。数以千计的被激怒的村民组织起来抗议，到首都示威游行，与警察发生冲突。1898 年，受害的农民又到东京请愿，再次遭到政府的残酷镇压。

东京的知识分子也终于变得警觉起来，他们到现场考察，被真相所震惊。他们看到，矿区周围的山都是秃的，一棵树也没有，一点草都没有。河水浑浊不堪，而且散发着臭气。矿工工资微薄，生活条件恶劣，居住的工棚比东京最糟糕的贫民窟还糟糕，就像“人间地狱”。于是知识分子联合起来，要求政府采取补救措施。

因为污染危及了首都，加上知识分子的抗议，引发了全国范围的反对运动，政府终于采取了行动。1898 年，政府要求古河市兵卫必须采取补救措施，并为这个目标定下了明确的期限。在此后的几年里，河水的毒性开始下降，但许多年之后植树造林才解决了洪水问题，河床上那些存留的毒物才被清除掉。

在日本高速的工业化进程中，足尾矿毒事件当然不是唯一的工业污染事件，但它在明治后期因环境污染而轰动全国。这个环境公害的典型事件，作为牺牲农业发展工业、牺牲公众利益发展经济的象征而被写入日本历史，警示后人。古河市兵卫作为事件的主角，也以负面形象被载入历史。

其实，古河市兵卫是一位敢冒险、有胆识的企业家，为日本工业化做出了巨大贡献。1899 年，古河市兵卫还被媒体评为“明治时代伟人”，与伊藤博文、福泽谕吉、涩泽荣一等同列。涩泽荣一生前曾评论说，自己一生阅人无数，“其中学问虽不出众、却天赋异禀的非凡人物只有 3 位”，其中之一就是古河市兵卫。

至今日本民间还流传着古河市兵卫讲信义的故事：明治初期，日本的经济状况非常不好，物价飞涨，许多公司纷纷关门倒闭，古河市兵卫所在的公司也欠下大笔货款，濒临倒闭，许多人都离开了，古河市兵卫却拿出自己的私产帮老板还债。当古河市兵卫购买足尾铜矿时，涩泽荣一曾借给他一万两黄金。

后来古河市兵卫还钱时，忍不住问道："您为什么敢在没有任何抵押的情况下，把这么大一笔钱借给我呢？"涩泽荣一回答说："商学也是一门仁学，只要人不看错，经营就不会有风险。你是一个有信义的人，对于我来说，你的信誉就是最好的抵押品。"

1903 年，73 岁的古河市兵卫溘然辞世。其他人陆续管理足尾铜矿，维持着它作为日本铜出口重要来源的地位。直到 1973 年，足尾铜矿才正式停止开采，被日本政府指定为"国家历史遗迹"。游人到此凭吊历史，往往会想起"足尾矿毒事件"，想起古河市兵卫—— 一个是非功过难有定论的企业家。

丰田佐吉：从小木匠到大发明家

丰田佐吉的一系列发明既改变了外国织布机垄断日本市场的局面，也使日本织布业跃进到了一个新的发展阶段，从而为日本产业近代化做出了巨大的贡献。

明治维新初期，中村正直翻译的《西国立志编》在日本风行一时。甚至在远离东京的静冈县里，一个十几岁的木匠在工作之余，也津津有味地捧读着。这本书中讲述的发明家的故事吸引了这位少年，也激发了他的发明欲望。

这位木匠名叫丰田佐吉，在他出生的第二年，明治维新运动拉开了大幕。丰田佐吉年少懵懂，对于这场宏大的社会运动知之甚少。他只看到包括母亲在内的乡间妇女在手工织布机上忙碌，而不知道当时外国棉纱和纺织品正在源源不断地进来，占到日本全部进口总值的一半。这些产品比日本的同类产品价格更便宜，质量也更好。随着需求的增长，日本迫切需要发展自己的纺织业。

不过，当时日本的纺织技术还相当落后，农妇使用的木制手工织布机笨拙原始，效率很低。丰田佐吉后来回忆说："在我们那个全是农民的村子里，家家户户都有一架手动织布机。可能是那种环境的影响，我的思路渐渐集中到了这种手工织布机上。有时，甚至整天整天地站在那里看着附近的婆婆们织布。渐渐地，我清楚了织布机运转状况。织出的棉布慢慢地卷起来，觉得越看越有意思。兴趣也就上来了。"

在阿克莱特发明棉纺机故事的激励下，丰田佐吉立志要改造这种原始笨重的织布机。对于一个只受过几年教育的小木匠来说，这当然是一个巨大挑战。而且他"不务正业"的举动，也遭到了父亲的质疑和乡邻的嘲讽。丰田佐吉不畏艰难，苦心钻研。除了阿克莱特的故事外，日本的专利制度也给了这个年轻人精神上的巨大支持。

作为一个后发国家，日本如何才能赶上西方国家，是明治时期思想家们思考的中心议题。福泽谕吉认为，日本科技落后是表面现象，更深层次的"不及外国之处，就是学术、贸易和法律"。他首先将欧美的专利制度介绍到日本。在他的倡导下，日本社会各界纷纷介绍、解释专利制度，并主张尽快在日本实行这种法律制度。

明治维新的第四年，日本就仿效欧美专利制度，正式颁布了《专卖简则》。但是当时的日本没有运用这个规则的知识和经验，而且发明的本体也很稀缺，一年后就终止实施。在各界的呼吁声中，维新政府重新研究，1885 年公布《专卖专利条例》，确立了近代专利制度的基础。《专卖专利条例》公布施行当年，就收到 425 件专利申请，有 99 件被授予了专利。

1890年11月，23岁的丰田佐吉终于改制成功第一台手工木织布机，比传统织布机提高40%~50%生产能力。一年之后，他为自己发明的这台织布机申请了专利，定名为“丰田式木制人力织布机”。让丰田佐吉感到沮丧的是，“丰田式木制人力织布机”的销售却不尽如人意。因为这种新型织布机无法自动换梭，仍然无法整体提高效率。

为了满足人们的要求，丰田佐吉开始朝着发明动力织布机的方向迈进。在当时的条件下，他既没有顾问也没有助手，既没有专门的研究室又没有参考资料，只能冥思苦想，反复试验。皇天不负有心人，1894年他终于发明了“自动回线织布机”，获得了用户的欢迎。1897年，丰田佐吉又发明了“G型自动织布机”，让纺织不再依赖人工而是依靠柴油驱动。这个自动织布机被称为“丰田织布机”，在日本被迅速推广。丰田织布机生产的棉布曾一度倾销到中国市场，“东洋布”在中国是高级布料的代名词。

作为一个发明家，丰田佐吉一生都保持着饱满的发明热情。他设立“株式会社丰田自动织布机制作所”，不断对现有织布机进行改良。他使织布机实现了从手工织布机到自动织布机的转变，从木制织布机到铁制织布机的转变，从平面织布机到环状织布机的转变。丰田佐吉的一系列发明既改变了外国织布机垄断日本市场的局面，也使日本织布业跃进到了一个新的发展阶段，从而为日本产业近代化做出了巨大的贡献。

在六十三年的生涯中，丰田佐吉共获得了84项日本专利，提出了35项实用方案，在国际上也获得了9个国家的专利。英国是工业革命的发源地，织布机制造长期领先于世界。可是，

1929 年英国最大的纺织设备制造商花费 100 万日元，购买了丰田织布机的世界专利权。这是日本的织布机制造技术赶上当时世界先进水平的标志。

1910 年，丰田佐吉应约前往美国，访问纽约等城市的织布机产业。当时，福特汽车公司生产的 T 型车面世不久。虽然很新奇，但是没有多少人认识到它的价值。丰田佐吉在美国街头看到这种新事物，立刻就意识到，“这就是今后能给人们带来帮助的商品”，预感到这一新兴行业具有广阔的发展前景。他命令儿子丰田喜一郎专注于汽车制造，还将转让专利所获得的 100 万日元专利费拿出来，作为汽车研究启动经费。

1930 年秋天，63 岁的丰田佐吉溘然长逝。临终前，他对儿子丰田喜一郎说：“我搞织布机，你搞汽车，你要和我一样，通过发明创造为国效力。”不负父亲的嘱托，丰田喜一郎五年后制造出第一辆丰田汽车，成为丰田汽车公司的创始人。

八十多年过去，纺织技术在发达国家已经是夕阳产业，但是日本国民仍然怀念丰田佐吉。因为他不但是一个卓越的发明家，也是具有超人眼光的预言家。时至今日，丰田汽车奔跑在世界各国的道路上，也把丰田佐吉的故事传遍全世界。

横井小楠：影响明治维新的改革思想家

在横井小楠身上，可以看到三位近代中国思想家的影子。第一个是魏源，他的思想启蒙了横井小楠；第二个是徐继畬，他们对于西方民主制度的看法惊人的一致；第三个是冯桂芬，他的《校邠庐抗议》与横井小楠的《国是三论》一样提出了一系列改革方案。

魏源的《海国图志》出版后，不被中国朝野重视，却受到日本的追捧。这本书启蒙了幕府末期的许多日本学者，其中就有横井小楠。

横井小楠1809年生于熊本藩，自幼学习儒学经典，是一位颇有名气的儒学家。1853年美国强迫日本通商时，举国上下对“锁国攘夷”还是开国通商争论不休。当时横井小楠鄙夷西方文明，主张“锁国攘夷”。后来他受魏源思想的影响，迅速转变为一个开国论者。横井小楠批评“锁国攘夷”论误国误民，毫不足取，公开宣称：“当今之际唯开国通商方合古来天地公理。”“天涯若比邻，而成可以互相交通之势，今日主张独立锁国之旧见，违背天理甚矣！”

横井小楠对儒学的空头理论极为不满，十分赞同程朱理学中的实学思想，提倡“学以致用”的治学方法。他积极参与熊本藩进行的改革。改革失败后，他转而致力于培养人才。

幕府末期，许多藩国为了摆脱困境，力图革新。1857 年，思想开放的福井藩大名、有“幕末四贤侯”之称的松平庆永邀请横井小楠去帮助改革藩政。横井小楠一边开馆讲学培养人才，一边推动改革。在经济上大力发展农业、工业和外贸，在政治上统一各派的意见，建立团结一致的政治体制，福井藩面貌大为改观。

在改革实践的基础上，横井小楠完成了重要著作《国是三论》。这本书分别论述了“富国论”“强兵论”“士道”，形成一套完整的改革理论体系。

横井小楠认为，民众是国家的基础，国家必须为构成这个国家的人民服务。德川家族只为一个家族的利益服务，甚至在资源已经匮乏时仍然从各地要求财政支持，因而无法使国家获得安宁。为此，他主张进行政治体制、军事海防、开国通商、人才培养等改革，来寻求日本的富国之路。

横井小楠呼吁放弃锁国体制，对外开放，进入国际政治经济体系，殖产兴业，“大开利用厚生之道，一新政治教育，而致富国强兵之成果”。鉴于强国横行的国际形势，横井小楠主张“强兵”，建设强大的日本海军。不过，他认为海军主要是用于自卫，而不是侵略他国，“横行（霸道）是违反公共之天理。处世不能不以公共之天理解决国际纷乱，若徒张威力，后来必招致祸患”。和后来一些主张强兵侵略邻国的学者不同，在横井小楠看来，中国与日本唇齿相依，应该密切合作。

幕府末期，日本政治败坏，强敌环伺，有识之士都在思考如何建立全新政治。横井小楠倡导“士道”，主张培养人才，建立一个政治清明廉洁的政治体制。横井小楠在“公共之天理”的信念下，坦然接受西潮思想，主张“凡地球上可称善美者，悉取为吾有”。

他非常赞赏美国的民主政治制度，“美利坚自华盛顿以来立三大规模：第一，因天下之惨毒莫过于杀戮，故顺天意以息宇内战争为务；第二，求知识于世界万国，以裨益治教为务；第三，全国大总统之权柄让贤而不传子，废君臣之义而专以公共和平为务。以至于政法治术及其他百般技艺、器械等，凡地球上称美善者悉取而为吾所有，弘扬好生之仁风”。横井小楠认为，这些“殆符三代之治教”。他还把华盛顿推崇为“白面碧眼之尧舜”，仿佛中国古代传说中“三代之治”的圣人一样。

巧合的是，同时代的一位中国学者也有非常近似的评价。徐继畬在《瀛寰志略》一书中说：“米利坚不设王侯之号，不循世及之规，公器付之公论，创古今未有之局，一何奇也。”和横井小楠一样，他也对华盛顿推崇备至，“按华盛顿，异人也。起事勇于胜广，割据雄于曹刘。既已提三尺剑，开疆万里，乃不僭位号，不传子孙，而创为推举之法，几于天下为公，浸浸乎三代之遗志”。

1862 年，幕府为摆脱内外困境，起用福井藩主主持幕政，横井小楠也被召进京，参与国家大事。他提交《国是七条》，建议设立议会，呼吁幕府“大开言路，与天下为公共之政”。可惜，这些改革建议未被采纳，但是横井小楠对于开议会的信念一直不变。在一首诗里，他这样写道：“人君何天职，代天治百姓。自非天德人，何以惬天命。所以尧巽舜，是真为大圣。迂儒暗此理，以之圣人病。嗟乎血统论，是岂天理顺！”

和那些激进的倒幕派不同，横井小楠不主张推翻幕府，仍然想通过改革来实现自己的维新主张。1867 年 11 月，末代将军德川庆喜宣布“大政奉还”，将政权返还天皇。横井小楠趁机上书建言，第一项便是建立“议事院”（国会），分为上、下两院，上院以公家贵族与各地诸侯为主，下院则是“广泛举用天下之人才”。可惜，横井小楠的改革建议没有来得及施行，幕府就垮台了。

1868 年 4 月 6 日，16 岁的明治天皇在京都御所亲率文武百官在神前发表“五条誓文”——

广兴会议，万机决于公论。

上下一心，盛展经纶。

官武一体，以至庶民，各遂其志，毋使人心倦怠。

破除旧有之陋习，一本天地之公道。

求知识于世界，大振皇国之基业。

“五条誓文”开启了明治维新的历史序幕。它是由横井小楠的弟子由利公正起草的，从文本可以很清晰地看出横井小楠的思想与语言，第一条、第五条几乎与《国是三论》的原文完全一样。

明治政府成立以后，60 岁的横井小楠担任“参与”，进入权力中枢。他年龄最高，富有改革思想和经验，而且新政府的许多领导人都曾受到他的启发教诲，所以他的建议一般都被采纳。正当改革推进之际，1869年1月5日，60岁的横井小楠被保守派杀害。

一代改革理论家没有亲见改革成果就死于非命，让后人惋惜不已。不过，即便在其殁后，他的思想仍然影响着许多改革者，继续推动着改革事业的展开。他是真正影响明治政府施政纲领的人物之一，因此在明治维新史上占有重要位置。

在横井小楠身上，可以看到三位近代中国思想家的影子。第一个是魏源，他的思想启蒙了横井小楠；第二个是徐继畬，他们对于西方民主制度的看法惊人的一致；第三个是冯桂芬，他的《校邠庐抗议》与横井小楠的《国是三论》一样提出了一系列改革方案。可是这三位杰出思想家的学说被忽视，甚至被攻击为异端邪说，中国仍然裹足不前，丧失了改革的机会。

在《国是三论》一书中，横井小楠对中国也有精彩的评论。他说："中国面临大海，文物制度久已发达，人民所需无一不足……因此，上至朝廷，下至百姓，有自傲自大之风，不愿主动求市场与知识于海外，终于沦落到受他国侵略的地步。"

往事已矣，但是对今日中国而言，"主动求市场与知识于海外"不是仍然具有重要意义吗？

中村正直：引入西方清流，涤荡国民心智

梁启超也盛赞中村正直是“维新之大儒”，对国家的贡献不亚于西乡隆盛等维新功勋，“其振起国民志气，使日本青年人人有自立自重之志气，功不在吉田、西乡下矣”。

中村正直是“文明开化”中最具影响力的人物，和福泽谕吉一起被列入“明治六大教育家”。但是，和中年时暴得大名的福泽谕吉不同，中村36岁时曾遭遇人生危机，半生功业完全归零，不得不从头再来。

1832年，中村正直出生在江户的一个下级武士家庭，生活贫苦，母亲费尽心思才凑够了钱供他去读书做学问。他精通儒家经典，24岁时被聘为幕府的最高学府“昌平坂学问所”教授，30岁时做到学问所最高的“御儒者”。彼时的江户是德川幕府的驻地，也是日本的政治中心。中村正直能够取得如此高的社会地位，实属不易。假如天下太平，幕府统治安然，那么中村正直很有可能以一个汉学家名世，或者步入仕途，成为幕府高官。

问题是，他生活的是一个大转变的时代。在他被聘为“昌

平坂学问所”教授的那一年，佩里率“黑船”第二次进入江户湾，叩开了日本的国门。此后，幕府向各国派出领事，外国的商船开始在横滨港自由进出。与此同时，“尊王攘夷”运动风起云涌。许多保守的知识分子也加入“攘夷”的队伍，要求驱逐洋人，保持日本文化的“干净”。

作为“官学”里的知识分子，中村正直并不守旧。他已经意识到，重回闭关锁国绝非日本的出路，必须认识世界、走向世界。他从那些国外归来的人那里了解到，今后英语将是广为使用的语言，于是开始自学英语。当时英语工具书匮乏，他就想方设法借书学习。他曾从海军专家胜海舟那里借来汉英辞书，花了 90 天一字一句地全部抄下来。

“自助者，天助之，”正如中村正直后来翻译的这句名言一样，他的勤奋获得了回报。1866 年，幕府派出 12 名公派留学生赴英留学，35 岁的中村正直作为带队的老师，得到了去英国的学习机会。在英国，他看到了一个全新的世界：选举、议会、工厂、学校、博物馆……世界上最先进的大英帝国让这个东方的学者大开眼界，也改变了他此前的许多错误认识。

中村正直后来回忆说：“余尚记童子时，闻清英交兵，英屡大捷，其国有女王曰维多利亚，则惊曰：‘渺乎岛徼，出女豪杰乃尔，堂堂清朝，反无一个是男儿耶？’后读清国《图志》，有曰：‘英俗贪而悍，尚奢嗜酒，惟技艺灵巧。’”但是他亲眼看到的英国并非如此，“今女王不过寻常老妇，含饴弄孙耳，而百姓议会权最重，诸侯议会亚之，其被选于众，为民委官者，必学明行修之人也……凡百之事，官府之所为，十居其一，人民之所为，十居其九。然而其所谓官府者，亦惟为民人之利便而设之会所尔。……审其大体，则称曰政教风俗擅美西方，可也”。

这些新的认识极大地冲击了中村正直的思想，也让他在对比中思考日本的未来。正当中村正直醉心学习新知识的时候，他和学生的资金链突然断掉了。因为维新军队开进了江户，延续两百多年的德川幕府宣告终结。两年的学习被迫终止，幕府派出的留学生不得不负笈回国。

就在回国前夕，中村正直收到了英国朋友赠送的一本书——《自助论》(*Self-help*)。这是九年前出版的一本励志书，作者是塞缪尔·斯迈尔斯（Samuel Smiles）。这位比中村正直年长 20 岁的英国作家从事过许多职业，丰富的阅历使他有机会观察人生成败得失、国家兴衰的原因。他认为，独立、积极进取、勤劳、务实等特性是一个国家通向现代化进程中必不可少的“国民性”。因此，他写下了许多有关成功、幸福、良知、信仰、道德、自由与责任等主题的随笔作品，《自助论》就是其中的一本。

历史学家凯特·威廉姆斯（Kate Williams）评论说：“斯迈尔斯著书的 19 世纪是工业革命时代，大英帝国给人们提供了广泛的教育和经济机遇，有史以来头一遭，中等阶层能够努力工作获取成功。中等阶层的成功需要强大的职业伦理支持，而这正是斯迈尔斯写进《自助论》的经典内容。”

这本书把握了时代脉搏，一面世就受到读者欢迎。出版当月就在英国重印四次，很快美国也出现了盗版。在回国的轮船上，中村正直也被这本畅销书所吸引。因为它不仅讲述了许许多多生动精彩的成功者的故事，而且总结成功者的经验，提炼出许多耐人寻味的名言警句。“苦难对一个人来说是非常重要的。经历苦难使我们可以学会克服自己面临的各种困难。”“艰难困苦和人世沧桑是最为严厉而又最为崇高的老师。”“如果我们永远不能自立，我们将永远不能摆脱贫困。只有自立的人格力量才能拯救自己。”塞缪尔·斯迈尔斯的这些警世之言在中村正直的心中掀起了波澜。

皮之不存，毛将焉附？幕府没有了，中村正直曾经拥有的地位丧失了，他的人生只能重新开始。瞻念前途，未来的道路到底怎么走？海路漫漫，中村正直反复阅读这本书，据说熟到半本书都能背诵下来。

回到日本后，人到中年的中村正直失业了，但是他幸运地在静冈找到了一份教书的工作。德川幕府的末任将军交出权力后，也隐居在静冈附近的一座寺庙，因此静冈成为遗老遗少聚集之地。许多落魄的旧幕府官僚消沉沮丧的生活态度，深深地触动了中村正直。他决定从西方引入一股思想清流，以涤荡国人的精神世界。于是，他开始翻译《自助论》，不到两个月就翻译完成。最初，他为这本译书命名为《立志广说》，最后定名为《西国立志篇》，并在下面用小字标明“原名《自助论》”。

1871年，也就是中村归国的第三年，《自助论》在日本出版，立即成了供不应求的畅销书，书坊夜以继日地印刷。这本书卖掉上百万册，要知道，当时日本人口只有3000多万。《自助论》在欧美也是畅销书，但是英美两国总印数约20万册。因此，《自助论》创造最大的奇迹不在英国，而是在日本。

《自助论》在日本受到欢迎，正因为它出版得恰逢其时。当时明治维新已经进入第四年，武士特权被取消，等级森严的

“士农工商”的社会结构被打破，不同社会阶层都拥有了迁徙自由和择业自由。但是在“四民平等”的新价值观面前，习惯了等级社会的民众感到迷茫。不管出身如何，每个人经过努力、学习、忍耐和奋斗都可以成功，都可以过上富有的生活。《自助论》倡导的这种价值观让变革中的日本人找到了方向，对当时日本社会的各个方面带来深刻的，甚至是决定性的影响。特别是在年轻人中，《自助论》广泛传播。许多日本年轻人由此奋发蹈厉，走上了成功之路。

中村正直并非单纯翻译，而是在消化吸收后加上了自己的感言与见解。例如，他由《自助论》引申出“人当以全部精力，勉力于一时一事；其人即使人性至钝，一生之间也能成就一事”。这句话深远地影响到那个年代日本人做事的态度。

中村正直也为日本指出了应该遵循的道路。他在《自助论》自序中说：“余译是书，客有过而问者曰，子何不译兵书？余曰，子谓兵强则国赖以安乎？……夫西国之强，由于人民笃信天道，由于人民有自主之权，由于政宽法公。……斯迈尔斯曰，国之强弱，关于人民之品性。……国者，人众相合之称，故人人品行正，则风俗美，风俗美，则一国协和，合成一体，强何足言？”

《日本文学大辞典》这样评道：“《自助论》与福泽谕吉的著作一起同时于日本产生的巨大感化作风，堪称空前。如果说福泽谕吉使明治青年看到了‘智’的世界，那么敬宇（中村正直）则让人们看到了‘德’的世界。”梁启超也盛赞中村正直是“维新之大儒”，对国家的贡献不亚于西乡隆盛等维新功勋，“其振起国民志气，使日本青年人人有自立自重之志气，功不在吉田、西乡下矣”。

千叶卓三郎：一个为国家草拟宪法的小学教师

千叶卓三郎作为一介山民，身处僻远而心念天下，以一人之力为国家草拟宪法，可惜英年早逝，埋名近百年。其见识令人敬仰，个人遭际则令人感喟。

五日市，一个位于东京西北部西多摩郡山区的普通小集镇，籍籍无名。可是，五十年前在这里发现的一件文物让它声名鹊起，而且被载入《剑桥日本史》。

1968年，一位日本学者在五日市的一家仓库中发现了一部陈旧的手稿。仔细辨认，它竟然是一部宪法草稿。其中有关国民权利部分，与现在的《日本国宪法》内容近似。可是这部宪法草稿是1881年完成的，日本的第一部宪法要在九年后才颁布。这部宪法的先进性让人们震惊，更让人们难以想象的是，这部划时代的宪法草稿竟然出自一位小学教师之手。

1873年，日本法学家、《拿破仑法典》的翻译者箕作麟祥把法文的Constitution译为“宪法”。第二年，自由民权运动在日本兴起，开设国会、制定宪法成为这一运动的主要诉求。民主意识在社会的迅速传播，让掌权者倍感不安。明治政府先后颁布了《谗谤律》《新闻纸条例》《集会条例》等法令，压制言论自由和民权活动的空间。在政府的打击下，自由民权运动逐渐走向低潮。

但是，在五日市这个偏僻的小集镇，却成立了一个启蒙性质的学术团体“学艺讲谈会”。它是由当地的一个前市长、一个村庄学堂校长和附近小村庄的一个地主共同建立的。该社章程的第一条规定：成员“共同协作，不屈不挠，发展自由，改良社会”，成员之间“要像同胞兄弟，犹如一个大家庭般相互敬爱”。“学艺讲谈会”的成员使用西方经典著作和二手作品的译本进行自我教育，热忱地吸收新的知识。几名年轻成员很快就成为学识渊博的政治演说家，积极参与自由民权运动。

28 岁的千叶卓三郎就是“学艺讲谈会”的一名主要成员。他出生于一个下级武士家庭，曾参加旧幕府军队对抗维新政府军。战后，明治政府并没有对旧幕府的支持者赶尽杀绝，而是宽容对待。因此千叶卓三郎并没有受到牵连，而是回到家乡，成为五日市学校的一名教师。他积极参与“学艺讲谈会”活动，对自由民权的认识不断深化，从一个拥护旧幕府的传统武士转型成为一个具有现代思想观念的知识分子。

明治政府一方面压制自由民权运动，另一方面也在试图制定适合日本国情的宪法。1876 年（明治九年），明治天皇发布敕文，明确提出要参照西方国家现有之律令，结合日本自身的实际情况，制定日本国宪法。但是由于内部意见不一致，并无实质性进展。一直到 1881 年，天皇颁布开设国会之敕谕，确定九年后开设国会、颁布宪法，政府才开始着手制定宪法。

在寡头政治的执政者看来，起草宪法是日本亘古未有之事，绝非“愚昧无知和胸无点墨”的老百姓能够参与的。可是，就在政府高官为起草宪法而奔赴欧洲请教之时，被他们公然声称“自甘愚笨”的山区村民，却在热烈地讨论日本未来宪法的形式和内容。

保留至今的五日市“学艺讲谈会”的一份讨论清单，让今天的学者都感到吃惊。因为它开列的问题非常广泛，其中15个题目与起草国家宪法有关，9个题目与法律制度有关，7个题目与公民权利有关。作为该社的成员，千叶卓三郎用了不到半年时间，就完整地起草了一部国家宪法。彼时政府的宪法起草工作还没有开始。

千叶卓三郎把自己起草的宪法径直称为《日本帝国宪法》，它由5篇9章204条构成，重心就是民众的自由权。第45条规定，“国法保障日本国民拥有权利自由并不受他人侵害”，该条款与现行的《日本国宪法》相同。第47条规定，“国民自由权利不受侵害、国民在法律面前一律平等”。第48条规定，“凡日本国民在日本全国使用同一部法典，受到同一部法典的保护，不给地方及门阀或一人一族以特权”。另外，国民权利中的言论自由权、出版权、财产保护权、诉讼权等都规定得十分详细，可以说这是一部彻底保障国民权利的宪法草案。

这部宪法草案还重视地方自治。第77条规定：“府县令可根据特殊法律制定纲领，府县自治可根据地方特色进行，政府不得加以干预，国会也不得侵犯其权威。”这个规定有点类似于美国的各州法律与联邦宪法之间的关系，而当时的明治政府一心致力于中央集权，从未考虑地方的自治权。

1889年明治政府颁布《大日本帝国宪法》，1947年在美国占领下的日本政府颁布《日本国宪法》(又被称为“和平宪法”)，和这两部宪法比起来，千叶卓三郎起草的《日本帝国宪法》更接近于后者，可见其惊人的先进性。由于它是由地方民权论者起草的，出现前后矛盾或不成熟的地方在所难免。但是这些瑕疵并不影响这部宪法的民主性，也没有影响后人对它的评价。

在日本自由民权运动中，民间刮起一股私拟宪法的时代风潮。据统计，民间提出的各种宪法草案数量超过 40 部。评价一部宪法是否先进，应该看宪法对人民的权利做了哪些规定。以此衡量，千叶卓三郎起草的宪法被后人评价最高。由于提出鲜明而成熟的公民权利的要求，该宪法草案被称为“民众宪法”“草根阶层的人权宪法”。

起草宪法草案的第三年，千叶卓三郎不幸因病去世，年仅 31 岁。他所起草的宪法草案并没有得到明治政府的认可。事实上，官方 1887 年发布《保安条例》，禁止私下议论拟定宪法案。政府在起草《大日本帝国宪法》时，也没有参考民间方案。就这样，千叶卓三郎的心血之作被尘埋在历史之中，直到八十多年后才重见天日。幸运的是，千叶卓三郎在私拟宪法中所表现出来的自由民主思想并没有被埋葬，而是被现行的《日本国宪法》传承下来。

现在，千叶卓三郎起草的《日本帝国宪法》已经成为东京都的有形文化遗产，被收藏起来供后人研究。面对这部 130 多年前的手稿，后人怎能不心生感慨？

千叶卓三郎作为一介山民，身处僻远而心念天下，以一人之力为国家草拟宪法，可惜英年早逝，埋名近百年。其见识令人敬仰，个人遭际令人感喟。陈寅恪在王国维先生纪念碑中的一段名言，如果稍加修改，或许是对千叶卓三郎的准确写照："先生之著述，或有时而不章；先生之学说，或有时而可商；惟此民主自由之思想，历千万祀，与天壤而同久，共三光而永光。"

田口卯吉：重新书写历史

田口卯吉被誉为“开创了日本学者没有一人能梦想的新方法”。从此，日本近代第一个史学派别——文明史学诞生。《日本开化小史》出版后的十余年间，日本涌现出一批文明史著，也影响了中国的历史家。

1877年，一本名为《日本开化小史》的书面世。著名学者黑板胜美在为该书所写的序言中，称赞作者是“明治时代之先觉者”，以一种全新的历史观解读日本历史，让人们耳目一新。

和王朝时代的中国一样，明治维新之前，日本的传统史学以帝王将相为中心，记载王室的世系，讨论君臣有司的得失，或者记载战争胜负，不过是统治者的家谱和起居注。历史著作都是以儒家为标准评判历史事件，宣扬劝善惩恶，道德教化。

明治初期，在“文明开化”的时代精神的感召下，欧洲的启蒙运动和19世纪的自由思想很快就在日本传播开来。新的历史观念也像一股清风，吹进了日本知识界。1875年，著名启蒙思想家福泽谕吉写下了《文明论之概略》一书，认为西洋文明高于日本文明，日本必须以西洋为目标，努力学习，奋起直追。福泽谕吉提出，史家应以一国的“人心风俗”为文明史的研究对象，但是他没有写出史学著作。两年后，一个名叫田口卯吉的经济学家完成了日本第一部文明史著作《日本开化小史》。抛弃陈旧的历史叙述，以文明的新观念重新讲述日本历史。

田口卯吉早年出生在江户的武士家庭，明治维新后迁居横滨。在这个开放的港口城市，田口卯吉学习英语，接受欧美自由主义思想，成为一个自由主义者。他写了大量经济学文章，在日本传播自由主义经济学思想，因此被称为日本的亚当·斯密。这位经济学家对历史也有深入研究。

田口卯吉认为，西方文明是按照一种普遍道路发展的，因此可以被视为一个好的典范。“文明开化”的目标不是简单地把日本社会西方化，而是使日本沿着西方走过的道路发展。文明人将会变得越来越意识到人类本性的共通之处，而没有哪个民族能够置身世外——

我们学习物理学、心理学、经济学，以及其他学科，不是因为西方国家发现了它们，而是因为它们是普遍适用的真理。我们在自己国家建立议会制政府，不是因为那是西方国家的政府形式，而是因为这种形式适合人类的本性。我们使用铁路、汽轮和所有其他的便捷工具，不是因为它们在西方被使用，而是因为它们对所有人都是有用的。

《日本开化小史》是一本通俗易懂的启蒙读物，批判封建主义，主张开发民智，探索历史发展的规律。它的论述主题不再以帝王将相为中心，不再是治乱兴亡的政治史，而是描绘了日本从蒙昧到文明的进步历程，包含政府与人民在内的“社会”

的历史，涉及政治、经济、制度、风俗、宗教、文学、艺术等诸多方面。

田口卯吉被誉为“开创了日本学者没有一人能梦想的新方法”。从此，日本近代第一个史学派别——文明史学诞生。《日本开化小史》出版后的十余年间，日本涌现出一批文明史著，也影响了中国的历史家。

田口卯吉本人也笔耕不辍，在1888年又写出了《中国文明小史》。他批评中国传统史学虽然重历史事实，但是不能解释兴废存亡之理，“令读者有龙飞云际首尾不相连续之感”。在他看来，帝王将相只是历史舞台上的热闹人物，“人情风俗及事情之变迁，多发成于冥冥之间，其关系于史上，殊为紧要，非战乱斗争、杀人烧家之比也”。

《中国文明小史》鸟瞰式地讲述从史前到明朝灭亡的中国历史。全书着重论述中国历史变迁之大势，展示了一部专制政治下停滞不前的中国历史。田口卯吉得出的结论是——

中国人民常苦于专制政治之弊害，从周以前数千年间，埋没于封建乱离之祸害时代也。从秦以后，二千余年，沉沦于专制政治之腐败时代也。而中国之人，又未曾预防此弊害，别发一制度，故于封建乱离之祸害，不可耐，乃一扫之而为专制政治，及专制政治之弊害不可耐，乃一扫之而归于叛乱，分裂反复，中国人民历史不过此数事而已。其和平时则必有不忍见之腐败，其乱离时则必有不堪闻之斩杀，茫茫四千年，亦血肉交战之场而已，读者盖不能不戚然于心。当其升平也，诗歌、文章、经学之类非无发达者，然皆贵族隐遁之流，以慰其闲散之心，不足多也，然其于政治则未有别开生面而越于专制政治之外者。不然，则以四亿人之邦国，何至如此之境也。呜呼！支那人民自苦久矣，何不于专制政治之外，开一大活眼，以致其幸福哉！

1894年甲午中日战争后，大批留学生来到日本求学。对这些脑后还拖着辫子的青年人来说，《中国文明小史》的新鲜见解犹如醍醐灌顶。田口卯吉道出了原先压抑在许多进步知识分子心中欲发而不能的声音，引起他们强烈的共鸣。

梁启超就对此书推崇备至，“其论则目光如炬，善能以欧美之大势，抉中国之病源，诚非吾邦詹詹小儒所能梦也”。梁启超所创办的《新民丛报》向读者介绍该书说：“彼以其新学说新眼光，观察吾中国数千年治乱兴亡之由”，“论断数千年之史迹，目光如炬，读之可辟一新境界。”

从那时起，中国历史学家开始挣脱束缚，以新的价值观审视过去。在文明史观的烛照下，中国人也开始重新书写历史。

“爱国贼”耽搁了改正不平等条约的机会

新条约对日本相当有利，尽管其中仍然包含相当多的“不平等”成分，在当时日本实力处于劣势的情况下，大隈重信能够争取到如此地步，已是当时所能达成的最好结果了。可是，消息传到日本国内后，举国哗然。

1886 年 10 月 24 日发生的一起海难事件，将日本政府推入窘境。

当天，英国籍货船“诺曼顿号”在和歌山县海上触礁沉没。英国船长和外国船员为了保命抢了一艘救生艇，留下的所有 25 名日本乘客全部溺毙。然而，根据日本与英国的条约，日本法院无权审理此案。英国驻神户领事依据领事裁判权进行审判，船长最终只是服刑三个月，对死难者也没有任何赔偿。消息迅速在日本国内传播开来，无论是政府官员，还是普通民众，所有国民都愤慨至极，报纸上充满义愤的评论文章不计其数。

“诺曼顿号事件”彻底激怒了日本人，他们强烈要求废除治外法权，正在进行的“鹿鸣馆外交”成为公众舆论声讨的对象。

鹿鸣馆是三年前建造完成的一个政府高级外交俱乐部，耗资甚巨，前后历时数载。时任外务卿的井上馨在开业典礼上说："友谊无国境，为加深感情而设本场……吾辈借《诗经》之句名（呦呦鹿鸣，食野之苹；我有嘉宾，鼓瑟吹笙）为鹿鸣馆，意即彰显各国人之调和交际，本馆若亦同样能成调和交际之事，乃吾辈所期所望。"为了招待欧美高级官员，外务省经常在这里举行有首相、大臣和他们的夫人小姐参加的晚会、舞会。井上馨要以此向西洋外交官证明，日本已经是一个"文明国家"，与世界先进国家立于同等地位，希望借此推动修改不平等条约，废除欧美列强的治外法权、领事裁判权，恢复日本的关税自主权。

可是，外国人讽刺"鹿鸣馆外交"是"公开的大闹剧"，国人也批评其为骄奢淫逸的国家颓废行为。媒体人陆羯南尖锐地批评说，这种欧化做法不过是"尽力讨外国人之欢心，博取其同情，以此来使其应诺条约之改正"，与国力不相匹配，毫无效用。实际上也是如此，修改不平等条约的进展并不顺利。

"诺曼顿号事件"后，"鹿鸣馆外交"彻底破产，井上馨也黯然下台，大隈重信继任外务卿，承担起修改不平等条约的重任。大隈重信年轻时学习西方文化，维新初期参与外交谈判，成功处理过棘手的外交问题，因此被寄予厚望。

但是，当时的外交形势非常复杂。"诺曼顿号事件"和条约改正不利，导致群议汹汹，此时不管谁接任外务大臣，都很难有所作为。因为日本没有可以和列强平等对话的实力，不可能一举推翻旧约，而民众要求一步到位地废除治外法权，因此改约谈判几无胜算。外务大臣稍有不慎，就会被国人骂成是

“卖国贼”。但是，大隈重信仍然毫不畏惧地开始了新的谈判。

在谈判中，大隈重信发挥自己的外交特长，努力维护日本的利益。他采取了与井上馨完全不同的策略：日本只和列强进行一对一的谈判，绝不与“列国会议”对话。这样就改变了日本的谈判地位，而且通过分化瓦解的办法削弱了对手的谈判价码，谈判取得了相当的进展。

1889年，日本分别与美国、德国、俄国签订新条约。与英国的新条约签订前夕，却横生波澜。英国《泰晤士报》率先曝光了大隈重信的改约方案，日媒随之广泛转载。根据这份方案，治外法权将于五年后完全终止，日本本土向外国人开放，给其旅行、居住、营业和取得财产的权利；日本获得了部分关税自主权，并定下十二年后完全自主关税的约定，从而打开了日后日本关税自主化的大门。在司法权方面，仅在大审院（最高法院）聘用外籍法官，并仅在被告为外国人时才令其担当审判，且其任用期限为十二年。新条约实施后两年内，日本完备民法、商法和诉讼法等法典，法典的颁行也只用知会列强，不必取得其同意。

新条约对日本相当有利，尽管其中仍然包含相当多的“不平等”成分，在日本实力处于劣势的情况下，大隈重信能够争取到如此地步，已是当时所能达成的最好结果了。可是，消息传到日本国内后，举国哗然。

国民认为，日本明明已经是一个先进的“文明国家”，为什么治外法权仍将存续五年，关税不能完全自主，洋法官竟然还要入主大审院？这岂不仍是损害国家利益的不平等条约吗？！转眼之间，大隈重信变成一个“卖国贼”。各地展开声势浩大的反对运动，要求停止改约谈判的建议书达185件。那些“爱国愤青”更是磨刀霍霍，决心跟“卖国贼”斗争到底。

1889年10月18日，大隈重信参加完内阁会议后，坐马车经过外务省大门口。一位名叫来岛恒喜的“爱国愤青”突然投掷炸弹，大隈重信倒在血泊中。56岁的大隈重信右下腿被炸伤，一度生命垂危。虽然最后幸免一死，却不得不截去右脚，晚年只能扶杖而行。来岛恒喜则跑到皇宫前剖腹自裁。吊诡的是，行凶者非但未被谴责，反而被社会舆论誉为“英雄”。

在这种情况下，大隈重信不得不辞职，条约改正再次搁浅。在死亡的威胁下，没有人再敢轻易启动改约谈判。最终，废除外国人治外法权比大隈的方案晚了五年，实现关税自主晚了近十年，直到1911年才完全恢复关税自主权。

一百多年后，日本青年评论家加藤嘉一在一篇文章里说，“‘爱国贼’虽然口口声声地说自己是‘爱国者’，实际上却做着和‘卖国贼’相同的事情——损害国家利益”，“在一个国家里面，绝大多数人不是‘卖国贼’……自以为是个爱国主义者，却成为实际客观上的卖国主义者的人——‘爱国贼’的数量不少，规模不小”。他指出，“在信息化和全球化日益深化而容易造成排他、狭隘、极端的民族主义重新崛起的今天，我们有必要深刻认识、认真思考：‘爱国贼’的无形蔓延，比‘卖国贼’的有形泛滥，更有可能，更加危险，更为绝望”。

这是历史教训的总结，也是对那些被民族主义情绪笼罩的国家的提醒。

1883：学习德国好榜样

追赶型的后发国家一定要戒惧戒慎。如果选错发展路径，就很难退出。日本在选择本国发展道路的过程中，更多地看中的是能给它带来实惠的便捷之途。日本通过学习德国，确实迅速地崛起为东亚强国，可是也埋下了走向对外战争的悲剧之因。

在现代化进程中，那些起步相对较晚的国家所面临的困难更大，因此总是要寻找学习的榜样。在国门开放之初，日本学习的对象主要是荷兰。所谓的“兰学”是当时思想解放的知识分子热衷的学问，福泽谕吉等启蒙思想家都曾经学习过“兰学”。

可是 1854 年佩里准将叩开日本国门之后，情况悄悄发生了变化。特别是 1858 年日本与美国、荷兰、英国、法国及俄国签订“安政五国条约”之后，荷兰的声望迅速跌落。日本人发现英国、法国、德国、美国才是真正的西方强国后，便丢弃了荷兰语，开始学习英语、法语和德语，一批批留学生被派往欧美学习。

岩仓使团考察欧美，既是为了了解西方国家，更是为了寻找学习对象，让日本经济迅速发展起来。在比较所有信息之后，维新政府的政治家对德国的发展模式非常倾心，遂决心仿效德国。

然而在知识界，被推崇的仍然是英国、美国和法国的学说，当时的启蒙思想家介绍的也主要是这些国家的学说。如福泽谕吉介绍的主要是英美两国思想，著名民权思想家中江兆民则大力译介法国革命思想。这些思想资源成为日本自由民权运动的思想指导。

不过，自由民权运动受到保守主义者的抵制。尤其是“日本陆军之父”山县有朋不能容忍民众对抗、批评政府，对英国政体十分反感。他把自由民权运动家视为敌人，指责自由民权运动“盯着民权、诽谤政事、中伤官吏、暴论诽议，无所不为”，认为如任其蔓延必将祸害天下。

这位保守的政治家还发表文章《变则设德国学校议》，鼓吹向德国学习。在他看来，日本大学用的是英国教材，学生毕业后散布各地，也一概讲授英美学说，因此英美学说在青年中广为普及，造成知识人思想“错乱”，舆论混乱。山县有朋主张，为求社会的稳定，必须从改革教育入手，设立专门的政治学校，学校的名称就叫作“德国学校”。他拟定的“德国学校大则”规定，“变则德国学，以教授政治学”。

这种主张也得到了知识界的回应。1883 年，“独逸学协会”创办“独逸学协会学校”（姬路独协大学前身），教授德国学说。这个协会是一群著名的官僚、学者发起成立的，目的就是要学习德国的法律和政治。也是从 1883 年开始，东京大学法学部规定教学内容一律学习德国。这是日本社会思潮转向的风向标。

更具有标志性的是，1893 年日本的政治体制也开始转向学习德国。当年夏天，伊藤博文从欧洲回到国内。此前一年多时间里，这位掌握明治政府权力中枢的要人访问欧洲各国，研究立宪政治。在综合比较欧洲各国的政治制度之后，他得出的结论是：德国是追赶型国家学习的样板，日本应该学习德国的宪政制度。

伊藤博文按照德国样式，改造政府各部门。明治政府雇用的外国人士中英法等国的人数明显减少，德国人增多。日本政府起草宪法时，主要有六人参与，其中两个是德国人。在伊藤博文与政府的奖掖之下，崇德之风劲吹，日本自由民权运动日见冷落，"德国学"成为显学。

民权思想家尾崎行雄对于"德学之风"不以为然，他发表文章说，德国所长在于医学、哲学、理化学，百工技艺于其次，"而政治、经济、法律等则非其所长"。德国政府以专制为尚，铁血为政。在此情况下学者不修"实务"，深闭书斋，不问政事，"故其言虽深，而不切实际"，"其理虽远，而有违于事"。日本奖励"德国之学"势必鼓励专制之风，有碍思想播行，有害无利。

尾崎行雄的分析可谓一针见血。当时明治政府已经意识到，自由主义思想危害政府权威，因此限制英美学说、学习专制的德国是当时政治精英的共识。在伊藤博文、山县有朋和部分知识分子的强力引导下，日本奋力踏上了"德国之路"，在军事、政治、教育、文化等各方面全面学习德国。

1889 年日本颁布《大日本帝国宪法》，是 1850 年普鲁士王国宪法和 1871 年德意志帝国宪法的东亚翻版。如同德国宪法强调皇帝的权威，日本宪法也突出天皇的特殊地位。《大日本帝国宪法》规定，"大日本帝国由万世一系之天皇统治之"，强调日本“臣民”（而非“公民”）的权利必须服从德国式的“法律限度”。它还效仿德国的军事强权政策，把军队直接置于天皇指挥下。

这意味着，日本彻底排斥了具有明显自由倾向的英国式立宪制，确立了德国式的君主专制体制。除了政治体制外，日本在军事、教育、文化等各方面也全面“德国化”。在不到十年时间里，日本完成了“德国化”。环顾19世纪末的世界各国，和德国最相像的就是远东的日本。

美国经济学家道格拉斯·诺斯曾警告说，国家发展要警惕“路径依赖”，因为一旦进入某一路径（无论是“好”还是“坏”）就可能对这种路径产生依赖，惯性的力量会使这一选择不断自我强化。一旦路径被锁定，除非经过大的社会震荡，就很难退出了。因此，追赶型的后发国家一定要戒惧戒慎。如果选错发展路径，就很难退出。日本在选择本国发展道路的过程中，更多地看中的是能给它带来实惠的便捷之途。日本通过学习德国，确实迅速地崛起为东亚强国，可是也埋下了走向对外战争的悲剧之因。显然，这和明治时代的政治家、知识分子缺少长远眼光、急功近利有关。

诚如历史学家钱乘旦先生所说，明治时代的日本将“西方文明”中不符合“日本国情”的若干“重要部分”予以剔除，而这些很可能就是“西方文明”（实际上是现代文明）中的精髓所在，“事实上作为现代化的后起者，德意志帝国只是个发育尚未完全的‘现代’社会，而日本‘向西方学习’，最终落实到以德国为榜样，这不可不说是一个巨大的失误。这样做的结果，是最终把日本造就成德意志帝国那样的军国主义怪物”。

日本立宪：绝不重蹈“土耳其的覆辙”

虽然那些坚定的自由民权运动活动家怒斥议会为“冷血动物的展览会”，但是日本第一届议会仍然得到了历史学家们的高度赞扬。因为对于这个东方岛国乃至整个古老的亚洲来说，民选议员切实对政府实行监督，这是破天荒的。

1890 年 7 月 1 日，日本开始进行历史上第一次众议院议员总选举。这是日本选举史上一次理想的选举，没有干涉，没有贿买，朝野两方面都极公开透明地从事选战，结果也很良好。弃权率不超过 6%，所选出来的人也是比较合适的人选。国民对施行立宪的信心大大增强，也对即将召开的第一届帝国议会充满期待。

一

在讨论宪法草案时，文部大臣森有礼和枢密院议长伊藤博文发生了激烈争论。

伊藤博文主导制定的明治宪法草案，赋予天皇极大的权力。天皇掌握政府的人事权，各部文武官员均由天皇任命，陆海军的统帅、宣战媾和、缔结条约也由天皇独占权柄，议会无权置喙。《宪法》对议会权力做了种种严格限制。在欧美国家，立法都是议会的权力。可是，日本天皇不但拥有立法权，也有否决法律之权，甚至连议会的开停、解散，也在天皇的掌握中。

伊藤博文曾说："元首之大权，除此等宪法条文之外，无有任何其他限制，正如太阳之光线，遮蔽之外无有阻挡一般，原本不必逐一列举。"显然，天皇的权力比任何君主立宪国家的君王都要大，这是因为日本的主权在天皇，而不在人民。

可是，对于宪法草案第五条"天皇经帝国议会之承认，行使立法权"，文部大臣森有礼却高调反对。他提出疑问："承认一词既可用于下对上，又可用于同等人之间，未知相当英语何字？"伊藤回答说："承认即相当于 consent。"在英文里，consent 有承认、准许、赞同等意。曾担任日本驻英国大使的森有礼认为"承认"一词包含上级向下级征求意见的意思，强烈要求把"承认"改为"赞襄"。"赞襄"就是协助、辅助之意。

这样一来，议会就变成了可有可无的摆设了。没有议会的"赞襄"，天皇也可以行使立法权，所谓的"立宪"也就失去了意义。因此，伊藤博文反对森有礼的主张。他说："赞襄表示主权完全在上，使用承认一词，则表示主权虽然在上，其行使则需经下面人民承认之意也。"他强调："即使承认一词有赋予议会承认权之忌，但制定法律、编制预算等需经议会同意，仅此而言，在此宪法中终不可缺。"

伊藤博文早年也曾留学英国，后来为了制定宪法又到欧洲游学，所以对于什么是真正的立宪非常清楚。他说："创设立宪政体，则天皇在行政方面设责任宰相，对君主行政之权亦多少加以限制，在立法方面，不经议会承认则不能制定法律。设立这两种限制，乃立宪政治之本义。缺此两点即非立宪政体。而且，宪法上对这两点巧饰伪装，亦均非立宪政体之本义。”

最后，双方达成了妥协，明治宪法第五条明确规定，“天皇经帝国议会的协赞，行使立法权”。“协赞”就是协助、辅佐之意，与“赞襄”意思更相近（不过在英语里“协赞”仍是consent，意思不变）。

这不能不让渴望实行立宪的人士担心，议会会不会成为摆设呢？

二

明治宪法颁布的第二年，即1890年6月，金子坚太郎回到日本。根据规定，再过五个月这部宪法就要正式施行。

金子坚太郎18岁时就和岩仓使团一起到了美国，然后在那里留学七年，哈佛大学法学院毕业后回到国内。他积极参加自由民权运动，主张开设国会。他先后担任内阁总理大臣秘书官，辅佐第一任首相伊藤博文。受伊藤博文委托，金子坚太郎和井上毅等共同起草了明治宪法。

1889年6月，金子坚太郎出国考察各国宪法实施情况，为日本宪法实施做准备。让他印象最深的是土耳其的宪法。作为西亚的君主国，土耳其比日本早十四年，即1876年12月就颁布了帝国宪法，第二年3月举行了第一届议会。不过土耳其对俄国作战失败后，皇帝阿卜杜勒·哈米德二世乘机恢复专制统治。在土耳其历史上被称为“遵命议会”的这届议会遭到解散，宪法也被迫终止实施。

一位欧洲人士举出土耳其的事实，颇为不安地告诉金子坚太郎："亚洲种族的人想要实施欧洲式的宪法，迄今为止还没有成功的案例。"金子坚太郎听了这段话，受到了极大的冲击，"仿佛被重锤一击，头脑也要被敲破了"。

回到日本的第二天，金子坚太郎就向山县有朋首相做了出访报告，然后又向明治天皇做了回国的禀报。天皇特别赐坐，嘱其可畅所欲言。金子坚太郎尽情陈述，就像在做演讲。山县有朋首相也奉命陪坐在侧，在一旁洗耳恭听。据说，在天皇面前，金子坚太郎信心满满地说，土耳其是失败了，但是日本能够成功，我们从他们的事例中受到了激励。

数天后，金子坚太郎在国家学会例会上做报告"欧美见闻意见"。他强调说，"我们宪法实施的情况怎样，将成为日本走向耻辱还是光荣的分界点"。在他的报告中，两次出现了"土耳其的覆辙"这样的词语。

在报告的最后，金子坚太郎悲壮地慷慨陈词，"我们将以满腔热血，不惜牺牲生命来完成决定日本未来命运的宪法实施"。

三

1890 年 11 月 29 日，第一届帝国议会召开。这一天也是明治宪法实施之日。

首相山县有朋在施政报告中说，为了维持国家的独立，不仅要保卫"主权线"（国土），而且必须保卫"利益线"，其认为"利益线"的焦点在朝鲜。陆军要增加 7 个师团（8 万人），加上预备役、后备役，共增加到 20 万人，同时还要充实海军。为此，政府提出总额达 8332 万日元的预算案。

显然，政府仍然想延续“富国强兵”的政策。这样势必增加民众的负担。它没有意识到，日本社会已经发生了巨大变化。当时的日本农税居高不下，官僚市场经济盛行，环境在野蛮工业化下遭到破坏，经济的迅速发展同百姓的怨气几乎同步发生。民党议员们顺应民意，针锋相对地提出“节约政费、休养民力”，要求减轻民众负担。

宪法第六十四条规定：“国家之岁入岁出，须每年列入预算，经帝国议会审议通过。”于是，第一届帝国议会一开始，民党议员就以宪法为根据，与政府在预算问题上尖锐对峙。

民党方面利用手里有限的预算权，对政府的新预算大加削减。众议院预算委员会通过了议案：削减岁出总额的 16.6%（888 万余日元），主要是减少官吏的名额和薪俸及旅费，并把由此产生的剩余充作减轻地税和偿还高利公债之用。政府表明不能同意，声称这样进行决议是和宪法相抵触的。宪法第六十七条规定：“基于宪法大权既定之岁出及根据法律规定或法律上属于政府义务之岁出，无政府之同意，帝国议会不得废除或削减之。”

作为首相，山县有朋身自然要向议会解释，争取预算顺利通过。他反复强调，内阁当前面临诸多紧迫课题，如制定制度、发展产业、增强军备等，但众议院全部议员 300 人，其中来自民党（反对党）的议员 171 人，超过议会半数，他们杯葛政府的新预算，令政府难以遂愿。山县有朋曾想解散议会，重新选举，但是考虑到国际观感，顾忌西方国家的反应，未敢贸然行事。

大藏大臣松方正义等反复对议员们解释，预算如果遭到否决，“事关国家大事，后果堪忧”。再加上内阁大臣的幕后奔走沟通，民党方面考虑让步。民党的领袖向山县首相表示，在亚洲尚属首次的议会里要显示日本人运用宪政的能力。政府也希望首次议会圆满结束。历经了千辛万苦，最后双方以从预算案中削减 651 万日元和约定实行行政整理为条件，通过了预算案。

在经过九十天的激烈斗争之后，第一届议会帝国议会闭幕。虽然那些坚定的自由民权运动家怒斥议会为“冷血动物的展览会”，但是日本第一届议会仍然得到了历史学家的高度赞扬。因为对于这个东方岛国乃至整个古老的亚洲来说，民选议员切实对政府实行监督，这是破天荒的。

民权派思想家植木枝盛虽然不满这部钦定宪法，但他仍然评介道：“无论如何，确实是诞生了叫作宪法的东西，而日本人民不失为有宪法之国的人民，日本不失为世界列国中一个立宪国的成员。”18—19 世纪末，欧洲大半实现立宪政体，其制定和运作过程中往往伴随着暴乱与流血事件。可是在整个明治时代，日本议会依据宪法，尽力发挥制约政府的作用。日本立宪没有重蹈“土耳其的覆辙”，没有发生类似外国的革命暴乱和流血事件，而是积极有为，为亚洲其他国家的立宪政治积累了宝贵经验。

第三编　暧昧“明治梦”

皇太子遇刺：一个法官的勇气和担当

儿岛惟谦没有被“政治”“民意”“国家利益”等大帽子压服，这位法官以“虽千万人吾往矣”的巨大勇气，坚持司法独立，维护宪法尊严。据说，当时的日本政府内阁要员曾威胁道：“如果俄国不满判决，出兵报复的话，日本可能会亡国！”儿岛惟谦拍案而起：“如果司法不独立，日本亡国就让它亡国好了！”

1914年6月28日，奥匈帝国的皇太子弗朗茨·斐迪南大公在萨拉热窝遇刺身亡。这一历史事件被写入历史教科书，因为它是第一次世界大战的导火线。鲜为人知的是，此事发生的二十三年前，俄国皇太子也曾在国外遭遇袭击，却引发了一个完全不同的故事。

1891年4月，23岁的俄国皇太子尼古拉访问日本，受到日本政府的盛大欢迎。此前半年时间里，这位意气风发的皇储先后访问了希腊、埃及、印度、新加坡、泰国、中国等国家，迤逦东行，平安无事。可是在日本一个名为大津的地方，皇太子却被警察津田三藏用剑袭击，头部受伤。这就是日本近代史上著名的“大津事件”。

这名警察是一个国粹主义者，之所以行凶，竟然是因为他相信一个传说。原来，1877年西南战争结束后，日本民间一直流传，西乡隆盛并没有自杀，而是流亡俄国。伴随着俄国皇太子访日的消息，坊间盛传西乡隆盛将跟随俄国人回国。津田三藏深信此说，发现没有西乡隆盛之后，遂愤而袭击俄国皇太子。

此事震惊了日本全国。日本与俄国在领土问题上本来就有争端，当时俄国已经逐渐把注意力转向了东方，鼓吹“东进”的沙文主义情绪在彼得堡蔓延。与军事强国俄国相比，日本虽然渐趋富强，但仍很弱小，全国上下被“恐俄病”所困扰。因此，遇刺事件让朝野都深感恐惧不安：护送尼古拉太子来访的俄国军舰就停泊在神户，万一俄国以此为由挑起争端，后果不堪设想。

时任贵族院议长的伊藤博文听闻消息后，“不觉投箸而起”，立即乘车赶往东京，与几位握有实权的内阁大臣商议对策。当时有两种处刑方法，一种是按照皇室罪处罚，另一种是以寻常谋杀罪处罚。大臣一致认为，此事重大，结局不可预料，所以必须取其重，按照皇室罪对犯人处以极刑。

出人意料的是，大审院（明治宪法规定的日本最高的审判机构）院长儿岛惟谦站出来公开反对。他说，这样做违反宪法规定的司法独立原则。按照法律正义的原则，被告适用寻常谋杀罪（未遂）。面对巨大的政治压力，他对同僚说：“既然法无明文规定，就不能草率判处死刑。应该坚持原则，拒绝向政治压力屈服。诸君，捍卫司法独立，舍我其谁？”

东京的法学教授也发表意见，支持依法审判。儿岛惟谦的挚友、帝大法科大学教授穗积陈重在《法窗夜话》中记载说：

“是时，吾所在之法科大学之同僚亦自备意见呈送当局，阐述以侵犯皇室罪审判三藏之过。然而，当局以及老政治家与我辈意见相左，若不处死三藏以谢俄国，恐国难忽至，且先有国而后有法，拘泥于区区法令而忘国之重乃学究之迂论，宜适用法律救帝国于危难之时云云。”

虽然政府一再施压，儿岛惟谦绝不屈从于政治压力，“适用法律救帝国于危难之时”的大道理也说服不了他。法律似乎成为一个迈不过去的坎，但是这难不倒政客。有人出主意说：“既然法律上不好办，干脆出钱收买刺客，杀死行凶的警察，然后宣布犯人病死，不就行了吗！”有一位大臣说：“就是俄国，不也经常有这种事吗？”

“这绝不是应该做的事！”伊藤博文断然否定这种“暗箱操作”。这位经历过欧风美雨、亲自推动制定《明治宪法》的政治家说：“在关系国家主权的事情上，岂容如此非法地处理问题？和别人说起来也感到惭愧。”

日本政府只得积极安抚俄国人，展现诚意。面对俄国皇太子遇刺事件，日本国民也表现出了惊人的理性。他们从各地给皇太子带去慰问信和慰问品，还向俄国沙皇致电表示深切的遗憾。明治天皇专门赶到旅馆看望尼古拉皇太子，并陪同他回到俄国军舰。随后，尼古拉皇太子经过西伯利亚回到彼得堡。

一场震惊世人的国际事件就此消弭。日俄之间并没有发生争端，更没有引发战争。日本司法机关最终坚守住了司法独立的底线，被告津田三藏以谋杀未遂罪处以终生苦役。

面对俄国皇太子遇刺这样影响巨大的敏感事件，法官应该怎么做？当时俄国公使一直要求严惩罪犯，态度强硬。搞不好会酿成国际事件，有害国家利益。何况上至首相，下至平民，几乎举国都要求重判行凶者。所以，法官似乎应该讲政治，配合政治家的要求，对罪犯处以极刑。这样既可以为政府分忧，获得民众的支持，也可以维护好日本与邻国的关系。假如一定要坚持所谓的“司法原则”，既让政府难堪，也可能让国家利益受损。在巨大的政治压力和社会舆论压力面前，有多少人能够坚持原则呢？

可是，儿岛惟谦没有被“政治”“民意”“国家利益”等大帽子压服，这位法官以“虽千万人吾往矣”的巨大勇气，坚持司法独立，维护宪法尊严。据说，当时的日本政府内阁要员曾威胁道：“如果俄国不满判决，出兵报复，日本可能会亡国！”儿岛惟谦拍案而起：“如果司法不独立，日本亡国就让它亡国好了！”

后人读史至此，定会废书慨叹。要知道，这件事发生在125年前啊。虽然明治宪法规定了司法独立的原则，可是宪法实施还不到两年。在一个专制传统深厚的东方国家，法官要坚持原则何其艰难！难怪七十多年后，日本首相吉田茂在《激荡的百年史》里还感佩地写道：“这些审判官胸怀‘日本是一个法治国家’这样的自豪感，本着独立精神而做了他们认为非常正常的事情。”

“大津事件”判决后，日本的法治逐渐受到欧美各国的信赖。国际上亦对日本的司法权加以肯定，促成了后来修改不平等条约的基础，使得日本成为亚洲唯一一个主权独立的近代化国家。这难道不是更好地维护了国家利益吗？

儿岛惟谦为日本的司法独立树立了一个光辉的典范，被称为“护法之神”。他的雕像至今竖立在日本爱媛县宇和岛城，供后人瞻仰。

故事并没有结束。尼古拉皇太子回国三年后继位登基，这就是俄罗斯帝国的末代皇帝尼古拉二世。1918 年 7 月的一个深夜，尼古拉二世和家人、仆人未经审判，就被布尔什维克秘密警察赶到地下室，以机关枪扫射的残酷方式集体处决。九十年后，俄罗斯最高法院正式为尼古拉二世平反，宣布他的家族是苏联镇压下的受害者。最高法院发言人奥金佐夫说：“本院主席团宣布，对沙皇尼古拉二世及其家人的镇压毫无理由，并恢复他们的名誉。”

最后胜利的，永远是法律和正义。

民法之争：要法律，还是要传统？

民法之争其实是日本社会思潮转向的反映。和维新早期的做法不同，1880年以后日本在改革中开始强调本国“特色”。这种做法将日本引向了另一条道路：日本不再追求普世价值，而是鼓吹国粹主义和民族主义。

1873年，法国法学教授博瓦索纳德（Gustave Boissonade）作为明治政府的客人来到日本。他原本计划工作几年之后即回国，可是没有想到在日本整整逗留二十二年，直到70岁才重返故国。他更没有想到的是，自己的工作会在日本激起激烈争论。

博瓦索纳德生于1825年，28岁获得法学博士，先后在巴黎大学、格勒诺布尔大学任教。数名来自日本的学生曾跟随他学习，其中包括在明治政府司法省任职的井上毅。或许是由于这些人的推荐，博瓦索纳德得到日本司法部的邀请，横渡大洋来帮助这个远东岛国起草法律。

明治维新的重要内容之一就是改革法律体系。令后世的历史学家惊叹不已的是，日本“变法”的做法非常决绝：全部抛弃旧有的法律，把西方法制移植过来。为此，日本不避嫌，从欧洲聘请了多位法学家参与立法工作，在短短十年之内就制定了8部法律。博瓦索纳德参与了大部分法律的起草，居功甚伟。在这8部法律中，民法典遭遇的曲折最多、最大。

1879年，博瓦索纳德受政府委托，开始起草民法典，历时十年方告完成，这部法典史称《博瓦索纳德民法典》，基本框架与《拿破仑法典》极为相似，但也有诸多不同之处，被认为是一部富有现代色彩的民法典。草案通过了枢密院的最终审查，预定于1890年开始实施。

出乎博瓦索纳德意料的是，在即将正式实施前夕，民法典却被搁置了下来。因为由帝国大学、法科大学的毕业生组成的法学士会发表《意见书》，向政府和枢密院提出了延期实施民法典的建议。主要理由是：“今日吾邦于脱离封建旧制万事革新之际，社会日新月异极具变化，因此欲重视例规习惯大成法典，一不可依据封建旧制，二不可完全照搬欧美制度为之。”

“依据封建旧制”并无实据，“完全照搬欧美制度”则难脱嫌疑。《意见书》挑起了一场争论。许多学者都卷入了争论中，形成了“延期派”与“断行派”两大阵营。断行派认为，民法典符合现代社会价值观，有助于日本“走向世界”，应该如期施行；延期派认为，民法典不符合日本传统，无视日本“固有的淳风美俗”，大大削弱了家长的权力，将破坏家族制度，必须延期。两派的争论持续了数年时间，成为社会的一大热点。

要传统，还是要法律？两派论战，旗帜鲜明。作为断行派中的主要人物，博瓦索纳德碍于自己的外国人身份，并没有直接介入这场争论，不过他的思想对断行派产生了重要影响。

1892年2月，第三次帝国会议召开前夕，延期派广泛散发《法典实施延期意见》，尖锐指责自由主义和个人主义将促进“弱肉强食”的弊端。断行派则以《法典实施断行意见》回击说，实施民法是近代法治国家不可或缺的条件，延期派所担心的社会弊端正是法制不发达所引起的。如果不及时施行法典，将扰乱国家秩序，败坏伦理，妨碍宪法实施。

在此期间，东京帝国大学法学教授穗积八束发表了一篇重磅文章。他说：“我国是尊祖训、重家制之邦，权力与法均生于家……所谓家长权神圣不可侵犯，理由源于祖先的神灵神圣不可侵犯。家族中无论长幼男女，一是服从其威信和权力，一是赖于其保护。”在他看来，欧洲由于信奉基督教，子孙便不再知道供奉祖先，因此孝道殆尽。日本固有的家庭制度与此完全不同，男女并非是通过婚姻才能建立家庭，而是欲使家嗣永续才行婚姻之礼。日本社会一直以来以祖先崇拜的教义作为支撑，祖先对于家族的维系是极其重要的。《博瓦索纳德民法典》以极端个人主义为中心，“完全无视三千年来的本国信仰”，“将会导致否认和遗弃民族信仰，并将摧毁我们的‘家族’制度”。

这篇名为“民法出而忠孝亡”的文章让穗积八束名满天下，因为它击中了当时日本人的灵魂，诱导了社会舆论。维新时期一般百姓对改变自己固有生活形态心有余悸，所以“民法出而忠孝亡”这种口号对朴素的国民感情具有很大的感召力。随着这种感情的蔓延，外国人起草的东西成为日本法律是崇洋媚外之举、是“本邦末代之耻辱”等民粹主义的言论越来越多。

断行派人士发表文章《穗积博士误解民法》，针锋相对地批评穗积八束的论述是里外相反、黑白颠倒的争论，不知道自我反省，世人应当惊骇的是其胆大不害羞。

具有自由民权思想的政见者支持断行派，保守的国家主义者则力挺延期派。争论日益激烈，可是在汹涌的民粹主义言论面前，断行派越来越被动。因为学术之争已经扩大到政治思想和主张不同的派系之争。延期派提出，这部民法破坏了日本立国的基础——绝对主义的家长权和至高无上的家族制度，与《大日本帝国宪法》的精神不符。家长权是尊严的、不可动摇的，正如天皇的大权是神圣不可侵犯的一样。动摇家族制就动摇了“大日本帝国”的立国之本。他们带有煽动性地说，倘若施行该民法典，“诸君将被迫放弃作为日本帝国臣民之观念”。

这种上纲上线的舆论让断行派难以招架，整个社会舆论和天皇的想法都发生了变化。最终，延期派取得了胜利。帝国议会通过“民法典及商法典延期实行法律案”，决定将这部民法的颁布日期推迟到1896年。

彼时，博瓦索纳德已经在日本居住将近二十年了。眼看着自己倾注大量心血的这部民法得不到实施，其心情可想而知。三年后，距离帝国议会预定要颁布民法典的前一年，或许是因为看不到这部法律实施的可能性，70岁的博瓦索纳德决定启程回国。临别之际，他的学生、曾任内阁法制局局长的井上毅在病床上为博瓦索纳德写了一首汉诗。这是师生的诀别，不久之后井上毅就去世了。

旧民法施行延期后，日本政府着手重新起草民法。东京大学教授穗积陈重、富井政章、梅谦次郎三人为起草委员，在维持日本旧有习俗，特别是家族制度的原则下，新民法特别参照当时的德国民法第一草案。新民法是一个相互矛盾的折中方案：一方面，它承认个人的地位是资本主义社会中的独立个体，在财产上和两性之间法律平等、个人选择自由、个人财产所有权等规定被保留；另一方面，个人被置于家庭关系的层级结构之中，受到了强制性的约束。1898 年 7 月 16 日，新民法施行，以前公布的旧民法废除。

民法之争其实是日本社会思潮转向的反映。和维新早期的做法不同，19 世纪 80 年代以后日本在改革中开始强调本国“特色”。这种做法将日本引向了另一条道路：日本不再追求普世价值，而是鼓吹国粹主义和民族主义。曾参与民法典修订的西园寺公望年轻时在法国生活过十年时间，信仰文明的普世性。他对于这种“特殊国情论”不以为然，一针见血地指出：“通常来说，一个国家或者民族被称为‘特色’的东西，是指一种缺点或特质……当今日本教育工作者喋喋不休的所谓日本人与众不同的大部分特质，将会使我们的学问更加贫困……”

1910 年，85 岁的博瓦索纳德在法国安然去世。明治时代已经接近尾声，但是那部矛盾的民法典还是继续施行了两代人的时间。直到 1947 年，日本民法中“家族”的概念才遭到否定。

德育论战：到底培养什么样的人

这场德育论战的核心，其实就是教育到底该培养什么样的人。改革派主张培养具有独立人格的现代公民，而保守派坚持要培养盲目愚忠的臣民。要公民，还是要臣民？这是一个影响国家未来道路的关键选择。

1878年夏天，从皇宫发出的诏敕《教育大旨》，让改革派人士大吃一惊。

《教育大旨》严厉指责维新以来的文明开化政策，称它"追逐文明开化之末端，破坏品行，伤害风化者不少"，将来有可能达到"不知君臣父子之大义的地步"，"流弊很多"。《教育大旨》提出，应该以儒教的道德伦理原则纠正流弊，今后"道德之学"要以仁义忠孝之道为主，其他之学可听从各人自学。

在改革派看来，《教育大旨》是对维新以来教育改革的否定。1868年以天皇名义颁布的《五条誓文》宣称："破旧有之陋习，本天地之公道；求知识于世界，大振皇基。"这两条誓文清晰地表明，日本意识到自己还不具备成为一个现代民族国家的条件，渴望学习西方文明。从那时以来，日本的教育主题就是向西方学习。在明治政府的积极推动下，日本大规模地移植西方国家先进的教育制度，自由主义道德观的教材成为主流。

另外，《教育大旨》并非出自明治天皇之手，而是宫中侍读元田永孚执笔起草的。元田永孚是宫中侍讲，颇受信赖，成为明治天皇的帝师和私人顾问。他教授天皇帝王学，主张建立以天皇为权力顶端的绝对君主制，极力推进“天皇亲政运动”。这与改革派主张的立宪君主制完全背离，因此伊藤博文等斥责元田永孚的主张是历史的倒退，实行这种主张将导致政治上的混乱。

“天皇亲政运动”被挫败，但是元田永孚因为深得天皇的信任，仍然留在宫中。信念顽固的他将重点转移到教育领域，希望通过在教育上弘扬仁义忠孝，提高国民对天皇的忠诚度，使日本成为以天皇为中心的国家。

1878 年天皇视察了几所学校，元田永孚趁机起草了《教育大旨》，批判自由主义和启蒙思想，提出公共教育应该以儒教主义的仁义忠孝为中心。他同时还起草了《小学条例二则》，规定今后学校里要悬挂古今忠臣、义士、孝子、节妇的画像，以对儿童有效地灌输仁义忠孝观念。

当时掌握政府实权的伊藤博文坚定地支持文明开化，不愿意看到教育改革被扭转方向。于是，他委托内务大书记官井上毅起草《教育议》一文，上奏天皇，批驳元田永孚的观点。《教育议》指出，品行风俗的败坏不在于文明开化政策，而是维新变革的不可避免的副产品，并非像元田永孚想象得那样肤浅和抽象。为了纠正风俗紊乱，的确需要研究“教育方法”，确立文教政策，但不应该放弃国家的根本政策——文明开化，而“保护旧时的陋习”。

元田永孚立即又写了一篇《教育议附议》，对《教育议》进行反驳。他批评伊藤博文“对圣旨之所在，似未融会”，进一步重申“忽视仁义忠孝”是风俗紊乱的原因，恢复儒教，“读四书五经、尚廉耻、重礼让、笃伦理的教育”是矫正风俗的手段。

当时有影响力的思想家、教育家纷纷加入这场德育论战。著名教育家福泽谕吉先后发表《德育如何》《教育余文》两篇文章，站在反对封建伦理道德的立场上，针锋相对地反驳儒教主义教育论，主张道德教育应该建立在国民言论自由的基础之上。首任文部大臣森有礼同样站在批判儒教主义的立场上，主张德育应追求自发性和自觉性，修身课不应该用语言向学生灌输，背诵忠孝礼义等道德条目的做法不可取。

不过，此时日本保守主义思潮正在兴起，大多数论战者支持元田永孚。思想家、教育家西村茂树主张以儒学为基础，以西学为补充对国民进行教育，“儒教欲废之而不可得，尤其是论孟学庸四者……世界尚无此善良之教训”。国粹主义教育家、思想家杉普重刚主张，道德教育应该在吸收儒学和洋学的基础上，以日本传统的伦理观为主要内容。东京大学校长加藤弘之提出，道德教育中最重要的是培养学生的爱国心，德育应该将儒教、神道、佛教、基督教等内容融合。教育学家能势荣则认为，道德教育的教学内容没有必要从洋学、儒教中选择一种作为教育指针，应该以日本自古以来的伦理观为基础进行教学。

这场德育论战的核心，其实就是教育到底该培养什么样的人。改革派主张培养具有独立人格的现代公民，而保守派坚持要培养盲目愚忠的臣民。要公民，还是要臣民？这是一个影响国家未来道路的关键选择。

保守派最终在这场论战中获胜。因为伊藤博文等作为天皇的官员，不可能去反对忠孝之道，而福泽谕吉等在野人士的话语权也很有限，因此保守派轻而易举地占了上风。从此，明治政府的教育改革开始走向保守，强调“忠君爱国”的国家主义教育风行起来。

1880 年 12 月，日本政府颁布《修正教育令》，否定教育改革中的“自由放任主义”，加强中央和地方政府对学校的监督权力。课程设置一律按照文部省颁发的大纲执行，将修身课列为首位，加强德育教育。

1881 年文部省把修身课置于各课程之首，并制定《小学教员须知》，要求小学教员懂得“导人善良比教人多识更为紧要，故教员应特别致力于道德教育”，道德教育的根本要求是“振兴尊王爱国之志气”。教师的言行思想也被划入统制对象，此外对其他课程的教学内容也进行干涉，使教学失去了独立性。1882 年，元田永孚根据天皇之命，又编写了修身课本《幼学纲要》，发给全国小学，其中充满忠孝仁义的说教。

1889 年宪法颁布后，政府内部产生了动摇，尤其是县知事等地方官员有强烈的不安，担心自己治理的地方会因为宪法的颁布而出现各种问题。在内阁地方官会议上，地方官提出了“大兴德育”的建议书，认为由于“偏重智育”，以致培养的人“热衷于政论”“紊乱社会秩序，终将危及国家”。这种舆论支持了思想保守的内阁首相山乡有朋，在他的主持下，1890 年元田永孚和井上毅起草了《关于教育之敕语》（简称《教育敕语》）。

全文仅有300余字，却成为臣民精神指引，主宰了日本几代人的头脑和心灵——

朕唯我皇祖皇宗肇国宏远，树德深厚，我臣民克忠克孝，亿兆一心，世济其美，此我国体之精华，而教育之渊源亦实存乎此。尔臣民孝于父母、友于兄弟、夫妇相和、朋友相信、恭俭持己、博爱及众、修学习业以启发智能、成就德器。进广公益、开世务、常重国宪、遵国法。一旦缓急，则义勇奉公，以扶翼天壤无穷之皇运，如是者不独为朕忠良臣民，又足以显彰尔祖先之遗风矣。

斯道也，实为我皇祖皇宗之遗训，而子孙臣民之所当遵守。通诸古今而不谬，施诸中外而不悖。朕庶几与尔臣民俱拳拳服膺，咸一其德。

《教育敕语》的核心思想，就是培植带有忠君爱国头脑的、懂得近代知识技能的工具。随后，《教育敕语》被分发到全国各地的学校，天天通过课堂灌输国家主义思想。学校在庆祝日、大祭日的庆典上，都要由校长奉读“敕语”，师生必须低头毕恭毕敬地听着。

在日本的近代史上，1868年颁布的《五条誓文》标志着文明开化时代的开端，1890年发布的《教育敕语》则标志着文明开化时代的终结。在两者之间，那场德育论战显然是转折点。

假如在那场德育论战中改革派获胜，那么日本后来的道路可能就不会有那么大的挫折。由于保守派获胜，日本大力推行臣民教育，培养忠君爱国的臣民。日本后来之所以走上侵略亚洲邻国道路，并最终成为第二次世界大战的发动者，教育充当了极端国家主义和法西斯军国主义教鞭的不光彩角色。在这种教育下培养出来的无数盲目愚忠的臣民，比政治家更狂热，是他们和战争罪犯一起把日本推向了战争的深渊。

1945年日本战败后，驻日盟军司令部在废除《大日本帝国宪法》之前，先宣布《教育敕语》无效，从此现代公民教育才成为日本德育教育的主题。可是，日本和世界已经付出了惨重的代价。

中江兆民：预言日本帝国兴衰的思想家

作为明治维新时代的思想家，中江兆民眼看着日本一步步走向强大，成为亚洲强国。但是他并不认为强国有什么了不起，呼吁国人做“大国人民”。他说：“大国人民和小国人民的区别，不是在于疆土的大小，而是在于他们的气质、胸襟的大小。”

19 世纪 80 年代，日本走到了历史的十字路口。因为此时明治维新已经进行二十余年，国内建设什么样的政治制度，国际外交战略如何选择？正在走向亚洲强国地位的日本到了必须做出抉择的时候了。

对于转型国家而言，对国内政治理想的探索和对外交战略选择的思索是密不可分的。这两个紧密联系的问题成为日本精英思考的焦点，尤其是在知识分子中引起激烈争论，各种观点层出不穷，眼花缭乱。1887 年，一本名为《三醉人经纶问答》的书横空出世，它以生动形象的形式，把当时对政治与外交选择的各类见解摆在人们面前，简洁清晰，一目了然。

更了不起的是，这本书精辟地揭示了后来日本对外军事扩张所赖以确立的主要逻辑，其中提出的和平思想，更是预言了六十年后日本的发展道路。因此，《三醉人经纶问答》被视为日本的经典著作，至今仍然受到人们重视。

这本奇书的作者，就是明治时期自由民权运动理论家、政治活动家中江兆民。

1847年，中江兆民出身于土佐藩一个下级武士家庭，17岁就学习英国、荷兰、法国等国语言。明治维新开始后，日本政府为了学习西方，派遣年轻人留学欧洲。中江兆民抓住这个机会，于1872年来到法国学习。

此前一年，法国刚刚爆发了巴黎公社革命。虽然革命很快被镇压，但是法国社会围绕巴黎公社革命还有各种争论，年轻的中江兆民也卷入了新旧思想的冲突中。在小酒馆和工人一起碰杯交流中，他对卢梭的学说和法国革命思想有了深入的认识。

三年后，中江兆民回到日本。在度过短暂的宦途之后，他就转而投身教育工作。在他看来，改革必须依靠拥有现代知识、思想解放的国民。他开办法兰西学塾，讲授法语、政治、哲学等，前后受教育者达2000余人。

中江兆民一方面传播现代知识，为日本培养新的人才；另一方面潜心翻译，为日本提供新的思想学说。他用中文翻译了卢梭的《社会契约论》，附以解说，名为《民约译解》。他把书中的“liberte”译为“自由”，“democratie”译为“民主”。

《民约译解》为当时正在蓬勃兴起的自由民权运动提供了思想资源，也给年轻人打开了新的世界。有人写诗道：“天下朦胧皆梦魂，危言独欲贯乾坤。谁知凄月悲风底，泣读卢梭民约论。”无数热血青年都是在这本书的影响下，投身于自由民权运动。中江兆民也因此书获得了“东洋卢梭”的美名。

中江兆民没有做时代的旁观者，而是积极参加自由民权运动。他创办报纸，奋力抨击藩阀政治，反对君主世袭。他公开鼓吹“君民共治”“地方分权”，甚至说“自主”的“主”，就是在“王”的头上钉上一个钉子。这些言论对自由民权运动的影响极大。

1886 年 10 月 24 日，中江兆民等民权派志士发起并召开了被称为“大同团结运动”的全国志士联谊大会，以“大同”“团结”为口号和目标。这是自由民权运动遭遇挫折后的再度兴起，它的目的在于建设自由民权体制，将政府准备开设的国会转变为自由民权的国会。

大同团结运动所抱有的“国约宪法论”（由国民议会制定宪法）思想，与伊藤博文所代表的政府层面的制宪思想背道而驰。但是该运动却刺激了政府加快制定宪法的脚步。伊藤博文于 1888 年 4 月设置了宪法草案的审议机构——枢密院，亲自担任议长，随后将首相的宝座让给黑田清隆，专心制定宪法。

然而，政府毕竟不能容忍民权运动。1887 年 12 月，明治政府发布施行《保安条例》，以“阴谋内乱”“防害治安”等莫须有之罪名，勒令民间政治活动家离开东京，否则予以逮捕。在警察押送下，中江兆民抱着才几个月大的女儿被赶出了东京。但是，他矢志不渝，跑到大阪创办新报纸，自己当主笔，继续为自由民权鼓与呼。

自由民权运动发展的同时，保守主义思潮也在日本兴起，许多知识精英成为国家主义者。参加自由民权运动的，既有自由主义者，也有民主主义者。三种思潮互相激荡，使 19 世纪 80 年代的日本思想界异常活跃。

当时日本面临方向性选择：是选择君主专制、君主立宪制，还是民主制？是走军国主义路线、对外扩张，还是走和平发展路线，睦邻友好？中江兆民在这一时期完成的《三醉人经纶问答》一书中，虚构了洋学绅士、豪杰君、南海先生三个各具不同思想倾向的人物，对日本的内政、外交分别给出了自己的答案。

洋学绅士通晓西方近代思想，主张日本建立民主制，实现彻底的民主化。在他看来，消除国与国之间对立的途径就在于废除君主制，实现民主制。他主张日本实行无条件的和平主义和不抵抗主义，彻底废除军备、放弃战争，成为永久中立的和平国家。

豪杰君反对洋学绅士的观点，他认为当今世界乃实力主义时代，战争乃是不可避免之事，只有物质力量强大的“文明国”才能战而胜之。在列强的船坚炮利面前，空谈理想没有实际效用。日本作为一个小国，要求得富强，必须走扩军备战、对外侵略扩张的道路。由“小邦”变为“大邦”，才能解决国内矛盾，实现富国强兵的目标。

如果说洋学绅士是民主主义思想的代表，豪杰君是有军国主义色彩的国家主义思想的代表，那么南海先生就是一位自由主义思想的代表。他赞同洋学绅士的民主制理想，但是认为目前难以实现。他批驳豪杰君所论属于专制时代之事，对外侵略不符合人类的“正义”。

关于日本政治改革的目标，南海先生主张“设立宪之制，上张皇上之尊荣，下增万民之富祉，置上下两议院，上院议士以贵族充之，使之世世相承，下院议士用选举法取之”。在对外政策上，他主张“至于外交之旨趣，务以好和为主，不至国体毁损，决无张威宣武”。

《三醉人经纶问答》展示了明治时代日本民族在历史十字路口的真实心境和政治思潮，揭示了一个近代转型国家的理想与苦恼。书中的南海先生就是作者中江兆民的化身。这个积极参与自由民权运动的知识分子，并非卢梭式的激进民主主义者，而是一个自由主义者。

他提醒国人，日本无论如何应该避免法兰西式的革命，争取自由不一定非得大动干戈。他从进化论出发，主张渐进改良，反对突变的革命，统治者如果一意孤行，酿成日本的革命，则非日本之福。人民只能在君主制和民主制之间选择平衡点，趋向任何一个极端都有可能导致革命。

1890 年，日本开设国会，中江兆民当选为首次众议院议员。但因为不满民党在预算问题上与政府妥协，3 天后就拂袖而去。他在辞职书中说：“本人因酒精中毒，碍难参加讨论，请准辞职。”国会议员当了 3 天便辞职，被人们传为奇谈。

中江兆民一生办过很多事业，但都没有成功。晚年的中江兆民穷困潦倒，就像《三醉人经纶问答》中的南海先生一样，“性酷嗜酒，又酷好论政事”，饮酒半酣时，“心神顿激昂，思想频坌涌，身在一斗室，眼通观全世界”，“指示世界航路，讲授社会方计”。

后来，中江兆民被诊断为喉头症，医生说他只能再活一年半。但是他仍然乐观地面对人生，写下《一年有半》《续一年有半》两本宝贵的哲学著作。1901 年，在世界刚刚步入 20 世纪的时候，这位 54 岁的思想家就在病痛中与世长辞。

中江兆民幼时学习汉学，先后用过许多名字，最后根据《诗经》中的“一人有庆，兆民赖之”取名为“兆民”，意为“亿兆之民”，即“大众”之意。后人称赞中江兆民说：“先生自幼聪颖，通经史，善诗文。然其性情极为温良恭谨，却又颇为称奇。”

作为明治维新时代的思想家，中江兆民眼看着日本一步步走向强大，成为亚洲强国。但是他并不认为强国有什么了不起，呼吁国人做“大国人民”。他说：“大国人民和小国人民的区别，不是在于疆土的大小，而是在于他们的气质、胸襟的大小。”

思想家是非常宝贵的。尤其是那些处于转型中的国家，需要一大批思想家来引领。中江兆民就是日本在向近代化国家迈进过程中的一位难得的思想家。他清醒地认识到世界历史发展的大潮，从日本民族长远利益的角度来分析问题。他说，“我们日本正应该省悟自己的天职是什么，应该考虑自己百年后的命运如何”，因此，“不论我们国家是怎样的强盛，邻国是怎样的软弱，假如我们无缘无故派兵到邻国去，那么，结果怎么样呢？外表的事物终归是不能战胜理义的”。

遗憾的是，日本后来走上了一条与他的期望完全相反的道路。日本近代帝国兴衰的结局，完全证实了中江兆民的远见卓识。这是一个思想家的光荣，但也是一个国家的悲哀。

内村鉴三：宁做与民众对立的“国贼”

“千夫诺诺，不如一士谔谔。”近代以来日本多次发动对外侵略战争，深受国家主义教育影响的国民积极支持战争，全国几乎形成一个声音，不同声音者则受到残酷压制。正因为这样，敢于发出不同声音的理性人物才更加可贵。

1890年，内村鉴三踏进东京第一高等中学，成为一名教师，讲授“万国史”课程。这位29岁的年轻人从美国留学归来，意气风发，希望在教育上做出一番事业。他的人生确实在这所学校里发生了重大转折，不过他没有想到，自己会以一个举国闻名的“国贼”的身份被赶出学校。

内村鉴三1861年出生在一个武士家庭，16岁来到北海道，进入札幌农学校学习。这所学校充满自由主义气息，教员均由国外聘请，除实用科目外，还开设英国文学、心理学、英语演讲等。校长是美国人威廉·史密斯·克拉克，一位著名的自由主义教育家，同时也是一位传教士。内村受该校浓厚的宗教氛围感染，接受洗礼，成为一名虔诚的基督教徒。毕业后，他任职于北海道开拓使机关。1884年，他又横渡太平洋，到美国留学六年。归国后，他转向教育事业，因为他认为日本需要大量人才来推动社会进步。

彼时的日本似乎确实有一种“日日新，又日新”的气象。就在内村鉴三成为教师这一年的11月，第一届帝国议会召开，史无前例的君主立宪制开始运转。可是在一个月前，皇宫发布《教育敕语》，却试图将这个国家拉向另一条道路。

每到庆祝日、大祭日的庆典时，全体师生必须面向“御影”和《教育敕语》行最敬礼，山呼万岁，再由校长奉读“敕语”，师生必须低头恭听。

1891年1月9日，第一高等学校举行奉读《教育敕语》的仪式。奉读仪式结束后，教师和学生每5人一队在《教育敕语》前行鞠躬九十度的最敬礼。可是信奉基督教的内村鉴三认为，教徒只向上帝致敬，因此他没有向《教育敕语》行最敬礼，便退下讲坛。此举被视为“大不敬”，遭到了在场教师和学生的强烈指责。而且在社会上引起轩然大波，酿成了轰动全国的“大不敬事件”。

当时的报纸、杂志竞相报道“大不敬事件”。据统计，对此事件的报道、评论达143篇，报纸达56种之多，几乎众口一词，全是“国贼”“不忠之臣”“外国教会的奴隶”之类的污蔑之词。在一个民族主义高涨的国家里，“国贼”是一个可以杀人的标签。事实上，有些愚忠思想严重的学生就给“不敬之徒”内村鉴三写信，信封里装进剃刀，要求他“切腹去吧”！

一时之间，内村鉴三成为人人侧目、避之唯恐不及的“国贼”。第一高等中学将其开除，内村鉴三成为失业者。一位同事因为维护内村鉴三，也受到免职处分。失去了生活来源的内村鉴三又患上流感，雪上加霜的是，他年仅 23 岁的妻子也不幸被传染，竟然早逝。生活困苦不堪的内村鉴三不得不辗转在远离东京的各地任教谋生。

尽管备遭孤立，穷愁潦倒，但内村鉴三没有放弃自己的信仰，坚决不向社会低头。后来他长期为各种媒体撰稿，成为一个很有影响力的报人。这时，他面对的国家已经在错误的道路上越走越远。

在《教育敕语》的影响下，大小官吏开口闭口离不开“忠君爱国”“忠孝仁义”这一套。学校里天天向学生灌输《教育敕语》的思想，潜移默化地影响了一代日本青少年的单纯心灵。“一旦缓急，则义勇奉公，以扶翼天壤无穷之皇运”主宰了他们的心灵。那个时代学生最关心的话题，是为天皇牺牲，成为战至最后一滴血的勇敢战士。他们响应国家的号召，疯狂地投身日本政府发动的所有对外战争，成为战争的工具。

最初，内村鉴三也支持政府 1894 年发动对清政府的战争（甲午中日战争）。因为他和许多知识分子一样，认为维新后的日本是“文明”的，清政府是“野蛮”的，所以日本对清政府的战争是“文明教化野蛮”的行为，是对清政府抗议的“义战”。但是甲午中日战争之后，他看到日本从中国攫取了大量白银、割取了大量中国领土，才领悟到战争不过是美其名曰“帮助邻国进步”的强盗打劫。因此，他称甲午中日战争为“欲战”——为了国家私欲的战争。从此，他义无反顾地转向反对一切战争，成为著名的“非战论”者。

1904 年日俄战争前夕，日本举国上下再次掀起了战争狂潮，甚至那些社会改良主义者、基督教领袖也都站出来支持战争。在日本对俄开战论甚嚣尘上之时，内村鉴三公开发表反战文章，冷嘲热讽地批判“慈善家的主战主义者”，挖苦他们“不允许奸淫，但允许流血；怜悯孤儿，但却允许制造数万孤儿”。

就这样，内村鉴三将自己推向无数国人的对立面，再次成为“国贼”。和第一次成为“国贼”不同，这次他是主动选择的。在内村鉴三看来，对战争的态度是真假知识分子的试金石。他所在的报社社长发表支持对俄开战的社论后，内村毅然宣布退出，还在该报头版头条刊出自己的辞职信。这意味着他放弃了优越的生活条件，但是为了忠于自己的信念，他无悔无惧。

日俄战争后，作为战胜国的日本一跃成为亚洲“强国”、世界“八大国”之一，整个社会陶醉在帝国辉煌的胜利中。内村鉴三备受社会轻蔑，同时遭到政府的排挤、打压，但他丝毫不为所动。他写下了一篇文章《和平到来》，提出日本应该走“和平膨胀”道路，“所言和平膨胀之策，乃是以人类之观念为基础之教育普及”，“欲使世界日本化，则日本终将灭亡；若将日本世界化，则日本终将为世界之强国”。遗憾的是，这一主张直到二次世界大战之后，才成为日本的选择。

内村鉴三有一句名言：“国人皆悦，唯余独忧，此或许被视作好奇。然悦不应悦之事，窃以为此乃对国家有欠诚实之举。”他依据“不从狭处而从广处，不从眼前而从长远”来看历史的信念，不断向人们提示日本的使命。

“千夫诺诺，不如一士谔谔。”近代以来日本多次发动对外侵略战争，深受国家主义教育影响的国民积极支持战争，全国几乎形成一个声音，不同声音者则受到残酷压制。正因为这样，敢于发出不同声音的理性人物才更加可贵。尽管内村鉴三没能阻止战争，自己也在孤立和穷愁潦倒中患病死去，但是他不畏强权、不怕孤立、坚决不低头的精神，成为所有知识分子的榜样。尤其是在经历了残酷的第二次世界大战、整个民族付出惨重代价之后，影响了几代日本人的《教育敕令》终于被废止。痛定思痛，日本民众更加认识到，在一个民族主义情绪笼罩的国家里，发出不同声音是多么可贵！

1948 年 6 月，日本国会通过决议，宣布《教育敕语》失效。三年后，作为日本文化的代表人物——内村鉴三的肖像成为邮票上的图案，流通全国。日本以此来纪念这位反战的思想家。此时他已经去世二十一年了，但是历史终于给了他公正的评价。

内村鉴三生前曾在东京附近的箱根基督徒暑假学校做了一次演讲，演讲稿《给后世的最高遗产》随后发表，影响广泛，至今仍是日本人爱读的教养篇章。在演讲中，内村提出一个问题：如果我们不希望自己白活一辈子，想给子孙、给世界留下一点痕迹的话，那会是什么？他的答案是：万人皆可为后世留下的最高遗产是“勇敢而高尚的生涯”。他用自己的一生告诉后人，什么才是“勇敢而高尚的生涯”。

大隈重信：还有比政治更伟大的事业

作为学校创办人，大隈重信以“学术的独立，学术的活用，造就模范国民”为建校宗旨。在欧洲，学术独立传统悠久。可是1882年的日本还是一个落后的东亚国家，明治维新才十几年，大隈重信就有“学术独立”的见识，殊为不易，说明他是一位有远见的教育家。

我对于学校是没有任何私心的，我投入的只有自己的激情。然而今天我能第一次来到这个讲坛上……这所学校绝非一人之物，乃为国家所有，为社会所有。

1897年，一位拄着拐杖的花甲老人走进东京专门学校，面对师生讲述自己的办学追求。在场的全校师生认真聆听，为老人的赤诚情怀所感动。没有谁会想到，这所学校将来会发展成为一所世界顶尖大学。演讲的老人也没有预见到，这所学校会成为他一生最辉煌的事业。

这位老人就是早稻田大学的创立者大隈重信。大隈重信在维新政府中曾担任财政大臣，主导财政改革，不但挽救了刚成立不久的明治政府，还为未来日本的腾飞打下了坚实的基础。他为人随和，崇尚理性。在自由民权运动中，他坚持民主立宪的理念，主张制订英国式宪法。由于和掌握实权的伊藤博文政见相悖，1881 年大隈重信被罢职，第二年就创办东京专门学校。

大隈重信办学与教育家福泽谕吉有关。本来两人关系不佳，福泽谕吉认为大隈重信是“任性的政治家”，大隈重信则认为福泽谕吉是“关在象牙塔的学者”，性情不合的两个人一直避而不见。某次杂志的编辑在事先不告知对方的情况下让两人出席酒宴，结果几杯酒下肚之后，两人竟然意气相投。大隈重信对福泽谕吉说，“我真羡慕福泽先生，将来会有众多前程远大的学子围绕着您”。福泽说，“您也可以办学校啊”。据说，这成为大隈重信办学的契机。

但是，办学绝非易事，首先需要大量资金。作为私立学校，东京专门学校只能向社会募捐。大隈重信曾感慨地说：“专门学校如一大寺，但从没有见过好施主。本人为专门学校的第一施主，但众施主并不富有。”因为学校地处偏僻，设备异常简陋，而且社会上对这所新学校并不认可，东京专门学校第一代学生仅有 80 余人，规模很小。

事实上，更大的阻力来自政府。数年前，维新领袖西乡隆盛在鹿儿岛发动反政府的武装叛乱，主要支持者就是其资助的私校里的学生。前事不远，大隈重信办学意欲何为？政府怀疑东京专门学校是培养潜在的叛乱分子的基地，因此派密探进入学校刺探，还对学校的理事进行监视。后来政府又规定，官办学校的教授严禁到私校授课，私校的教授、理事授课也遭到严格限制。东京专门学校一度陷入了没有老师的困境。

尽管压力重重，学校仍然顽强地活了下来。它开放办学，允许校外生入校学习。还将讲义出版分发给校外学生，允许他们质疑，并将答案写在讲义的空白处。许多具有开创性的办学措施，让这所学校逐渐赢得了社会的认可。

作为学校创办人，大隈重信以“学术的独立，学术的活用，造就模范国民”为建校宗旨。在欧洲，学术独立传统悠久。可是1882年的日本还是一个落后的东亚国家，明治维新才十几年，大隈重信就有“学术独立”的见识，殊为不易，说明他是一位有远见的教育家。

1988年，全世界第一所现代大学——意大利的博洛尼亚大学成立九百周年，前来祝贺的各国大学校长联合发表大学宣言，第一条就是“大学应该独立于政治，独立于政府”。

大隈重信认为，学校应该以培养具有自主独立精神的国民为理想，不为权力和时势所左右。他主张自由探讨学术，提倡独创的钻研精神。这种办学方针造就了严谨的学风，东京专门学校很快就成为莘莘学子的向往之所，毕业生遍及日本各地。

令人难以置信的是，在学校成立后的十几年间，大隈重信从未踏足校园。因为19世纪80年代的日本政坛风云激荡，政治斗争激烈。1888年大隈重信进入日本内阁，担任外相，致力于废除治外法权、确立关税自主、修改不平等条约的工作。但是国权派强烈批判大隈重信提出的方案，1889年10月，一名右翼狂热分子携炸弹袭击大隈重信。大隈重信虽然幸免于难，但失去了一只脚。为了避免牵连东京专门学校，大隈重信只是默默地关注和支持。

直到学校成立十五周年纪念式上，大隈重信才第一次进入这所承载着他希望和激情的学校。面对全校师生，大隈重信重新申述了自己的教育理念，“虽然我的设想多少有些大胆，但是无论如何我都希望这地方的学术独立出来……重要的是慢慢地增设学科，以多方面的知识贡献社会，这样不光我会感到非常满意，也会让诸校友、诸位同学感到荣耀”。

大隈重信屡次进入政府工作，包括在1890年组织日本历史上第一个政党内阁，并担任内阁总理。为了避免违反“学术独立”的精神，他没有担任学校的任何职务。直到1907年，69岁的大隈重信辞去宪政党总理职务，才第一次出任校长。在此之前五年，东京专门学校正式更名为早稻田大学。

晚清以来，大批中国知识分子东渡日本，学习日本明治维新成果，探索中国救亡图存之路。1905年早稻田大学即开设中国留学生部，成为日本最早接受中国留学生的学府。因此，早稻田大学在中国非常有名，近代名人宋教仁、廖仲恺、陈独秀、李大钊等都在这里留下了青春的足迹。早稻田大学成为当时中国知识分子追求独立自主、追求强国梦的精神家园。

和许多维新者抱有浓厚的旧思想相比，大隈重信是其中难得一见的人物，被称为内外皆新的“新日本人”，因而被普通日本民众称颂。1922年，84岁的大隈重信与世长辞，在日比谷公园举行“国葬”，有150万人参加了他的葬礼，早稻田大学师生1.2万人负责开道和维持秩序，场面极为壮观。媒体惊呼这是未曾有的“国民之葬礼”。三个星期后，同样在日比谷公园为另一位政治家山县有朋举行国葬仪式，由于他在民间口碑不佳，只有政府与军警参加，被媒体称为“寂寞无民的国葬”。

作为政治家，大隈重信一生两次出任内阁总理大臣，两次组织政党，可是这些政治功业如水上浮萍，早被风吹雨打尽。唯有他创办的早稻田大学，走过一百多年风雨，至今依然屹立。“学术独立”的思想激励着早稻田大学的一代代学子，他们不仅在学术研究中进行独立思考与分析，而且追求创造性的品格与自由世界的理想。国际教育界公认，早稻田大学是一所具有创新的氛围、为学生提供自主和自由发挥的空间和机会的大学。

每年，来自全世界的无数青春少年走进这所世界名校。他们常常伫立在大隈重信的铜像前，仰望着这位创立者。大隈重信身穿长袍，头戴具有早稻田大学特色的学士角帽，左手扶着拐杖，巍然屹立在银杏树下。他紧闭嘴唇，一言不发，似乎在期待着人们从他的功业得失中获得启示。

久米邦武：挑战国家意识形态的学者

神道势力和政界保守派群起围攻，在媒体上对久米邦武口诛笔伐。他们不能在学术上驳倒久米邦武，就上纲上线，在政治上进行攻击，大肆谴责久米邦武"损毁国体""不敬皇室""侮蔑国史"，似乎是万恶不赦之徒。

久米邦武是岩仓使团的成员之一。作为使团特命全权大使岩仓具视的秘书，他全程参与了欧美考察，写下了多达5册100卷的《美欧回览实记》，详尽记录了日本走向世界的足迹。考虑到使团寄往国内的报告后来被一场大火化为灰烬，唯有《美欧回览实记》流传于世，久米邦武的贡献就更值得推崇了。

幕府末期，久米邦武是肥前藩的一个武士，曾积极参与藩国的行政改革。后来他参加了维新政府，欧美考察归来，他专心写作，在1878年出版了《美欧回览实记》。鉴于他深厚的才学，第二年政府任命他为修史馆编修官，参与编写《大日本编年史》。这是明治维新的第十一年，久米邦武正好40岁。

推翻幕府之后，维新政府面临的一个挑战，就是树立天皇的权威。因为在幕府时代，幕府将军掌握国家实权，天皇不过是名义上的最高统治者。许多老百姓“只知霸府（幕府），不知皇室”。所以，维新政府利用各种途径拼命宣扬天皇。修史当然是一个证明天皇“伟大光荣正确”的重要手段。于是，维新开始的第二年就设立了“史料编辑国史校正局”，1877 年修史局改设“修史馆”，主持编纂《大日本编年史》。

当年的修史诏书写道：“修史乃万世不朽之大典，祖宗之盛举……今以革除镰仓以来武门专权之弊，振兴政务，故开史局，以继祖宗之余绪，广施文教于天下……须速正君臣名分之谊，明华夷内外之辨别，以树立天下之纲常。”

显然，修史的手法和目的还是封建史学老一套，不同的是，过去是以武家为中心，现在要以天皇为中心。拟议中的“大日本编年史”要按照古时的编年体“六国史”的体系，重新纂修一部贯通古今的史书，突出以天皇为中心的政治系统。“六国史”的第一部史籍《日本书纪》，早就构建了日本的“神代”历史，将天皇一族描述为天照大神的后裔。以这样的观念纂修史书，明显是为明治天皇的政治统治服务、为宣扬天皇“万世一系”的国体张目。

就在这样的历史背景下，久米邦武走进修史馆，成为一位修史官。可是维新政府并没有认识到，在“文明开化”的口号下，许多知识分子的思想已经发生了变化。他们具有积极的进取精神，对过去的日本旧文化和旧社会持批判眼光。

修史馆的一些史学家既有深厚的汉学功底，又接受西方史学思想，重视史实考证。他们不满足于建筑在封建神话基础上的皇道历史，采用忠实于史实的方法论，通过原始史料的考证探究历史的本来面貌，一系列实证史学研究的成果否定了神国论和皇国史观。于是，在国史纂修问题上，撰史求真与修史的政治功用之间的矛盾就凸显出来。

在政府看来，日本“国体”的核心就是“天皇制”和“国家神道”。天皇是日本的神，“天皇制”及其配套的“国家神道”，是统合日本成为一个现代国家的主要文化体制和工具。1889年，日本颁布《大日本帝国宪法》，明确规定，“国家神道”不是“宗教”，而是“祭祀”，而且是“国家的祭祀”，是全体民众必须参与的公共事务，在公共领域实现“祭政一致”。

可是，久米邦武并不认可这种观点。1891年，他在《史学会杂志》上连载了长篇文章《神道是祭天古俗》，指出神道的核心是皇室和伊势神宫的祭祀，这是古代的“祭天古俗”，实质是与中国“玉皇大帝”之类近似的、普遍可见的共同体祭祀，是“东洋祭天的古俗”的一种形态。久米邦武从学术角度祛除了国家神道的神圣性，甚至使用“襁褓”（日语中有“尿布”之意）这一带有蔑视意味的词语说，祭天源于人类在襁褓时代（即原始时代）创造出了“神”的概念。久米邦武这样写道——

盖神道非宗教，故无诱善利生之旨。只祭天为攘灾招福之祓，与佛教并行而毫不相戾，故以敬神、崇佛为王政之基而流传至今，且其习俗与臣民结合而为牢固之国体。然耽于神事之谬说多矣，故去其神道、儒教之偏执，而以公正之心考之，实乃史学之责任。

在《大日本帝国宪法》颁布、国家神道教义形成之际，面对复古国学、神道家的神国论与皇国史观甚嚣尘上，“神道乃祭天古俗”却说日本神道来源于古代祓除仪礼与祭天古俗。这意味着对神国论与皇国史观的否定，也颠覆了国家神道的基础，甚至直接动摇了天皇制国家。

神道势力和政界保守派群起围攻，在媒体上对久米邦武口诛笔伐。他们不能在学术上驳倒久米邦武，就上纲上线，在政治上进行攻击，大肆谴责久米邦武“损毁国体”“不敬皇室”“侮蔑国史”，似乎是万恶不赦之徒。

国家神道系统内的道生馆的 4 名学生还冲进久米邦武家，对其进行了长达 5 个小时的质问，久米邦武被迫进行应答。这 4 人又先后去了文部省、内务省，要求这些政府部门必须采取相应措施。在沸腾的民意压力下，久米邦武被文部省解除国史纂修的职务，成为失业者。他的同事、指出“世上流传的史传多与事实有误”的史学家重野安绎也被迫辞职离去。内务省还命令刊登久米邦武论文的杂志停止发行。

幸运的是，当时的私立大学已经出现，为那些不愿与政府同流合污的知识分子提供了栖身之地。大隈重信创办的东京专科学校聘请久米邦武为教授，让他可以继续安心做研究。

这场“久米邦武笔祸”事件，是日本近代历史学的一个挫折。修史馆失去了杰出历史学家，官方纂修《大日本编年史》也瘫痪了。日本官方史学从此一蹶不振，只能做史料的编辑、汇总工作，而将历史著作这一领域基本上让给了私家史学。因此有史学家把它称为“日本近代史学转型的一大胜利”。

作为坚持学术独立、勇于向国家意识形态挑战的历史学家，久米邦武被视为学人的楷模，至今备受日本学界的尊敬。

值得一提的是，后世常用的“岛国根性”一词，也出自久米邦武。他从地理与民族精神角度批评日本人“特有的视野狭窄而封闭的性格”，显示了一个学者可贵的自省精神。

田中正造：不应该被牺牲在工业进步的祭坛上

日本在对“富国强兵”的追求中，大力发展工业，促使经济腾飞，也产生了环境污染问题，普通民众为了国家强大而付出高昂代价。在政府看来，这是实现工业化的必要代价。而田中正造这位环境保护论的先驱则认为，经济近代化的首要目标是为人民的福利做出贡献。

田中正造一生五次入狱，为正义而斗争的精神贯穿了他的一生。

第一次是1868年，田中正造年仅27岁。作为栃木县佐野市的一名村长，田中正造联合各村村长反对贪污的地方长官。结果反而被关进监狱，而后又被赶出这个长官的辖区。

第二次是1871年，秋田县鹿角市的一名官员被杀，身为该官员下属的田中正造蒙受不白之冤，锒铛入狱，四年后才得以昭雪。

当田中正造走出监狱之日，正是日本自由民权运动萌动之时。田中正造积极参加自由民权运动，成为一名活跃的民权领袖，并成功当选栃木县议员。彼时栃木县是日本自由民权运动的焦点，因为栃木县县令三岛通庸蔑视地方议会，残酷镇压自由民权人士。田中正造勇敢地站在斗争最前线，与被称为“鬼县令”的三岛通庸对峙。最终三岛通庸被调走，民权派取得了胜利。不过，田中正造个人也付出了代价：三岛通庸临走前找借口，将田中正造投进监狱，关了40多天。

第三次走出监狱后，田中正造被选举为栃木县议会议长。经过十多年的自由民权斗争，1889年《大日本帝国宪法》颁布，日本议会也正式开设。田中正造从第一次就成功当选众议院议员，而且连续六次当选。

19世纪90年代，日本近代化的效果开始显现，经济发展出现了加速的趋势。但是，正当国家的全面发展似乎充满活力时，许多普通民众很气愤地发现，他们不得不忍受发展带来的负担：普通家庭不得不喝有毒的水，吃种植在被污染土地上的食物。特别是在足尾山铜矿附近的渡良瀬川流域，河鱼死亡，庄稼枯萎，牲畜死亡，病人也大量增加，原本的鱼米之乡变成了灾难之地。这就是日本历史上第一起环境公害——“足尾矿毒事件”。

19世纪末，世界上每个地方的采铜业都是个非常肮脏的行业，严重破坏生态环境。足尾山铜矿是日本最大的矿山，经营者古河市兵卫认为，日本必须尽快实行工业化的主张，生态和人类为此付出的代价是次要的。这也是一心发展经济的政府的看法，因此政府对民众的痛苦无动于衷。

无奈的农民找到了众议员田中正造。此时田中正造已经年届五十，须发斑白。这位充满正义感的政治家强烈地主张，普通人“不应被牺牲在工业进步的祭坛上”。从此，他全身心投入

“足尾矿毒事件”，为维护民众利益而斗争。

根据科学家的分析报告，田中正造向明治政府提出质问书，但是政府没有回应。1891 年 12 月 24 日，帝国议会召开，田中正造当面质问农商务大臣陆奥宗光：为什么对质问书没有答复？陆奥宗光困窘地答道：关于这个问题明日答复。可是到了第二天，胆怯的陆奥宗光没有出现在议会上。

田中正造在议会上发言，一针见血地揭穿陆奥宗光和古河市兵卫的裙带关系，批评政府姑息养奸。他指出，即将生效的法律明确规定，采矿企业危害公众利益时，农商务省应收回授予的特许权。他痛斥政府在民众的痛苦面前无动于衷，“政府已经抛弃了宪法规定的它有责任加以保护的人民。毁灭人民就是毁灭国家。所谓的‘政府’知道自己在做什么吗”？

在舆论的压力下，政府答复称，事故原因“尚不清楚”，继续回避责任追究。农商务省的报告说，“国家由足尾铜矿所得的公共利益，远远超过受害地区的任何损失”。政府发言人后来解释说，“足尾矿毒事件”证据的数量还没有严重到使人相信“危害公众利益”。

政府不加干涉，导致环境灾难继续蔓延。特别是 1896 年 9 月的一场大洪水，矿毒造成的公害污染急剧扩大，民众深受其害。随后，800 位村民前往东京，向官府抗议。田中正造不仅在议会抨击政府和矿主，同时还在东京组织大型讲演会，要求铜矿停业。环境污染问题引起了社会的关注。报纸在头版登载有关报道，许多著名批评家也呼吁政府采取行动。

政府果然行动了。可是，它不是去解决“足尾矿毒事件”，而是出动宪兵、警察，残酷镇压来东京请愿的受害农民。100

多人被逮捕，其中 50 多人以聚众滋事罪被起诉。在议会里，田中正造愤怒地质问总理大臣山县有朋。后来，在对受害农民的审判法庭中，旁听的田中正造故意打哈欠，结果被法官以“蔑视法庭罪”判处禁闭 40 天。

第四次走出监狱时，田中正造已经是白发苍苍的老翁了。他在议会里孤立无援，被迫辞去了众议院议员的职务。但是他越挫越勇，继续到处演讲，控诉矿毒损害。议会充耳不闻，政府不屑一顾，田中正造决定直接向天皇上诉。他写下遗书，在东京街头拦截天皇车辆，结果被警察拘捕，第五次被投入监狱。这一事件轰动全国，也让“足尾矿毒事件”成为全国舆论的焦点。

失去众议院身份后，田中正造成为一介平民，可是他斗志丝毫未减，一心献身于解决矿毒问题的斗争。当时政府借口为防洪水，决定将一个村庄作为蓄水池，为此要把村庄夷为平地。田中正造入住村里，和村民同吃同住，一起抗议政府强制废弃该村。在此期间，他有家不回，连换衣服都顾不上，浑身长满了虱子。

1913 年，73 岁的田中正造积劳成疾，客死在一位环保支持者家中。在他的枕边，只有一只斗笠、三本日记和没有写完的厚厚手稿，以及《大日本帝国宪法》和《圣经》各一部。这就是田中正造的全部财产。有数万人参加丧礼。根据田中正造的遗嘱，他的遗骨被分别埋在栃木县、群马、埼玉县的 6 处矿毒受灾地。

日本在对“富国强兵”的追求中，大力发展工业，促使经济腾飞，也产生了环境污染问题，普通民众为了国家强大而付出高昂代价。在政府看来，这是实现工业化的必要代价。而田中正造这位环境保护论的先驱则认为，经济近代化的首要目标是为人民的福利做出贡献。

不同理念的论战，不同利益的斗争，充斥着明治时期。直到田中正造去世之时，足尾铜矿还在生产，民众只得继续忍受痛苦。一直到 1973 年铜矿采掘告罄，矿井才彻底关闭。第二年，在政府的调停下，铜矿公司和污染受害者之间才达成了最后的和解。

这时距离田中正造去世已经六十一年了。虽然他生前没有看到胜利的结果，可是他的思想终于被日本社会认同，而且成为 20 世纪下半叶日本反环境公害的锐利武器，他的勇敢行动更成为许多日本人的榜样。田中正造的思想也走出日本，成为世界各国环保者的精神财富。尤其是他那句名言“不应被牺牲在工业进步的祭坛上”，振聋发聩，引人深思。

森有礼：从自由主义到国家主义

他在欧美留学工作多年，曾经是日本激进的“文明开化”运动的推动者和民主自由思想的启蒙者，为什么后来却蜕变为狂热的国家主义者？

1889年2月11日下午，明治天皇参加完宪法授予仪式后，前往青山练兵场参加阅兵式。当皇家马车出现在皇居前的二重桥正门时，道路两旁的学生挥舞帽子，齐声山呼“天皇陛下万岁！”明治天皇也频频点头致意。

在日本历史上，这是民众第一次在天皇面前高呼“万岁”。千年以来，天皇巡行时，官府总是要求人们“肃静”，不许喧哗，安静目送天皇队伍走过。但是，通过呼喊“万岁”与天皇互动，使民众从冷漠的旁观客变成了狂热的造神参与者，也提高了天皇的权威。

对天皇高呼万岁的导演，就是时任文部大臣的国家主义者森有礼。他在欧美留学工作多年，曾经是日本激进的“文明开化”运动的推动者和民主自由思想的启蒙者，为什么后来却蜕变为狂热的国家主义者？

二

幕府末期，各藩已经对江户离心离德。尤其是西南雄藩萨摩藩，经济实力雄厚，是“尊王攘夷”运动的重镇。1863年，它与英国开战，结果鹿儿岛城遭到炮击，损失惨重。萨摩藩由此认识到“攘夷”不可行，转向主张开国。身为萨摩藩下级武士家庭的孩子，森有礼幸运地成为这种主张的受益者。

1865年，森有礼和其他十几人被萨摩藩秘密派往英国留学。那一年森有礼年仅18岁，正是对世界充满好奇的年龄。他后来回忆航海经历时说：“在横渡茫茫大海之际最为令人兴奋。此间，数昼夜都看不到陆地，抬头唯见穹隆天空，低头只见团圆水面，耳不闻尘世间的喧闹之声，目不见船舱内的杂乱之状，精神高度宁静，旅客相互亲睦，实有一种怡然若梦之感。”

森有礼进入伦敦大学学习。两年前，伊藤博文曾在这里学习。二十三年后，后来被称为印度“圣雄”的甘地也来到这里就读。森有礼抓住这个难得的学习机会，如饥似渴地学习现代知识。

在伦敦的两年时间里，英国社会的法制给森有礼留下了深刻印象。他后来说：“法乃国家之本，法不明则难治国民——从今学得万国法制，使与我国传统之古法折中，得以建立新的公平不拔之制度，至天下万事，谁不蒙其泽？”据说，他与英国著名教育家斯宾塞成为挚友，后者影响了他的思想。

后来，森有礼又被派往美国继续学习。沉浸在科学知识和现代文明里，他接受了基督教思想。这期间，幕府统治被推翻，明治维新开始了。1868年6月归国之时，森有礼面对的是一个百废待兴的国家。维新政府正是用人之际，欢迎有新知识的年轻人。21 岁的森有礼先后被任命为徵士外国官权判事、公议所官方代表等职务。

此时的日本正处于国家转型时期，新旧并存，改革与守旧的思潮交互激荡。森有礼希望尽快推动国家向现代文明转型，大胆提出自己的改革建议，却意外遭遇挫折。

长期以来，日本武士都有带刀的特权。普通人见到他们都要低头让路，否则自认为受到侮辱的武士有权挥刀砍人。维新开始后，武士仍然腰插双刀，高傲地走在街头。森有礼建议政府，废除武士的带刀特权，实现社会各阶层平等。

但是，这个合理的建议却遭到了守旧派的激烈抨击。他们认为，这将剥夺士族的“武士之魂”，动摇国本。年轻的森有礼陷入各种非难之中，最终他被派往海外，担任美国公使——在当年这并不是一个重要职位。

有意思的是，在森有礼外派美国的第二年，日本政府发布“断发脱刀令”，武士今后不准带刀，以破除旧习，提倡“开化文明”。这一次是维新元老、朝中重臣山县有朋建议的，结果成为政府的法令。这一法令使后来废藩置县的政策顺利执行，推动日本走向中央集权。这也证明了森有礼的改革建议是正确的，但是他毕竟人微言轻，而且留学海外的经历更容易使他成为保守派攻击的对象。

这次挫折是否使他认识到世事的复杂和改革的艰难呢？

二

19 世纪 70 年代的美国正处于南北战争之后的“重建时期”

（reconstruction），美国的学者组织很多学术团体互相切磋学问，举办公开演讲，以推动国家重建和社会进步。这些现象给森有礼留下了深刻印象，也影响了他的未来选择。

1873 年，森有礼回国，担任外交大丞、外务少辅。这时已是明治维新第六年，但是在旧制度旧文化的束缚下，各项改革进展并不顺利。一些有识之士认识到，日本迫切需要一场思想启蒙运动。但是日本的学者仍然像以前那样，埋头书本，互不往来。森有礼深知思想启蒙的重要性，回国不久就劝说一些新型知识分子组成“明六社”。

这是日本历史上第一个近代意义上的学术团体，成员堪称一时之选。如福泽谕吉、西周、津田真道、加藤弘之、中村正直、神田孝平等，都是名闻全国的学者。森有礼年仅 26 岁，是其中年龄最小者，却被推选为社长，承担组织重任。

明六社以“开启民智”“文明开化”为己任，定期集会，公开演讲，向国民宣传新知识、新思想，“觉愚蒙之眼”。他们创办《明六杂志》，不遗余力地批判和清算封建的意识形态，引进西方的思想学说。他们的文章涉及政治、法律、经济、社会、伦理、外交、历史等领域，为日本开启了一扇了解世界的窗口。杂志发行量大，成为青年人争相阅读的刊物。他们还翻译出版了 20 多部介绍民主、共和、自由、平等思想的西方书籍。

森有礼本人站在思想解放的前沿，为推动启蒙运动而尽力。他在《明六杂志》上发表《开化第一话》《妻妾论》等文章，从社会、文明、妇女等方面，向国民进行思想启蒙宣传。他对日本的传统社会制度和价值观提出了挑战，激烈批判封建时代的“三从四德”和纳妾现象，主张夫妻平等，互相敬爱，大力发展女子教育。这位启蒙者的思想颇为激进，一度主张日本不仅有必要废止现有文字，改用罗马字，甚至还要废止现有语言，改用英语。

面对蓬勃兴起的自由民权运动，政府里的强势人物感到不安。他们认为，日本的发展不需要知识分子指手画脚，于是颁布法律禁止结社，限制出版自由。1875 年 11 月，《明六杂志》被政府查封，“明六社”被迫解散。尽管只存在了两年时间，但是“明六社”毕竟启迪了一代人心，在日本播下了自由、平等、法治的种子。

对于森有礼个人来说，明六社被迫解散使他认识到政府远比知识分子强大，也亲身体会到坚持己见有多么的困难，即使是在自己的家庭内实行自己的倡议也并非易事。他曾坚持自己的第一次婚姻应该是一种契约的形式，以显示夫妻关系的平等，但后来却离了婚。他说，这种关系使妻子变得“乖戾轻浮”，“与一个没有受过教育的日本女人尝试这样的婚姻是我的错误”。

三

1876 年 1 月 24 日，中国农历大年除夕前夜，森有礼和李鸿章进行了一场著名的对话。

这一年，森有礼被任命为日本驻中国公使，赶到保定拜会身为直隶总督兼北洋大臣的李鸿章。李鸿章对森有礼很好奇，因为这个年仅 29 岁的年轻人竟然已经两次周游世界。当时清朝已经开始洋务运动，但是阻力重重。作为洋务运动的领军人物，李鸿章希望从这个接触过欧美世界的日本人这里了解世界大势，帮助危机重重的清朝。因此，他开场就问“振兴我清国的良策”。

森有礼回答说：“要振兴如此大国，首先必须要有与推进此等大事业相匹配的一大势力。”他不无吹捧地说，清朝应该“涌现出三十个李鸿章”，否则此事难成。当李鸿章回答“弊国现在有一百个李鸿章”后，森有礼说，问题是这些人尚未被放到合适的位置上，“如果不能位居十八省的长官乃至总理衙门大臣那样的官职，又能如何”？

明治维新之后，日本开始变装易俗，以西方服饰为美，而清朝依旧长袍马褂。李鸿章对于日本“改变旧有服制、模仿欧洲习俗一事”很是不以为然。他直言不讳地问森有礼：“阁下对贵国舍弃旧有服制，模仿欧洲风俗，将贵国独立的精神委诸欧洲的支配，难道一点也不感到羞耻？”

森有礼回答道：“不仅丝毫不感到可耻，而且我们反而以此变革为骄傲。此变革绝非外部强加给我们的，完全是根据我国自己的喜好做出的决定。特别是，我国自古以来，不论是亚洲、美洲，还是其他任何一个国家，只要其有长处，就总会想着将其拿过来为我国所用。”

当时中国的洋务运动正进行得如火如荼，成立了金陵制造局、上海制造局、福建制造局，还在福建创建了船政学堂。不过，李鸿章说：“我国决不会实行这样的变革。只是诸如武器、铁路、电信以及其他器械等，为必要之器物，他人最擅长之处，才不得不从国外引进。”

连衣冠都不肯改变，国家制度当然更不会改革，这恰恰是洋务运动的根本缺陷。而日本不但变换衣冠，而且大胆引进君主立宪、三权分立等欧美政治制度，在近代化道路上极速奔跑。

当时日本为了发展经济，向欧洲国家举债。李鸿章认为“负债绝非好事”，负债太多会有损国家的独立。他劝告说：“为了贵国，期待贵国今后不要谋求向欧洲举借更多的债务。”森有礼站在国民国家理念和市场经济理论角度上，为日本举借外债辩护。他告诉李鸿章，举债有助于加深民众对理财方法的理解，促进民众对国家事务的关注，推动国内产业的快速发展。尽管明治政府举债的数量不大，时间也不长，但是成效非常明显。

李鸿章和森有礼的交谈从下午 3 点一直到晚上 10 点。森有礼比李鸿章小 24 岁，这是两代人之间的对话，也是两个面临不同抉择的东亚国家的对话，预示着两个国家的不同前途。

四

1885 年，日本政治制度进行了一次大改革，成立了该国历史上第一个内阁。内阁总理伊藤博文邀请森有礼出任第一任文部大臣，38 岁的森有礼自此跻身政治核心层。

此前的九年里，森有礼先是担任驻华公使四年，继而又担任驻英特命全权大使五年。在英国期间，他曾与来欧洲学习宪法的伊藤博文详尽地讨论过教育的作用，他们都同意，“教育的根本应该着眼于国家未来的稳定”。或许是这个机缘，伊藤博文在组阁时将森有礼拉进了自己的班底。

森有礼对教育问题素有研究。他认为，日本发展需要大批人才，培养人才的关键是创办近代国民教育体系，否则日本不可能走向近代化，“与万国对峙”。在担任驻美国公使期间，他就向美国教育界、政界、文化界和实业界人士发信，征求他们对日本创立近代教育的建议。森有礼将 13 位人士的回信编辑整理，亲自撰写“绪言”，于1873年在纽约出版了《文学兴国策》的英文版（*Education in Japan*）。这本书介绍和阐述了欧美近代平等主义教育观念，主张国家应实施义务教育，公立学校是实施义务教育的主要途径，而教育的管理要以民主精神为基本原则。

这本书正式出版前，森有礼就将书稿送给岩仓使团。因此，日本各界很早就知道森有礼谙熟教育问题，因此他执掌国家文化教育大权，并不使人感到意外。

但是担任文部大臣的森有礼却面临着选择。维新开始之后，教育的内容就抛弃了传统的儒家道德说教，取而代之的是实用主义和自由主义。政府一度把道德修养课程中的儒家学说换为美国、法国的道德文章。19世纪80年代中期的日本，正是欧化之风盛行之时。学问、艺术方面学习欧美自不待言，各种法规、制度以及社交礼仪也模仿欧美。可是在欧洲的启蒙思想和自由主义思想横扫日本的同时，保守主义思潮也在兴起。保守主义宣扬说，日本的国体深深植根于日本的历史和民众的传统文化价值观念，不能动摇，必须坚持和维护。他们的主要攻击目标就是教育制度。他们强调传统价值观，要求建立所谓的“国教”。

在新保守主义者中，就有森有礼的朋友西村茂树。十多年前，他们一起创办“明六社”，鼓吹启蒙思想，都是近代文明的提倡者。但是1876年西村茂树被任命为皇家教师后，不再支持“文明开化”，转而赞美旧制度、旧风俗，拥护士族特权，反对废止带刀和男女平权，主张以儒学为基础对国民进行教育。

出人意料的是，森有礼这个著名的启蒙思想家，在担任文部大臣之后也倒向了保守主义。在他的主导下，日本政府颁布《学校令》《帝国大学令》《师范学校令》《小学校令》及其他学校通例，建立了一套完整的教育体系。他提倡顺良、信爱、威严等封建道德，宣扬国家主义，要求学生忠君爱国。从师范学校到大、中、小学，都要进行军事体操训练，还用日本传统武士道精神培养学生尚武精神。就这样，原本颇多自由主义色彩的教育遭到彻底否定，转向为国家、为政权服务。

后又规定歌颂天皇统治千秋万代的《君之代》为必唱歌曲。仪式具有强烈的宗教气氛，重复举行这种仪式，加上天天通过课堂灌输《教育敕语》的思想，很容易潜移默化地影响青少年单纯的心灵。

森有礼认为，办教育不是为了个人，而是为了国家。教育的目标不是培养具有自主意识和独立精神的近代公民，而是要培养具有忠君爱国道德品质的忠顺臣民。1887 年，他对地方官员说——

阅读、写作和算术，不是我们教育和指导年轻人的主要问题。教育的问题完全是如何造就品质高尚的人。而谁是这些品质高尚的人呢？——他们是我们的帝国所需要的优秀臣民。谁是这些优秀臣民？——他们是充分履行作为帝国臣民职责的人。

森有礼一手建立的教育体制，培养了大批科学、技术和工商管理人才，对日本经济发展发挥了巨大作用。但是这种教育体制也培养了无数愚忠的“臣民”，他们积极支持和参与对外侵略，给亚洲和世界造成了巨大灾难。直到1945年战败后，这种带有军国主义色彩的国家主义教育体制才被推翻，建立了新的民主教育体制。

五

为什么在担任文部大臣之后，森有礼的思想判若两人？是因为他的思想真的改变了，还是因为“屁股决定脑袋”，官位让他成为自己的反对者？不管怎样，森有礼走向了另一个极端，甚至超过了那些体制内的保守者。

1888年，日本高层围绕宪法草案展开了激烈争论。宪法草案第二章标题是“臣民的权利义务”，森有礼强烈地反对使用“权利”这一词汇。他说：“本章改臣民的权利义务，欲修正为臣民的地位（权利义务也可以在法律上写明），以宪法记载之，似相当不稳当。对天皇只有一个身份，有责任而无权利。只写人民对天皇的地位足矣，其他事不需记。”

这种完全否认人民权利的观点遭到了许多议员的反对，身为议长的伊藤博文也说，“从宪法中除去权利义务之时，宪法就不能成为人民的保护者”，“盖创立宪法的精神，第一就是限制君权，第二在于保护臣民的权利。故若在宪法中不记述臣民的权利，只记述责任，那么便无设宪法之必要。（如果如此）就要称为君主专政国家，故限制君主权。此外，在宪法中记述臣民有如何之义务、如何之权利，方备宪法之骨干也”。

最终，日本的宪法中还是写进了国民的权利——尽管这些权利有各种限制。

此后，森有礼作为文部大臣，积极筹备宪法颁布仪式：各地举行庆典的场合要摆上天皇和皇后的“御照”和太阳旗，参加庆典的人们要向天皇和皇后的“御照”行礼，在此过程中小学生不断地高唱《君之代》。总之要烘托国家主义的气氛，突出天皇的尊严。

可是，森有礼却没有看到他所策划导演的庆典。1889 年 2 月 11 日，也就是《大日本帝国宪法》颁布之日，准备出席庆典的森有礼却遭到袭击，第二天不治而亡，年仅 42 岁。刺客是一个激进国家主义者，他听说森有礼是基督徒却穿着鞋子踏进了伊势神宫（日本最神圣的神宫）后极为愤怒，认为这是亵渎神灵之举，于是挺身刺杀。

历史学家雷颐说：“从著名的启蒙先锋、坚定的自由主义者遽变为国家主义、军国主义的坚定信奉者和最初的施行者，这是森有礼个人的悲剧，更是那个时代许多日本启蒙者和自由主义者的悲剧。”不过，和其他悲剧者比起来，森有礼这个国家主义者死在另一个国家主义者的刀下，给他的悲剧结局涂上了一层尴尬的色彩。

加藤弘之：思想的变节者

从一个天赋人权的思想旗手，滑向社会达尔文主义，再进一步沦为对外侵略的理论制造者，加藤弘之的思想之路值得重视，因为这条思想轨迹也正是近代日本走过的道路。

1881年，刚上任不久的东京大学新校长加藤弘之对外宣布，不再印刷和发行自己的《真政大意》《国体新论》等宣扬天赋人权的著作。这意味着，他撤回了自己以前所主张的学说。这个决定在知识界引起轩然大波，作为一个有很高社会声望的著名知识分子，加藤弘之为什么要做出如此惊人之举呢？

加藤弘之生于幕府末期，很早就学习兰学。他是思想家佐久间象山的弟子，与吉田松阴是师兄弟。1856年，普鲁士国王赠送幕府电报机和照相机，20岁的加藤弘之被派到德国领事馆学习使用技术，又开始学习德文。

在学习外文的过程中，加藤弘之对"天赋人权说"产生共鸣。他逐渐认识到，西方文明的本质并非"武备"而在"政体"，于是转向研究政治学。他写出了专著《邻草》，阐述议会制度的必要性，是日本国内最早介绍欧美立宪思想的著作。

《邻草》也谈到了中国。文中的“客”向加藤弘之提出一个现实问题：“近得情报，清主败奔沈阳（实为承德），而不得还北京。英法势力猖獗，‘长毛贼’（太平天国）乘虚而益呈威势。值如此变局，中国前途何望。”加藤答曰：清朝亟须变革，论变革应从“上下分权”起，然后“有德有才之士”得以治“暗昧愚昧”之下。由此看来，加藤弘之把民众权力看得十分重要，他向往民众参政，纠正国弊。

据考据，日本最早表达“天赋人权”思想的文献，是1873年由青木周藏依据木户孝允嘱托执笔写成的《大日本政规》，其中有“保护各人固有的天赋的权利”的内容。但是，把“天赋人权”作为一个完整概念予以表述的，则是通晓外文的加藤弘之。1875年他在所著《国体新论》中首次把“natural right”（自然权）译为“天赋人权”，加藤由此被尊为日本“天赋人权说”的首倡者。在幕府统治末期，加藤弘之站在了日本思想界的前沿，思想之先进远远超过同时代的绝大多数学者。

和福泽谕吉一样，加藤弘之也供职于幕府，曾官至江户幕府大目付勘定头，相当于财政和民政的监察首长。幕府被推翻后，加藤弘之又在新政府出仕，历任日本学界、政界官职，成为明治政府最重要的御用学者之一。1870年他走进皇宫，为天皇讲授欧美政体，为皇后讲解历史风俗概要。这种侍读的工作持续了数年，为他赢得了极高的社会声望。

作为一个后发国家，日本从传统向现代转型过程中如何建立一个现代政府？加藤弘之先后撰写了《立宪政体略》、《真政大意》和《国体新论》三本著作，探究这个时代命题。他认为，政府的首要责任就是“为使臣民各自不受他人屈害，保护臣民之生命、权利及其私有此三者”。为达此目的，关键就是建立立宪政府。怎么才能在日本这样的后发国家建立立宪政府呢？首先是制定宪法，用宪法保护臣民的权利和义务，然后再用相应的理念和实践教育民众，使民众通晓并认同自由民主的理念。

这意味着，加藤弘之的思想从“天赋人权论”发展到如何保障人权。他的上述三本著作一直是日本的宪政理论资源，为“二战”后日本顺利地实现宪政转型奠定了重要的理论和思想基础，因此被誉为日本版的《政府论》。不过，当时社会上的“皇学者”“勤王家”抨击加藤弘之，指责这些书蔑视日本传统天皇制国体。

加藤弘之没有退缩，他还和森有礼、福泽谕吉等共同创立日本最早的启蒙学术团体“明六社”，致力于介绍“天赋人权论”，传播民权、平等的启蒙思想，介绍立宪政治。作为思想启蒙运动中的一员健将，加藤弘之备受尊敬。

但是，随着自由民权运动的兴起，主张举行大选、经民选产生国会的呼声高涨之时，加藤弘之却与其他启蒙家产生了分歧。在他看来，人民知识不够，设立民选议院为时过早，时机尚不成熟，“让我国开化未全之人民共议天下之事，并欲采其公议制定制度宪法，无异于缘木求鱼……大凡人民智识未开，就先以得到大量自由权利，其时尚不知施行权利之正道，反而因此陷入自暴自弃之中，遂伤害国家之治安，岂不可惧”？

加藤弘之急速地从自由、民主、立宪的思想圈中退出，开始寻找新的思想资源。

随着社会进化论传入日本，“优胜劣汰，适者生存”的理论如当头棒喝，给日本知识分子以极大震撼。因为自从明治维新以来，日本一直追求富国强兵的目标，但是并没有理论支撑，只是以为只要学习追赶欧美列强就可以达到目标。而社会进化论认为，国家之间是“弱肉强食，优胜劣汰”，要想成为强国必须不择手段地在残酷的竞争中获胜。比起天赋人权论，这种社会进化论更容易被后发国家推崇，成为它们“富国强兵”的理论依据。

加藤弘之也被这种新的学说所吸引。在读了达尔文等的进化论和德国国家主义政治学家著作之后，他认为世界是一个以“优胜劣汰”为法则的社会，在列强环伺的险恶的国际环境里，日本要实现富国强兵，就要依据“适者生存”的原则来发展。民主不适合日本国情，日本需要的是威权政体。国家最为重要，人权要服从于国家的需要。从此，他成为反对日本开设议会、反对“天赋人权”的保守主义者。

1881 年，在被政府任命为东京大学校长之后，加藤弘之为了向政府示忠，声明自己的早期著作一概绝版。第二年，他出版了《人权新说》，公开宣称，社会成员各有优劣，“人间的生存斗争和优胜劣汰是必然的”。在一个“优胜劣汰”的社会里，主张人天生便有相同平等地位与权利的天赋人权说仅是一种“谬见妄说”。他强调，国家要握有大权，国家唯有通过庞大的权力才能保障个人的权利。

《人权新说》成为加藤弘之思想转向的标志。曾高举“天赋人权”理论大旗的他不仅转向成为强权论的极力鼓吹者，主张国家主义、天皇专制主义，而且基于社会进化论的立场，对自由民权思想进行猛烈的批判，引起了一场著名的思想交锋。

论战主要集中于人类权利是否为天赋、人类要获得权利是否只能通过优胜劣汰的竞争手段、人权与法权有无区别等焦点问题激烈展开。日本社会舆论大多数不赞成加藤弘之的观点，一些学者对他进行了严厉批评。加藤弘之出版《人权新说》的当年，中江兆民写成《民约译解》，把卢梭《民约论》译介到日本，有意将“日本的卢梭”的事业进行到底。在社会舆论的压力下，1889 年日本颁布的第一部宪法中写入了人权保障内容。尽管如此，1890 年以后，社会达尔文主义被越来越多的日本人接受。

加藤弘之仕途通畅。他先后担任东京大学校长、帝国大学校长兼帝国大学法科大学校长，还曾担任多年的高等教育会议议长、教科书调查委员会会长、教育调查会总裁等职务，被称为“明治时代官界和学界的总帅”。随着社会进化论逐渐成为日本思想主流，加藤弘之所鼓吹的社会达尔文主义影响力越来越大，并为日本构建近代化国家提供了理论依据。更可怕的是，“弱肉强食”“优胜劣汰”的逻辑也开始被运用在国际政治上，成为日本侵略亚洲其他国家的舆论先导。

晚年的加藤弘之被选为贵族院议员，担任宫中顾问官、枢密顾问官，官越做越大，思想也越走越远。他主张“国家有机体论”，认为必须牺牲个人利益为国家服务。在他看来，“日本在全世界有无比优越的国体”。国粹主义一旦与国家主义相结合，就会自然而然地走向帝国主义。加藤弘之说：“只要为自己的利益幸福，则对于他国而起的侵略战也没有可非难的理由。”公然为日本向外侵略扩张制造理论根据。

在世界思想史上，像加藤弘之这样思想急剧转变的人，是非常罕见的。从一个天赋人权的思想旗手，滑向社会达尔文主义，再进一步沦为对外侵略的理论制造者，加藤弘之的思想之路值得重视，因为这条思想轨迹也正是近代日本走过的道路。日本的案例警示后发国家，必须摆正人民自由与国家富强之间的关系。如果不以个人权利为价值支撑，一个国家就不会成为一个现代文明国家。如果忽视对个人权利的保护，追求富强目标的后发国家就很容易走上对内专制、对外侵略的邪路。

殷鉴不远，能不慎乎？

福地源一郎：一个报人的复杂人生

福地源一郎一生毁誉参半，他丰富的经历是明治时代的一面镜子，折射着这个东亚国家在近代化过程中与媒体的复杂关系：从利用到打压，从寄予厚望到严加管制。这个过程不仅导致媒体人动摇分化，也使得民众从“文明开化”重回愚昧封闭，成为国家的工具。

明治政府军打败幕府军队之后，依附于幕府的各种人物纷纷逃走。就在江山鼎革之际，却有人在江户创办报纸《江湖新闻》，发表支持幕府的文章，言辞激烈地抨击明治政府。

这个“不识时务”的人，就是福地源一郎，一位 27 岁的幕府下层官员。

一

福地源一郎出身于医师家庭，年轻的时候在长崎和江户学习英学，18 岁起就在幕府做官。因为英语水平高，他曾两次作为幕府使团成员访问欧洲。他看到英国记者敢于直言不讳，深为折服，从此在心中埋下了创办报纸的种子。只是没有人会想到，他会在江山易色的时候办报纸、论时政。

福地源一郎在一篇名为《强弱论》的文章里说，新政府的大权并没有回归天皇，而是落在了萨摩和长州两藩手中，明治政府只不过是改头换面的新幕府而已。这种大胆言论，自然引起明治政府的不满。明治政府进驻江户后，立刻没收《江湖新闻》底版，勒令停止发行，并以“国事犯”的罪名逮捕了福地源一郎。就这样，福地源一郎成为明治时代第一个因言获罪的记者。

明治政府发布命令称：“今后未获官许的报纸一律取缔。应将所有木版上缴，十日之内不得存留。若有藏匿者，即为邪门歪道之事。”不久，明治政府制定了日本历史上第一个“新闻法”《报纸印行条例》，规定报纸只要对当时的政治和法律不妄加评论，即可获准出版发行。此举消除了报纸对政府的批判，导致反对明治政府的报纸迅速走向溃灭。

在政府要人木户孝允的协调下，福地源一郎无罪释放。失业的他开设私塾，以教授英语和法语为生。后来，在旧日幕府同僚涩泽荣一的推荐下，福地源一郎进入大藏省，成为明治政府的一名官员。

1871 年 12 月，岩仓使团启程赴欧美考察，福地源一郎作为书记官随行。旅途中，使团全权副使、大藏卿大久保利通很喜欢这位有才华的年轻人，希望他能够成为“自己人”，可是福地源一郎不愿意攀缘富贵。两人之间曾有这样一段对话——

福地：我知道如何得到阁下信任的秘诀，只要这般这般……的态度予以应接，相信必定能得到阁下的信任。

大久保：那么你为何不那么做、努力来获取我的信任呢？

福地：小生无法这样做，承蒙关照，还请见谅。

如此狷介的个性显然不适合官场。因此回国后的第三年，也就是 1874 年，福地源一郎辞官而去，投身媒体，成为《东京日日新闻》的主笔，再次拿起笔，痛论时事。

二

进入 19 世纪 70 年代，日本的报纸蓬勃发展起来。因为明治维新把文明开化、富国强兵、殖产业兴作为三大国策，要推动改革就要开民智，而报纸显然是开民智的好办法。

1871 年，明治政府制定《新闻纸条例》，规定新闻纸应以“开启民智”为目的，登载有益于世道人心的内容，不必局限于惩恶扬善的说教。某些虽无甚益处但只要是无害的“杂谈”“谐谑”，也可见诸报章。此外，还强调新闻文体宜浅显易懂，应避登“奇字僻文”。

当时的办报环境甚为宽松，只要具备一定的人、财、物等条件，“并不需得到官方许可就能随便发行报纸”。因此，一批报刊陆续出版，许多才华横溢、具有独特见解和人格魅力的年轻人投身媒体。

《东京日日新闻》的口号是“争论之下，真理显现”，因为它关注时事，采用口语体裁，平易近人，颇受大众喜好。福地源一郎加盟该报之时，日本政坛上围绕“征韩论”的激烈争论刚刚结束，板桓退助、江藤新平等退出政府，向政府提交了请愿书，要求设立民选议院。请愿书刊登在报纸上，影响巨大。以此为开端，自由民权运动兴起，报纸的舆论力量开始凸显。

这种情况引起官员的警觉。政府逐渐放弃宽松的言论政策，转而以法律来压制言论自由。1873 年 10 月，明治政府修改了《报纸印行条例》，增加了许多限制报纸出版发行的条款。两年后，政府又发布了新的《报纸条例》，详细规定了报纸发行人的责任细则，对报纸的发行手续做了种种繁杂、严密的规定，并首次明确了严厉的处罚规定，对那些刊登批判政府言论的报纸进行取缔。

与新的《报纸条例》同时公布的，还有《谗谤律》。该法令对冒犯、诋毁皇族、官吏以及华族、士族、平民的行为分别制定了相应的处罚规定，如“冒犯乘舆者，处以三个月以上三年以下监禁、50 日元以上 1000 日元以下罚金”。后来，政府又颁布命令，“已经允许发行的报纸、杂志、杂报一旦被认定为妨害国家安全，应禁止或停止其发行”。

日本新闻界进入了“言论恐怖时期”。有媒体人评价说：“我们就像被关进笼中的鸟，就像自由驰骋的野马被关进栅栏。”甚至有人愤慨地称，这两个法规将“重蹈秦始皇焚书坑儒覆辙”。据统计，在 1875—1880 年间，因触犯言论统治政策而引发的“笔祸事件”达到 200 件以上。尽管如此，对政府言论统制政策进行批判的情况仍在继续。

1876 年 6 月 28 日，在《报纸条例》和《谗谤律》公布一周年之际，《东京日日新闻》《朝野新闻》《读卖新闻》等媒体记者在东京召开“新闻供养大施饿鬼会”。一位记者在会上诵读“祭新闻纸文”，对政府扼杀新闻自由的行径进行了揭露和讽刺：“三千余万人民各自具备五官四肢，然皆蠢然如虫，口不能吐一言，笔不得草一论，唯以政府之令、官吏之言为最高无比道理加以尊奉而已。”

尽管编辑和记者接二连三地遭到逮捕，一些报纸依然风骨不改，批评政府。有学者这样描述当时的报界状况：“新闻杂志愈出愈盛，其数十百而犹不足也。虽然其间朝兴而夕亡，昨倒而今起，或触条例则罹法网，或犯谗谤律则科罚金。又蒙禁止者有焉，又命停止者有焉，纸面之改良，题号之更正等，沿革兴亡实可惊者多焉。”

在这样的时代里，福地源一郎一直站在新闻界的前沿，担任《东京日日新闻》的主笔。不过，与批判政府的民权派不同，福地源一郎秉持支持政府的渐进主义。该报设立社论栏，刊登对抗民权论的社论。因为该报与政府关系密切，获得了发表太政官记事和公报的特权。政府称赞《东京日日新闻》“新闻畅达，智识进步”，购买该报供官员阅读。

三

1877 年，西乡隆盛在鹿儿岛举兵，西南战争爆发。福地源一郎担任战地记者，因报道前线战况而声名鹊起。在此期间，他与福泽谕吉被合称“天下双福”。后来成为著名政论家的德富苏峰当时就极其崇拜福地源一郎，立志成为一名记者。

西南战争以失败告终，但是民权运动却益发高涨。各报社纷纷组织力量，或刊登介绍西方自由民权思想的文章，或延揽雄辩名家发表演说，向大众灌输自由思想，号召人们推翻藩阀政府，争取自由民权。

这让政府中的那些藩阀巨头坐立不安。政府更加强化对报纸的控制，甚至施以重典。《东京曙新闻》临时总编在报上发表社论，大力推崇“国民自尊精神”，主张实行立宪政治。政府以谗毁、诽谤天皇为名，对他处以两年监禁。

政府一方面重拳打击，另一方面采取拉拢、收买的怀柔政策。在言论统制和怀柔政策的双重打击之下，除了极少数记者坚持从事笔政外，有不少深受读者喜爱的报界名人窥测政局动向，以报社为“跳板”进入政府或议会，甚至担任要职。

福地源一郎没有离开报界，1881 年他还升任《东京日日新闻》社长。不过，在政治的高压下，这个亲政府的报纸完全变成政府御用媒体。它接受政府的补助金，为政府说话。在伊藤博文的暗中支持下，福地源一郎等还创立“立宪帝政党”，以主权在君、制定钦定宪法为纲领。《东京日日新闻》成为政府御用的机关报，与自由民权运动对立。

1883 年 4 月，政府公布新的报纸条例，扩大对报纸进行管制的范围、加大处罚力度。许多报纸被迫停刊，一些在自由民权运动中表现活跃的报纸逐渐丧失了生气，报纸上再也见不到笔锋犀利的文章。

与此同时，政府也想方设法引导舆论导向。1883 年 7 月，在内务卿山县有朋的提议下，日本政府正式发行“官报”。山县在倡议书中说：“纵观世间形势，新纸杂报皆以慷慨激烈为主，攻击政府，诽谤朝廷……政府应向大众广为传播其主义、旨趣。”而“官报”就是“政府公然发布的新纸，以阐明其主义政道”。

山县有朋还确立了“官报为经，私报为纬”的办报格局。所谓“私报”，就是政府暗中资助报社而发行的半官方报纸，福地源一郎担任社长的《东京日日新闻》就是其中之一。“官报”创刊后，政府规定所有官吏必须阅读官报。这些措施既让“私报”丧失了公信力，也丧失了大量读者。

作为“私报”，《东京日日新闻》遭受巨大打击。1888年，47岁的福地源一郎怀着深深的失望，辞去社长职务，彻底离开报界。

四

福地源一郎退出报界的时机似乎并不恰当。因为一年后，《大日本帝国宪法》公布，其中第29条明确规定，“日本臣民在法律之规定范围内，有言论、著作、出版、集会及结社之自由”。这似乎预示着日本报纸的春天再次降临。

其实不然。伊藤博文在《日本帝国宪法义解》中说，言论、著作、出版、集会及结社等行为“容易成为乱用之利器”，警察应该“采取必要处分以防止此等问题之发生”。该宪法第76条中规定，“法律、规则、命令等现行法令无论使用何种名称，只要不与本宪法矛盾，均有效力”。也就是说，此前制定的报纸条例、出版条例、集会条例等依然有效。

事实上，日本政府根据《大日本帝国宪法》，制定了数量众多的言论统制法案。1893年、1909年日本国会先后制定《出版法》《新闻纸法》，详细规定了禁止刊登的事项，以及对违反此法者的行政、司法处分。在如此严厉的言论统制之下，大量报纸遭受处分，日本报界遭到了可怕的打击。

假如仍然留在报界，福地源一郎不可能再有作为。自从退出报界后，他进入文学界，以歌舞伎剧作家而闻名。他的代表剧作有《幕府衰亡论》《幕末政治家》等。这时距离幕府垮台已经三十多年，面对远去的历史，人们又开始怀旧，福地源一郎契合了时代的要求，获得了成功。

1904 年福地源一郎当选众议院议员，两年后因病而亡，终年 65 岁。福泽谕吉则在五年前去世。从此，“天下双福”成为绝响。有人评价说，“福地的才华胜于福泽，可是意志的强度却远不如福泽”。

福地源一郎一生毁誉参半，他丰富的经历是明治时代的一面镜子，折射着这个东亚国家在近代化过程中与媒体的复杂关系：从利用到打压，从寄予厚望到严加管制。这个过程不仅导致媒体人动摇分化，也使国民从“文明开化”重回愚昧封闭，成为国家的工具。

山县有朋：军国主义理论的始作俑者

山县有朋作为始作俑者，主张以军刀作后盾，大力推行军国主义路线，从而成为日本军国主义的奠基人。耐人寻味的是，他的主张也得到了民众的支持。

国家独立自卫之道有二：一曰捍卫主权线，不容他人侵害；二曰防护利益线，不失自己的有利地域。所谓主权线乃国家之疆域，利益线系与主权线紧密相关之邻近区域是也。凡能保全主权线及利益线者，方成为国家。当今列国并立，仅防守主权线已不足以维护国家之独立，必须进而防卫利益线。

这是山县有朋在1890年写下的一段话。当时他以首相身份，向帝国议会提交《外交政略论》，首次明确提出“利益线”的理论。这是军国主义对外侵略的扩张理论，对日本的对外政策影响深远。“利益线”也成为山县有朋的理论标签，定格了他军国主义者的形象。

山县有朋出生在长州藩，和伊藤博文既是老乡，也是吉田松阴私塾的同门弟子。他早年参加“尊王攘夷”活动，是“攘夷”运动的急先锋。在推翻幕府统治的戊辰战争中，山县有朋率军征战，先后攻占长冈、若松等战略要地，颇有战功。

维新政府成立后，山县有朋赴欧洲考察军事。他痛感日本军队的落后，归国后即致力于建设日本近代陆军。根据山县有朋的建议，日本政府于1873年颁布《征兵令》，确立了现代的征兵制度。他大力推行德国军制，整顿陆军教育机构，创立军医处，逐步把日军建设成一支近代军队，因此被称为“日本近代陆军之父”。

1877年，山县有朋一手制订作战计划，镇压了西乡隆盛的鹿儿岛叛乱，从此权势和影响力与日俱增。第二年，他创立一个相当重要的军事部门——参谋本部，亲自担任参谋本部长。参谋本部直属天皇，可以直接指挥陆军，负责所有陆军作战计划的制订。作为日本后来历次对外侵略战争的核心机构，参谋本部直到第二次世界大战后才被废除。

和同时代开明的政治家不同，山县有朋思想保守，不能容忍民众对抗、批评政府，坚决反对自由民权运动。他把自由民权运动家视为敌人，指责自由民权运动“盯着民权、诽谤政事、中伤官吏、暴论诽议、无所不为”，“如任其蔓延，必将祸害天下”。

1878年，山县有朋发表《军人训诫》，强调勇敢、忠诚和服从天皇的旧有美德，“保卫国家，维护国权，全凭军力，军力消长关乎国运盛衰。不为舆论所迷惑，不为政治所约束，恪守忠节本分乃军人之唯一正道。应牢记义重于泰山，死轻于鸿毛”。

在山县有朋的推动下，明治天皇颁布《军人敕谕》，开宗明义称，“我国军队世世代代为天皇所统率”，此乃日本的“国体”。它强调天皇对军队的绝对统率权，要求军人绝对忠诚。《军人敕谕》体现了山县有朋的思想，为日本军国主义的发展奠定了基础。

1889年，这位51岁的维新元老受命组阁，成为继伊藤博文之后的日本第二任首相。一上任，他就提倡尚武精神，建立金鵄勋章以授予将来武功超群者。他颁布《帝国教育敕令》，强化军国主义教育。他还对警察制度进行根本性改革，制定《保安条例》，镇压民主运动。

也是在这一年，《大日本帝国宪法》颁布，“大日本”的说法第一次出现。在经过二十多年的维新之后，当时日本近代化的成效卓著，经济发展，国力渐强，日本的民族主义也渐渐高涨起来。可是，民族主义一方面自信心满满，认为日本了不起；另一方面又认为日本危机重重，国际环境对日本不利，应该用军事手段等强硬的外交来争取最大利益。那些民族主义的执政者则相信，日本应该像发达国家那样，动员军队、公众舆论和经济资源加入帝国主义的行列。

山县有朋就是这种思想的代表人物。1889年12月，他出任首相不久，就向内阁提出了《外交政略论》，明确提出“利益线”的扩张理论。他将琉球半岛、中国台湾一带作为日本的利益线，并把朝鲜作为日本利益线的焦点。后来，他在《军备扩充意见书》中又主张，日本应该不断扩充军备，否则就无法维护“主权线”，更不能扩大“利益线”，难以成为东洋的霸主。

从此，所谓“主权线”与“利益线”的扩张理论成为日本近现代史上的大陆政策的先导。山县有朋作为始作俑者，主张以军刀作后盾，大力推行军国主义路线，从而成为日本军国主义的奠基人。耐人寻味的是，他的主张也得到了民众的支持。

1882 年朝鲜发生“壬午政变”之后，日本开始大力发展海军。日本认为朝鲜是清政府的藩属国，因此中日必有一战。建设海军要花费无数资金，必然需要增加税收。可是在政府和媒体的鼓吹下，民众接受了“国家需要”之类的花言巧语。他们在虚幻的爱国主义和民族自豪感的蛊惑下，支持政府加强军备，支持政府发动“日清战争”（甲午中日战争）。战胜清朝后，日本国内掀起了一股高涨的爱国浪潮，日本政府也利用这种到处蔓延的沙文主义情绪，进一步发展扩张主义政策。

1895 年 4 月，山县有朋提出了一份旨在扩大日本军备力量的意见书，他宣称：“我国军备从来专以维护主权线为本。但欲使此次战胜之果不致成为泡影，进而成为东亚之盟主，则必须设法扩张利益线。然而，现在之军备，今后以维护主权线尚且不足，又何以扩张利益线而称霸东亚耶？”这份扩充军备意见书标志着，日本国防战略思想从“维护主权线”彻底转向“扩张利益线”，称霸东亚。

日俄战争之后，经过山县有朋亲自修改的《帝国国防方针》中明确提出：“如欲扩张国权，增进国利民福，就必须向世界各个方向发展经营。维护明治三十七八年战役中牺牲数万生灵及百万资财方才获取之满洲及韩国利权，推动向亚细亚南方及太平洋彼岸扩张之民力发展，乃帝国施政之大方针。”

山县有朋权倾朝野，为人严厉，阴沉专横，很多人不喜欢他，自由民权人士更将他称为“民众之公敌”。1922 年，83 岁的山县有朋去世时，丧礼冷清，不少人还拍手称快。

可是，山县有朋的军国主义理论仍然在发挥作用，他培育的“皇军”后辈继续活跃在军政界。在他们的鼓动下，日本的“利益线”并没有固定下来，而是不断扩张。先是发展出了所谓“满蒙是日本的生命线”的理论，而后又扩大到了整个太平洋。于是，日本在军国主义的道路上一路狂奔，从全面侵华战争到太平洋战争，不再回头，直到战败为止。

军国主义是一列缺乏制动的火车，等待它的只有毁灭。

德富苏峰：一生被野心驱使

德富苏峰一生被此种野心所左右，从反对藩阀政治的平民主义者到狂热鼓吹对外侵略扩张的帝国主义者，从自由主义知识分子到狂热的天皇主义者，从一个主张“以平等为堡垒，以自由为枪炮”的“文明绅士”到主张以铁腕统治世界的“豪杰君”，给人们留下许多思考。

从一个宣扬自由民权的思想家，转变为侵略战争的狂热鼓吹者，需要多少年？德富苏峰的答案是：三年。

德富苏峰是日本近代史的活化石，九十四年的漫长生涯穿越幕末、明治、大正、昭和四个历史时期。他见证并参与了日本帝国从兴起到衰落的全过程。他曾因为高调宣扬民主自由，而被誉为“福泽谕吉之后日本近代第二大思想家”；他也曾因为充当军国主义政府御用喉舌而成为“甲级战犯”，第二次世界大战后美国命令日本销毁他所著述的一系列教科书。

从文明开化走向侵略扩张，从自由民权转向皇权专制，这就是日本近代的历史进程，也是德富苏峰的思想轨迹。

一

德川幕府被推翻那一年，德富苏峰还是一个 4 岁的孩子，整天无忧无虑地奔跑在熊本市乡村的街头。作为九州西部临海的城市，熊本市以拥有宏伟的城堡著称于世，是“日本三名城”之一。

德富苏峰的父亲是一位纺织业商人，也是著名学者横井小楠的得意门生，在当地颇有名望。幼年的德富苏峰受到了良好的教育，不过主要是传统的汉学训练。随着明治维新的开展，各地的私塾纷纷被洋学堂取代。12 岁时，德富苏峰转入熊本洋学堂，开始接受新知识。尤其是学校印刷的地方小报《白川新闻》和《熊本新闻》，激发了这个少年将来做新闻记者的愿望。

一年后，德富苏峰离开家乡。经人介绍，德富苏峰进入新岛襄创办的京都同志社学习，并受洗成为基督徒。虽然德富苏峰对基督教没有热情，但是他对自己的洗礼教师新岛襄十分崇敬。新岛襄是幕末偷渡美国、留学海外的英雄人物，思想解放，吸引了许多青年人。

德富苏峰少年时代来到京都，是他的人生幸运。此时正逢维新改革，文明开化运动火热推进，西方文化不断涌入，东西碰撞激荡，京都的思想界非常活跃。同志社有不少报纸、杂志，德富苏峰一旦有空就埋头阅读，眼界大开，更加坚定了要当记者名扬天下的决心。

17 岁时，德富苏峰回到家乡，因为父亲的收入无力供养他们四兄弟读书。为了补贴家用，德富苏峰开办了“大江义塾”，以学生自治、师生平等的方式，培养学生的自由民主精神，深受欢迎。弟子中有一人名叫宫崎滔天，后来追随孙中山，成为中国革命史上的传奇人物。

德富苏峰当然不愿以村塾先生终此一生。这个年轻人梦想的是改变现状，奋斗成名。比起眼前的三尺课桌，他更关心的是自由民权运动。

当时，自由民权运动进入高潮，席卷全国。德富苏峰参加激进自由党在九州的地方组织，成为一个活跃的自由民权分子。暑假期间，他带领学生来到民权运动的中心东京，参加自由党的辩论。他聆听自由党总理板垣退助的演讲，与著名民权理论家中江兆民、田中卯吉、马场辰猪等过从甚密。马场辰猪赠送他《日本民权改正论》等西方学者的日文译著，使他眼界大开。德富苏峰说：“我原来的政治思想起源于横井小楠，并受新岛先生基督教感化，现在又受西洋人感念感应，恰如水乳交融。”

在藩阀政府的打压下，自由民权运动走向低谷，德富苏峰怏怏而归。但是他不甘寂寞，又前往自由民权运动的发源地高知县，与自由党激进派人士会面，希望重整旗鼓。但这些人士也意气消沉，让他对此颇为失望。他作诗感叹道：“冰心一片向谁说，独向梅花读楚辞。”

德富苏峰回到家乡，埋头研读《美国民主》《国民》《英国史》等西方民主著作。此时他已经决定不再受制于人，而是另起炉灶，自成一家，“吐出光焰万丈长”，实现自己的政治抱负。他先后撰写了《第十九世纪的日本青年及其教育》、《官民调和论》和《将来之日本》等大量文章，宣扬自由民主，抨击藩阀专制。在民权运动衰落、舆论界沉寂的时期，这些政论文章如空谷足音，引起巨大的反响。德富苏峰在舆论界声望大起，赢得一大批青年追随者，知名学者也纷纷给予他高度评价。

1886 年，德富苏峰解散大江义塾，举家迁往东京，参加舆论界的角逐。他满怀豪气地公开宣称，“我等并非老死田舍者，逐鹿中原之时已经到来”，“予本好政治……欲引导世间政治按我之希望而运动……若称之为野心，则此种野心正如火如荼”。

在一个崇尚谦虚的国家里，如此坦陈志向的人并不多见。即使在经过了将近二十年的“文明开化”之后，日本人仍然个性内敛。一个来自远方的“外省人”，竟敢口出狂言，怎能不令人侧目？

二

在德富苏峰迁居东京的第二年，外务卿井上馨在鹿鸣馆举行了一场西方式的露天花园酒会，目的是取得同西方列强修改不平等条约的机会。这时明治维新已经二十年了，在欧风美雨的吹拂下，这个国家的气质已经发生了明显的变化，好像整个国家决心完全欧化。不过，这种欧化主义又激怒了国内的民粹派，他们反对文明开化，要求保存日本的“国粹”。与此同时，藩阀政治继续盘踞日本政坛。

在政局复杂、思想多歧的形势下，德富苏峰仿照美国《国民》杂志，在东京创办《国民之友》杂志，编辑部取名民友社，介入了日本的舆论界。《国民之友》把矛头指向当时以“鹿鸣馆”为代表的贵族欧洲化主义，第一期即集中攻击伊藤博文等在衣食住行等方面照搬欧美。第二期则在举国关注的修改不平等条约问题上，指出外交之忧患不在外而在内。这些文字正击中舆论的兴奋点，因而大受欢迎。《国民之友》第一期发行量达数万之多，一炮打响。

德富苏峰抨击欧化的藩阀政治家，但是并没有倒向民粹主义。他在创刊号上阐明，《国民之友》的办刊宗旨是将“世界文明实现于日本”，“使日本世界化”。他在文章里对国人做出了这样的警告：“若是你因为厌恶损害民族尊严而不愿步入文明世界……那么，对日本的感情会增长，对世界的感情会减少，从而国家观念会滋长，全人类观念会消退，接着保守主义思想会出现，进步精神就会消亡，于是我们的国家就会失去其根本活力……停止修订条约，但不要阻碍19世纪日本前进的步伐！”

与此同时，德富苏峰也批评自由民权运动有贵族化的倾向，使人们把政治看成是贵族的特权，从而使政治世界脱离了它的现实基础——生活世界。他反对抽象地谈政治，厌恶那种空洞的政治激情，主张立足于平民的生活世界改造政治，唯有平民才是政治的主人。德富苏峰独树一帜，提出了自己的“平民主义”。他认为，进入明治二十年以后，维新大业已经走向荒废，有必要进行“二次革命”或者“二次维新”，而推进“二次革命”或“二次维新”的主力军是“明治青年”和“田舍绅士”。

在德富苏峰看来，以往的日本社会是以军事组织为范型建立起来的，因此武力成为立国之本，国家对内实行超经济强制，对外进行武力争夺。顺应由“贵族社会”向“平民社会”过渡的历史趋势，就要改良政治，首先必须改变在日本有政府而无人民的现象，将政治与国民生活密切地结合起来，以生产机关为范型建构社会组织，使整个社会实现由重武备向重生产转型，以自由平等取代专制等级，以经济竞争取代武力争夺。

德富苏峰以其雄健的笔锋，成为几乎与福泽谕吉齐名的第二大思想家。他创办的《国民之友》吸引了民众的关切，尤其得到了那些受过良好教育年轻人的喜爱，田口卯吉、中江兆民、新岛襄等社会名流也纷纷投稿助阵。盛名之下，朝野瞩目，德富苏峰的“野心”得到极大满足了吗？

三

作为平民主义的倡导者，德富苏峰提倡民权，反对对外战争。他在《将来的日本》一书中曾断言：“没有‘居住于茅屋之中’的劳动人民的幸福，则‘绚烂之军备，辽阔之殖民地与强大之帝国’均无任何价值。”

可是令人意外的是，在1894年的甲午中日战争前夕，这位自称“彻底反对武力主义者”的平民主义理论旗手，突然变成了另外一个人。他发表《日本国民的膨胀性》一文，提出了“大日本膨胀论”，狂热地呼吁对清朝的战争。

德富苏峰认为，日本人口不断增多，六十年后“如果不能把日本国土的面积增加到两倍，则今日的人口与国土的比例就难以保持”。所以现在就要抓紧进行“国土面积膨胀”，膨胀所需的国土就在中国。他呼吁日本政府抓住“日本和清国开战的机会”。换言之，就是膨胀的日本，进行膨胀活动的好机会。日本要敢于利用侵华战争，迫使中国“订立北京城下之盟”，获得几个亿日元的赔款，从而确立日本在世界上的地位，使“三百年来收缩的日本，一跃而为膨胀的日本”。

“我不主张为了战争而战争。我也不提倡抢夺他国的土地。”就在开战前两天，德富苏峰还在鼓吹，“但是我坚持要求对中国作战，为的是把日本从一个迄今向内收缩的国家改造成为向外扩张的国家。”在他看来，“如果错失良机，就会在中国人面前抬不起头，在朝鲜难以立威，在列强面前颜面扫地，国民情绪难以遏制，列强会借机插手，日本将士气大跌，退回闭关锁国的老路”。

甲午中日战争爆发后，德富苏峰马上声称：“举国一致对付清国是当务之急，为此我愿意牺牲我所有的一切。”他以社长身份，派出 30 余名随军记者，宣扬大日本帝国的赫赫战功，极力煽动狂热的民族情绪。

德富苏峰还亲自执笔，在不到半年的时间里先后发表了《好机会》《日本在世界上的地位》《战争和国民》等一系列文章，引导朝野舆论，鼓吹甲午中日战争是日本在行使“文明之权”，帮助朝鲜脱离落后的中国裹挟，走向文明世界。1894 年 12 月，他将有关文章结集，出版了《大日本膨胀论》一书。这本书标志着德富苏峰以侵略扩张为主旨的“膨胀论”理论体系的形成。

德富苏峰的突变并不是偶然的。19 世纪 90 年代以后，明治维新的成果开始显现，“富国强兵”的目标也越来越接近。作为东亚强国，“下一步日本向何处去？”成为知识分子思考的时代命题。当他们习惯性地环顾世界、寻找学习榜样的时候，发现世界进入了一个弱肉强食的时代。欧美列强纷纷将自己的势力范围伸向世界各个地区，殖民扩张和帝国主义竞争的速度在加快。

于是，日本的知识分子中发生了激烈争论。一派主张“和平膨胀”，也就是“和平崛起”，坚决反对将“爱国主义”作为侵占的基础；另一派则主张“武力膨胀”，也就是学列强做法，走侵略扩张道路。最后，“武力膨胀”占据上风。“爱国主义”是当时日本社会的主旋律，“武力膨胀”被认为是“爱国主义”的表现，甲午中日战争得到了朝野上下的一致欢迎。因为日本社会普遍认为，世界是个危险丛生的地方，西方帝国主义和种族主义对日本构成了严重威胁。为了维护国家的利益，日本在国外采取行动侵略是正当的。

至于德富苏峰本人，思想转向并非无迹可寻。早在甲午中日战争爆发前，1890 年德富苏峰创办《国民新闻》时就提出：改良政治、改良社会、改良文艺、改良宗教。这个办报方针说明，在自由派、保守派和政府之间，他更倾向于政府。1992 年，德富苏峰出版《吉田松阴》一书，称赞吉田松阴“实为膨胀的帝国主义的先驱者”，备极仰慕之情。1993 年，他发表文章，强调日本要有“自主的外交”，要寻找“扩张日本的途径”。

饶是如此，德富苏峰作为一个高调的平民主义者，转而鼓噪强权和武力的帝国主义，仍然令人难以理解。就连他的亲弟弟、作家德富芦花也与他发生矛盾，后来兄弟失和，分道扬镳，直到二十多年后德富芦花临死前，两人才见了最后一面。

面对舆论对他“变节”的指控，德富苏峰拒不承认，反而辩解说，自己从平民主义转向帝国主义是顺应世界大势，是思想合乎逻辑的发展。他说：“吾之观点由和平主义发展为帝国主义乃彰明较著之事实，但切莫忘记，此种发展（第一）与甲午战争前后日本之地位有所不同，（第二）与世界之大势日益趋向帝国主义此二事紧密相关。”

显然，在这个“野心正如火如荼”的知识分子看来，自己并非“变节之徒”，而是顺应时势的“识时务者”。

四

“时值四月末，春天刚刚来临。高大的柳树正发芽吐蕊，华北的花朵此时开的最盛，芳香扑鼻。田野一望无际，春风吹拂。我四处游览，想到这是我们的新领土，感到无比激动和满足。”

这是 1895 年 4 月初，德富苏峰在日记里写下的一段话。当时他站在日军已实际占领的辽东半岛上，踌躇满志，得意扬扬。

岂料几天后，俄国、法国、德国三国突然出面武力干涉，强迫日本将辽东半岛归还中国。消息传来，德富苏峰“气得无法用泪水表达”，并且“不屑于在已还给另一个大国的土地上再作片刻停留”。他从旅顺港海滩上挖出一把鹅卵石，用手帕包起来，作为他“痛苦和屈辱”的“纪念品”，匆忙登船回国。

“三国还辽”事件让德富苏峰看到了西方列强的“强大”，也使他更加崇拜军事实力。他怀着极度复杂的心情，来到内心愤恨的对手——俄国进行考察，以新闻人的身份接触了著名作家托尔斯泰。当托翁当面向他指责日本效仿列强，对邻国诉诸武力时，德富苏峰居然辩驳说，在列强面前，日本其实是“多年的屡屡受害者”。

其实，这是当时日本人的普遍认识。在日本人看来，甲午中日战争表明日本已经是一个强国，但是却得不到列强的承认。只有通过侵占的方式发展自己，才能使其在世界舞台上占有一席之地，与扩张中的西方列强相抗衡。因此，甲午中日战争后，日本军国主义思潮日益盛行。它对内维护天皇作为国家主权者权威的神圣性；对外追求扩张日本的国权，建设强权国家。

这种皇权至上，带有盲目狂妄性、以军国主义为目标的国家“本位主义”，很快战胜了追求国民平等的“民权运动”，成为日本的主流价值观。作为曾经的自由民权运动舆论家，德富苏峰成为这种意识形态的旗手。他认为，日本在前进的道路上“树了许多敌人”，最大的障碍是西方列强。日本要“卧薪尝胆”，树立起与西方抗衡争逐的观念。

德富苏峰提出“国家第一，办报第二”的方针，彻底堕落成政府的喉舌。他以报界巨头自居，野心勃勃地深度介入政治。他先是出任松方正毅内阁的“敕任参事官”，后来又支持藩阀政治家桂太郎，直到 1913 年桂太郎死后，他才心灰意冷地脱离政界，重新开始“文章报国”的著述生涯。

德富苏峰不断抛出宣扬开创、巩固日本在亚洲乃至世界的霸主地位，阐述侵华“膨胀”理论和对外军事扩张的大量著述，成为臭名昭著的“大东亚共荣圈”思想的炮制者之一。在日本全面侵华战争中，他出任“大日本言论报国会”的会长，参与起草《日本太平洋战争诏书》，因宣传皇室中心主义和法西斯思想有功被授予文化勋章。他受到权力的庇护，威势显赫，以至于若有国民胆敢批评他便被判“国民不敬罪之虞（一般来说，只有当国民发表对天皇的不敬言论时才被判此罪）”。日本战败后，他被列为“甲级战犯”。1957 年德富苏峰去世，一颗如火如荼的燃烧了九十四年的“野心”终于熄灭。

在国家转型时期，知识分子应该成为航向守望者，不时地发出警告，而不是追随潮流，更不能被个人野心驱使。德富苏峰一生被此种野心左右，从反对藩阀政治的平民主义者到狂热鼓吹对外侵略扩张的帝国主义者，从自由主义知识分子到狂热的天皇主义者，从一个主张“以平等为堡垒，以自由为枪炮”的“文明绅士”到主张以铁腕统治世界的“豪杰君”，给人们留下许多思考。

在一个崛起的后发国家里，知识分子应该坚持什么样的价值观、应该如何自处？德富苏峰是一面镜子，值得知识分子认真对照，深刻省思。

幸德秋水："这是一场暗黑的审判"

从1910年底到1911年1月，被捕的数百名社会主义者遭到秘密审判，大审院（日本最高法院）以"大逆罪"判处幸德秋水等24人死刑。幸德秋水在法庭上痛斥公诉方："连一个证人调查都不做，却胆敢做出如此判决——这是一场暗黑的审判，汝等要知耻！"

著名自由民权理论家中江兆民晚年在大阪创立"法学塾"，成为青年学子的向往之地。在多达两千名弟子之中，幸德秋水最能得其精髓，因而获得中江门下"麒麟儿"的美称。

1871年，幸德秋水生于高知县没落商人家庭，父亲早亡，遂与母亲相依为命。他生来体弱多病，终生受胃肠病和结核病的折磨。虽然他聪明好学，文笔流畅，却因病弃学，未能取得中学毕业资格。这些不幸的遭遇让幸德秋水心中郁结了不平之气。

幸德秋水很早就对政治发生了兴趣。16岁时，他第一次离家远走东京，投入自由党活动家林有造门下，充任书童。可是仅仅数月之后，明治政府公布《保安条例》，以暴力将民主斗士驱逐出京。幸德秋水遭遇了人生中第一次政治挫折，回乡避祸。

两年后，幸德秋水来到大阪，成为中江兆民的弟子。在恩师的指导下，他研读儒家著作，深受孟子的“民贵君轻”思想和仁政、非战等观念的影响。他后来曾说：“我是由儒家进入社会主义的。”不过，当时他主要受中江兆民的思想影响，是一个彻底的民主主义者，还不知道社会主义为何物。

在中江兆民的推荐下，幸德秋水成为一名记者。这位年轻的新闻人鼓吹自由民权，抨击军阀官僚政府的专制横暴，揭露官僚政客的腐败堕落和社会黑暗，文笔雄劲有力，成为有名的政论家。

在19世纪末期，随着工业化的急剧发展，日本的阶级敌视、劳动纠纷等社会问题开始凸显。特别是工人阶级的悲惨生活状态，刺痛了许多知识分子的心。幸德秋水认为自由民主运动不足以解决这些问题，逐渐转向社会主义。他主张对社会组织实行根本改革，明确指出解救之策唯有社会主义。民主革命任务已不能寄希望于资产阶级，要由社会主义者来完成。

1901年4月，30岁的幸德秋水发表《我是社会主义者》，公开宣告信奉马克思的社会主义。1901年5月，幸德秋水与片山潜等发起成立日本第一个社会主义政党“社会民主党”，当天就被当局取缔了。一个月后，他发起成立“平民社会党”，又遭禁止。不过，当时日本政府的管控能力毕竟有限。它没有逼迫报社开除幸德秋水，也无力禁止幸德秋水出版著作。幸德秋水出版的《社会主义神髓》等书通俗易懂，广为流传，扩大了社会主义影响。1904年，他与朋友合作，第一次把《共产党宣言》用日文介绍到日本。《共产党宣言》第一个中译本就参考了日本译本。

日俄战争期间，幸德秋水秉持和平立场，先后发表《战争来》《我们决不承认战争》《社会党的战争观》等一系列评论，抨击政府的战争政策，阐述社会主义者的立场。同时，他还在报上开辟英文栏，介绍国内外反战运动、社会主义运动情况。

日本政府不能容忍反战声音，以危害社会安宁等罪名迫害反战者，幸德秋水也被判处 5 个月徒刑。他在狱中读了俄国无政府主义运动的理论家克鲁泡特金的著作，深受影响。出狱后他的思想发生了变化，用他自己的话说，“我是以马克思的社会主义者入狱，以无政府主义者出来的”。

日本在战争中获胜，让反战人士处境艰难，走出监狱的幸德秋水几乎没有了活动空间，于是他到美国访问半年。返回日本后，幸德秋水发现国内的工人斗争达到高潮。因为日俄战争后日本国内物价高涨，人民生活更加贫困。参加罢工的人数达到前所未有的数字，工人暴动事件也一再发生。

幸德秋水反对议会主义，呼吁采取直接行动。他说：“用普选及议会政策毕竟不能完成真正的社会主义革命，要达到社会主义的目的，只能依靠团结一致的工人的直接行动。”在幸德秋水看来，组织工人总罢工是一种最有效的斗争。

但是幸德秋水并没有参与多少“直接行动”，而是主要从事著述工作。不过，要求工人罢工的主张仍然引起政府的高度警惕。时任首相的桂太郎在 1908 年写道：“现在我国的社会主义力量不大，但如果将其忽视，总有一天它将形成燎原之势，无法阻挡。”

事实上，日本政府也在努力解决社会问题。在有组织的工人运动爆发之前，政府就主动起草工厂法，维持劳资关系的平衡，建立最低卫生安全标准，限制工人的劳动时间。与此同时，政府也限定工会力量的成长，1900 年公布的《治安警察法》就限制团结权和联合罢工权。激进人士的活动受到限制，幸德秋水只好避居家乡，埋头从事译著工作。

1910 年 5 月 25 日，日本长野县警察逮捕两名社会主义者，罪名是制造、私藏炸弹。日本总检查长指责这是“大逆罪”，并以此为借口封闭了所有的工会，对全国的社会主义者、无政府主义者进行逮捕。幸德秋水被视为罪魁祸首，也被投入监狱。这就是轰动一时的“大逆事件”。

从 1910 年底到 1911 年 1 月，被捕的数百名社会主义者遭到秘密审判，大审院（日本最高法院）以“大逆罪”判处幸德秋水等 24 人死刑。幸德秋水在法庭上痛斥公诉方：“连一个证人调查都不做，却胆敢做出如此判决——这是一场暗黑的审判，汝等要知耻！”

消息传出，舆论哗然，也在欧美国家激起强烈反响。巴黎、伦敦、旧金山、纽约等地的无政府主义者召开集会，向日本驻外使馆写信抗议。美国著名小说家杰克·伦敦写文章说：“只有对幸德秋水等宽大处理，才能表明日本是个文明国家。”

在世界舆论的谴责和压力之下，大审院被迫以天皇的名义将部分犯人减为无期徒刑，但幸德秋水等 11 人仍然被处以绞刑。1911 年 1 月 25 日，40 岁的幸德秋水慷慨就义，临刑前还写下一首绝笔诗：“区区成败且休论，千秋唯应意气存。如是而生如是死，罪人又觉布衣尊。”

“大逆事件”以后，谈论天皇成为禁区，“国贼及其家属”成为众矢之的，日本新闻言论检阅制度进一步强化。警视厅内设立了所谓思想警察的特别高等课（简称“特高”），用来压制“异端思想”。

虽然日本最高法院至今认为原判仍然有效，但是许多历史学家认为，“大逆事件”完全是捏造出来的冤案，幸德秋水死于政府的阴谋。2000 年 12 月，幸德秋水家乡的市议会通过了“表彰幸德秋水决议”。2010 年，在幸德秋水被处死一百周年前夕，他的故乡掀起一场为其恢复名誉的活动。当地自由民权纪念馆馆长评价说：“幸德在日俄战争时宣扬反战理论，是一个追求自由、平等和世界和平的伟大思想家。”

爱国主义和军国主义是我们共同的敌人

尽管反战人士认识到，大多数民众支持对俄战争，但还是继续发表了自己的观点，谴责这场非正义的、浪费资源的战争。在日俄宣战后不久，《平民新闻》出版“非战特集号”，并发布社论声称，“爱国主义和军国主义是我们的共同敌人”，呼吁俄国人民和日本人民一道谴责导致战争的两国政府的帝国主义野心。

近代历史环环相扣。因义和团事变而引起八国联军侵略北京（日本称为“北清事变”），俄国军队趁机占领中国东北地区。在国际社会的强烈反对下，俄国虽然答应撤兵，但是一再拖延，由此又导致日俄之间的关系日趋紧张。因为日本认为，只要俄国的影响在“满洲”南部占据优势，日本在朝鲜的地位就将易受攻击，日本国防安全就没有保障。

自从甲午中日战争之后，日本的社会氛围就发生了巨大变化。就像外务大臣陆奥宗光所描写的那样，“凯歌之声，到处可闻；骄傲自满的情绪，不觉流露出来了，因此对于未来的欲望日益增长。全国民众……只知‘进攻’，其余都听不进去了。此时如有深谋远虑的人，提出稳健中庸的主张，就被视为毫无爱国心、胆小卑怯之徒，将为社会所不齿，势不能不忍气吞声、闭门蛰居”。

进入20世纪以来，军国主义、帝国主义思潮在日本国内进一步高涨。在媒体上，俄国在“满洲”的出现被大肆报道，给日本民众造成了如果不通过武力表明决心，俄国沙皇政权便不会妥协的强烈印象。于是，“对俄必有一战”的舆论日渐形成，各派政党、政治评论家和知识分子还组织起支持战争的运动向政府施压。他们争辩说，两个大国在朝鲜的争执，只有其中一国退出才会结束。由于日本是不可能退出的，所以只能准备通过武力来削弱俄国的势力。

不过，日本政府仍然在犹豫。因为它很清楚自己的军事实力，对于取得对俄国战争的胜利并没有盲目乐观。当时俄罗斯总人口达1.41亿人，陆军常备军总兵力约105万人，后备役军人达375万人。日本总人口约4400万人，陆军总兵力约37.5万人。日本政府担心，本国的军事实力、经济实力不能支撑对俄战争。

可是“对俄开战”的呼声却越来越高。1903年7月，东京帝国大学（现为东京大学）的七位教授拜访首相桂太郎。他们说，如果日本要保证其在朝鲜的地位，就需要对“满洲”问题做一个“根本解决”。日本应该赶紧发动攻击，否则就太迟了。他们的主张得到了外务省和内务省中层官员的支持。

舆论滔滔之际，内村鉴三、幸德秋水、界利彦等《万朝报》的记者发出了反战的声音。内村鉴三在《战争废止论》一文中明确指出：“我不仅是个日俄非开战论者，而且是个坚决的战争反对者。战争是屠杀人的行为。杀人是最大的罪恶。犯了这样的大罪，个人也罢国家也罢，都不可能得到永久的利益。”

内村鉴三等的意见是以个人署名发表的，并不代表《万朝报》的立场，而且这些反战言论在媒体中非常微弱。随着要求战争的呼声一浪高过一浪，《万朝报》也面临巨大的社会压力。1903 年 10 月 8 日，《万朝报》发表社论，认为战争是不可避免的，国民应该抛弃一切顾虑，眼前只有冒着困难埋头向前一条路，准备开战，与政府合作。

《万朝报》与其他报纸同流合污，甚至呼吁国民配合战争，让反战者大失所望。内村鉴三宣布退出《万朝报》，他在退社声明中说：“我坚信，赞同日俄开战的，就等于是赞同日本国的灭亡。”幸德秋水和界利彦也与《万朝报》分道扬镳，他们说：“我们从平素的社会主义观点出发，认为国际上的战争，就是贵族和军人为了私人利益的斗争，大多数的国民则成了牺牲品。”

幸德秋水和界利彦一起创刊《平民新闻》。《平民新闻》是一份周刊，每期发行近 5000 份。创刊号发表的“平民社同人”的“宣言”提出，“自由、平等、博爱乃是人在世上的三大要义”。它高调倡导平民主义、社会主义、反战和非暴力，要求裁减军备，种族平等，谴责大国沙文主义和战争，认为它们只是满足贵族阶层和军队利益的工具，对人民则有百害而无一利。

可惜，反战的观点在当时的日本并非主流。“爱国主义”“军国主义”和“帝国主义”被认为是国家存在的必要条件。如果成功地进行战争，会进一步提升日本的声望和强国地位。即使不成功，战争也将表明日本会为“自卫”和“权利”而战，而不是屈服于俄国的压力，使自己沦为二流国家。

一份名为《太阳》的杂志发表文章《开战吧，勇敢地开战》，理直气壮地说："与俄国开战不是私斗，而是堂堂正正的由自信和人格喷涌而出的狮子猛吼！"一位17岁的文学青年说，这篇文章他读了好几遍，"令我身心震撼，将成为鼓舞我一生的精神"。

正是这样一种弥漫全国的非理性情绪，驱使日本民众不惜与强大的俄国作战。他们认为，如果日本想要证明自己已经是一个崛起的大国，想要成为一个列强承认的强国，对俄开战是唯一的选择。在强大的社会舆论压力下，1904年2月，日本政府终于做出对俄作战的决定，日俄战争旋即爆发。幸德秋水发表《为士兵送行》，对那些奔赴战场的日本军人说——

鸣呼，从军的士兵，诸位的田畴将荒芜，诸君的业务将废弛，诸君年迈的老亲正独自依门长谈，诸君的妻儿正无奈地饥啼，而诸君之生还则原本即无可期待也。而诸君又不得不行，行矣！诸君且恪守自己的职分，如一架机器般地开动，然而俄国的士兵亦是人子，亦是人夫，亦是人父，亦是诸君同胞之人类也。思此，下手且谨慎，莫对其施行残暴之行为也。

尽管反战人士认识到，大多数民众支持对俄战争，但还是继续发表自己的观点，谴责这场非正义的、浪费资源的战争。在日俄宣战后不久，《平民新闻》出版"非战特集号"，发布社论声称，"爱国主义和军国主义是我们的共同敌人"，呼吁俄国人民和日本人民一道谴责导致战争的两国政府的帝国主义野心。报上还开辟英文栏，介绍国内外反战运动情况，促进国际团结。

历史证明，这些反战的声音在当时是多么的微弱，而且还遭到了社会舆论的质疑，被认为是“卖国贼的言论”。在战时，日本政府加强对媒体的控制，当然更难以容忍这些异端声音。《平民新闻》一度被勒令停止发行，不过东京上诉法院驳回了停止发行的处分，因为日本政府把这场战争宣扬为“文明与野蛮之战”，因此不敢公然剥夺国民的言论自由。不过，政府采取卑鄙的手段，先后将发行人、编辑、印刷者软禁，《平民新闻》不得不在 1905 年 1 月被迫停刊，“平民社”也随之被解散。

反战的声音终于消失了，可是战场上的杀戮没有结束，直到 1905 年 9 月日俄才停战。虽然这场战争让日本的声望上升到从未有过的高度，日本似乎真的完成了“大国崛起”。可是，“大国崛起”的代价是什么？当这场战争终于结束时，8 万多名日本青年丧命，许多人的遗骨用报纸、手帕或香烟盒装着送给遗属，给无数家庭带来了永久的创痛。还有 14 万多人负伤，后半生都生活在悲剧中。

1905东京骚乱：大国崛起的梦游者

这是明治时代发生在政治中心的最大的一场群体骚乱事件，它传递的信息非常微妙。抗议者认为，日本理应得到丰硕的战争胜利果实。但是当政者在挥舞“爱国主义”的旗帜煽动民众时，很难把事实真相全盘告诉民众。一旦真相大白，现实的落差会让民众质疑当政者是否真正“爱国”，甚至激起社会动荡。

1905年9月5日，在美国东北部的古老小镇朴次茅斯，日本和俄国的代表在《朴次茅斯和约》上签字，长达一年多的日俄战争宣告结束。

这是一场奇特的战争。战场不在参战国，而是在第三国（中国）的领土上。战争激烈而残酷，血流漂杵，双方伤亡人数相同，都达到了27万人。战争后期，俄国完全失去了赢得战争的希望，日本也无力继续打下去。于是在美国总统西奥多·罗斯福的斡旋下，双方在远离战场万里之外的地方签订和约。

和约规定，俄国必须承认日本在朝鲜的独占利益，不得反对日本在朝鲜采取的任何措施。俄国把在辽东半岛的租借权、南满铁路和南满的采矿权，以及萨哈林岛南半部的主权转让给日本。《朴次茅斯和约》被认为是日本胜利的标志。在世界大多数国家的心目中，日本的胜利毋庸置疑宣告了一个强国的诞生。

就在条约签订的同一天，3 万东京民众结队来到了日比谷公园。这里草木繁盛，毗邻皇宫，曾是陆军近卫师团的练兵场，两年前才修建成为日本首个德国式公园。虽然当天下午天气湿热难耐，民众还是怀着极大的兴趣聆听演讲。

当时的日本政府志得意满，首相桂太郎把对俄国的胜利赞誉为日本近代历史上的伟大时刻。对于执政的精英来说，战胜一个西方强国代表着明治梦想的实现，同时也是一个辉煌的成就，证实了日本近代化努力的成功。从此日本跻身强国阵营，具有更安全的未来。国际社会也持同样评价。《纽约时报》的社论认为，这场胜利确保了日本未来的“和平和安全”，并创造了“工业成长和国家发展的无穷机会”。

可是，聚集在日比谷公园的平民并没有沉浸在胜利的喜悦中，心中反而充满了不满和怨恨。本来日本民众对现实政治非常不满，贵族和财阀凭什么掌握国家大政，让老百姓打仗为他们去死呢？可是政府制造出来的大量“爱国主义”宣传，不但吸引无数年轻人走上战场，也让对战争真相一无所知的民众陷入疯狂。他们暂时忘掉了对藩阀政府的不满，齐心协力地支持政府。

日俄战争堪称日本的“人民战争”。几乎所有的国民都拥护战争，甘愿忍受高价商品和增税，不少人还付出了兄弟父辈血洒疆场的代价。日本政府并没有告诉国民残酷的真相，反而大肆宣传有关东乡平八郎上将在对马海战了不起的胜利，报纸上也充斥着日军节节胜利、旅顺和奉天辉煌战果的故事。民众不知道，这场战争耗尽了当时日本的全部国力。战争直接费用，加上临时军事费用和各省的临时事件费用的支出，超过了 17 亿日元。战前的财政支出最多的是 1900 年的 2.9 亿日元，因此战争费用相当于将近六年的国家财政支出。为了筹措战争费用，政府进行了增税，进而新设继承税，扩大烟草、盐的专卖制度。即使如此仍然不够，于是发行了 6.2 亿日元国内公债，又靠外债筹措了 6.9 亿日元。民众更不知道，这场战争总共动员了 109 万人，当时日本全国人口为 4722 万人，动员率达到 2.31%，已经接近兵源动员的极限。在决定陆战胜负的奉天会战中，日本军队的弹药几乎耗尽，俄国军队若能再坚持一下，其战局将难以估计。在双方都已经不能再支撑下去的情况下，各作让步、签订和约是最好的选择。

自从甲午中日战争之后，战争会刺激经济发展的说法就开始流行起来。1905 年气候不顺，农村劳力又因忙于战争而严重不足，造成稻米歉收，米价上涨，店铺门可罗雀。根据十年前中日《马关条约》的经验，许多民众认为，战败的俄国会向日本支付巨额战争赔偿金，大家可以分一杯羹。一位主战的大学教授甚至异想天开地提出这样的方案：俄国赔偿 30 亿日元，日本全部占领库页岛、堪察加、沿海州，接管东清铁道，接管新加坡以南全部俄国军舰。

然而，从朴次茅斯传来的消息，让这些梦想落空了：出席和平会议的日本代表未能取得整个萨哈林岛，也未能带回战争赔款。民众宛如一下子掉进了冰窟之中，他们认为，日本之所以没有从俄国手中谋得足够的利益，是因为政府太软弱，谈判代表太“笨拙”，“可耻地”签订了合约。

日比谷公园被一种焦躁不安的气氛所笼罩。鞭炮燃放，气球飞向天空，铜管乐队奏响爱国歌曲，演讲者一个接一个地敦促内阁和天皇“拒绝屈辱的和约”，命令军队继续“击溃敌人的英勇战斗”。听众都认为自己被无耻的政客出卖了。在强大的群体里面，他们变成了不受自己意志支配的玩偶，身不由己地跟着演讲者高呼口号。

罗马尼亚学者艾尔诺·盖尔在自传里说，“放弃每个人的独立思考，坚持一种完全不加批判的立场……当时我的思想和行为可以比作‘意识形态的梦游者’”。同样，被宣传洗脑的日本民众也失去了独立思考的能力。他们沉醉在日本崛起、天下无敌的迷梦里，就像一群“大国崛起的梦游者”，群情激奋地走出公园，朝皇宫前进。

当警察试图阻拦时，双方发生了冲突。疯狂的民众用棍棒和石头攻击警察，袭击亲政府的国民新闻报社，放火焚烧内务大臣官邸和派出所。混乱持续到次日，东京戒严，政府出动军队镇压。骚乱中，烧毁2所警察署，219个派出所或警察岗亭（占东京市区的70%），13座教堂，53户民宅，15辆电车。参加骚乱者被捕1700余人，起诉300余人，被判刑者87人。这就是日本历史上著名的“日比谷打烧事件”。

接着，骚乱蔓延到横滨、神户一带，全国各地都出现反对媾和运动，各地群众团体纷纷通过反对媾和和追究内阁成员责任的决议。虽然最后都被镇压下去，却给日本造成巨大损失，桂太郎内阁也被迫辞职。

这是明治时代发生在政治中心的最大的一场群体骚乱事件，它传递的信息非常微妙。抗议者认为，日本理应得到丰硕的战争胜利果实。但是当政者在挥舞“爱国主义”的旗帜煽动民众时，很难把事实真相全盘告诉民众。一旦真相大白，现实的落差会让民众质疑当政者是否真正“爱国”，甚至激起社会动荡。在这个意义上，爱国主义真的是一把双刃剑。

更令人深思的问题是，当一个国家强大以后，国民应该如何自处？经过明治维新，日本崛起为东亚强国，日本国民也沉浸在可怕的大国崛起迷梦中。他们不知道和世界和平共处，而是梦想着从侵略中获得利益，因此支持政府对外发动战争。他们只关心掠夺他国的财富，根本无视对别国的伤害。这种自私、狭隘、不论是非的民族主义，虽然给本国带来了暂时的利益，但是会在错误的道路上越走越远，最终不可避免地使国家陷入灭顶之灾。

明治宪法的致命“黑洞”

当明治元老在世时，还能够通过自己的权威左右日本政坛，把文武对立控制在一定程度之上。一旦他们死去，军队就失去了制约力量，难以驾驭。

在明治宪法颁布的同一年，即1889年11月1日，伊藤博文和黑田清隆同时被赐予“元勋优遇”特权。表面看起来，这是天皇对两位维新元勋的褒扬。其实，它背后是一套隐蔽的政治安排，影响了日本此后半个多世纪的政治走向。

获得“元勋优遇”特权这一年，伊藤博文48岁，正是他人生最辉煌的时候。推翻幕府之后，维新政府和军队的要职都由西南诸藩（长州、萨摩、土佐、肥前）出生的政治家占据，伊藤博文也是其中一员。自由民权运动把这种政治体制称为“藩阀专制”（西方将其称为明治寡头制，Meiji oligarchy），不断地抨击，却难以撼动。1878年大久保利通遭暗杀，标志着明治时代第一代政治家退场。从那时，伊藤博文就开始掌握权力中枢，仍然延续着“藩阀专制”。

作为明治时代第二代政治家，伊藤博文深知不能不回应自由民权运动的要求。不过，他希望打造一个德国式的君主立宪国家。他领导制定《大日本帝国宪法》，使日本成为东亚首个拥有近代宪法的国家。伊藤博文的政治理想是，“使上有元首大权之一统，下有股肱大臣之辅弼，议会之助力，各级机关各得其所，而臣民之权利义务亦日益明晰”。

根据明治宪法，天皇被置于国家元首和统治权的总揽者的地位，内阁、国会和军部互不隶属。宪法明确规定“天皇神圣不可侵犯”，赋予天皇“神”一般的地位。既然是神，就不能犯错，也不能受到烦琐的行政事务的打扰。那么，谁来沟通天皇与实际运作机关呢?

明治天皇在赐予伊藤博文和黑田清隆“元勋优遇”待遇的同时，还给他们下过一道圣谕：“纵令辞职也勿离宫阙，重大事件发生时当答朕咨询，国家有事之日亦当复出以分朕忧。”这道圣谕反映了“元勋优遇”的本质：元老就是天皇重要国务的最高咨询者，他们享有“不在其位也谋其政”的政治特权。

在伊藤博文和黑田清隆之后，又相继有七人获得同样的特权：山县有朋、松方正义、井上馨、西乡从道、大山岩、桂太郎、西园寺公望。元老必须具备以下条件中的三个：维新元勋、接受诏敕、首相资格、萨（摩）长（州）藩阀。这些元老形成明治时代的政治中枢。尽管在法律上并无明文规定，但是首相的人选均是先经过元老参与讨论，由元老向天皇推荐，再由天皇“大命降下”，授命首相组阁。

这就是日本独特的元老政治。元老是超宪法而存在的，在朝政中拥有绝对强大的势力。他们有时直接出面组阁，有时则隐藏于幕后。1885—1934 年，首相基本上由元老轮流担任或推荐“代理人”组阁。不管是在台前还是在幕后，他们都拥有事实上的权力来左右现实政治。在甲午中日战争及日俄战争的和战大计上，最终决定开战的无不是临时召开的御前元老会议。通过这套巧妙的政治安排，元老牢牢地掌握着政治权力，让自由民权运动人士扼腕叹息。

日本的自由民权运动并不反对天皇，而是极力维护天皇权威。这种政治策略使它获得了合法性。那些自由民权人士本来以为，只要召开议会、制定宪法，就可以打倒藩阀政治。没有想到，藩阀政治不但没有削弱，反而借助天皇的权威得到了维系，藩阀依旧影响和控制着政府大权。

因此，在野党一直抨击元老政治。不过，实事求是地说，在当时的日本的宪法体制之上，元老因饱经历练，具有一定的战略眼光及才能，能够带领这个国家走向近代化。但是随着元老日渐凋零，宪法中的“黑洞”就开始暴露出来。

《大日本帝国宪法》规定，“天皇统率海陆军”“天皇决定海陆军之编制，及常备兵额”。这意味着，海、陆军的统率权为天皇所有，独立于行政、议会与司法体系之外。内阁与议会除掌有国防预算的制定与审议权外，对军队事务没有干预的权力，军部在国家政权体系中具有独立地位，从而形成了日本政治体制中的文（内阁与议会）武（军队）二元结构。

军队是最危险的政治势力，因为它等级森严，体系紧密，可以轻易调动人力、物力。而且从军事文化里面熏陶出来的人习惯于服从，很难理解或同情社会和政治的复杂性。所以在任何国家，辖制军队、防止军队干政都是一个大问题。从宪法角度来说，在日本只有天皇能够管辖军部，但是天皇不亲政，即使在御前会议上裁决争端，也多数是只听不答。所以，陆海军名义上直辖于天皇，实际上无所约束，自成中心。不过，明治元老或者是这支军队的缔造者，或者与其有密切联系的，都有能力制约军队，根本不顾忌军队干政的问题。相反，他们如此设计，显然有以军队制约议会和政府的深意。

当明治元老在世时，还能够通过自己的权威左右日本政坛，把文武对立控制在一定程度之上。一旦他们死去，军队就失去了制约力量，难以驾驭。由于军部不受文职政府管辖，陆海军大臣同外务省和处理内务的各省大臣不同，可以直接晋见上奏天皇本人，因此得以利用天皇的名义，强行通过有利于军队的措施。

对明治体制的这一大漏洞，打破藩阀政治的第一位平民首相原敬有清醒的认识。1918 年，这位对军方深具戒心的政治家在日记中写道："参谋本部总是强调统率权……动辄抬出皇室对政界施压，其谬甚也……值此之际，将此弊端一扫而光才是为国家皇室着想之策。"可惜的是，原敬还没有扫除弊端，就在东京火车站前被暗杀。

可怕的是，军部还能够操纵内阁。1900 年山县有朋修改了陆军省、海军省官制，规定军部大臣只能由现役大将或中将担任。这样一来，军部就可以使用拒绝派陆海军将官入阁这种简便的权宜手段阻止组建他们所不信任的内阁。没有现役高级军官充任陆海军大臣，就不能组阁。而且军部如果对内阁的任何一个行动不满，就可以召回他们在内阁中的代表，迫使内阁总辞职。

从 20 世纪 30 年代起，军部和民间右翼势力相结合，曾几度以陆海军大臣辞职为手段，迫使内阁听从军队意见，把日本急速地推向法西斯道路。

“七七事变”的第二年，即1938年，在议会审议《国家总动员法》时，一名议员的陈述稍显冗长，坐在台下的陆军省一名少佐听得不耐烦，便指着正在发言的议员的鼻子大喝一声：“住口！”（史称“住口事件”）。一个低阶军官不仅堂而皇之地出席帝国议会的会议，而且对选举产生的国会议员颐指气使，甚至中途叫停发言，这是世界宪政史上闻所未闻之事。这意味着，日本的议会制度已名存实亡。

两年后，最后一位元老、91岁的西园寺公望失望地告别人间。尽管他是一位难得的开明政治家，被称为“日本民主最后的守护者”，但是由于他在军方没有根基，不能像伊藤博文那样以元老身份调整议会、政府和军部的关系，因此没有力量阻止法西斯运动的狂潮。在1936年的“二二六事件”中，西园寺也差点死于兵变中。在他去世一年后，日本军方就挑起太平洋战争，走向了毁灭的深渊。

几代人奋斗得来的近代化成果，就这样被明治宪法的“黑洞”所吞噬。那些一生为日本的“富国强兵”而奋斗的元老，假如活着看到这样的悲剧结局，一定会为自己的私心而忏悔吧。

明治之死：结束，还是开始？

日俄战争意味着日本完成了明治维新以来的坚定目标——国家独立和与列强并立，可是随后日本似乎失去了目标。“爱国主义”曾经确定自己的使命是把日本变成一个强大的国家，如今却已被证明无力提供新的目标了。日本人何以自处，日本向何处去？

圣上不豫中，夜里去二重桥遥拜的姐姐和小学生等三个人脸伏在土地上，敬礼二三十分钟，当她饱含热泪说话时，连我也被感动了，但听说在二重桥旁有吞毒药自杀的学生，我的心里立刻就厌恶起来。本打算坐电车去遥拜，但与其去光是这样家伙的地方的话，不如在家里祈祷皇上早日康复好得多。

1912 年夏天，著名作家芥川龙之介在给朋友的一封信里，真实记录了明治天皇去世前夕东京社会的不安。当时他在日本第一高等学校读书，还没有走上文学道路。

进入 1912 年，60 岁的明治天皇就身体不适。后来医生确诊为尿毒症，并公之于世。国民对天皇居然会生病感到大惑不解，因为明治维新以来，政府一直致力于将神格化的天皇形象灌输给国民。除了近臣外，很少有人见到天皇的真实形象。

明治维新初期的政治家横井小楠曾这样描述他眼中的天皇形象：“天皇的容貌是长脸，肤色是浅黑色，声音洪亮，身材挺拔，如果说气量应该能顶十人。不是一般的英武相貌，诚为非常之人。”

比较起来，英国驻日外交官萨道义笔下的天皇可能更为真实，1868年他见到过天皇真容——

在几经坐立之间，我终于一览天子的真容。大约是化过妆的缘故，他的脸色看起来相当白皙，脸部的整体轮廓颇为分明。只有嘴巴处略显怪异，医生大约会将其描述为“下颚显出”。他还剃了眉，并在比原来的位置略高处重新画上了两道眉毛。

当时天皇年仅17岁，登基还不满一年时间。幕府刚刚被推翻，一场史无前例的改革运动正轰轰烈烈地展开。对于一个长于深宫的幼冲天子来说，这是一个不可能完成的任务。幸运的是，日本有一批杰出的政治家。他们热心了解世界大势，以强烈的危机感和使命感推动改革，积极认真地学习欧美的长处，实行了一系列重大有效的决策：废除幕藩封建体制，大力殖产兴业，扶植私人资本，重视开发民智和发展近代教育，维护国家主权，修改不平等条约。经过三十多年的奋斗，日本不仅改变了贫弱落后的局面，还成功跻身世界八大列强的行列，成就了全世界所瞩目的“明治奇迹”。

在一水之隔的清朝，明治天皇被视为建立了丰功伟绩的伟大帝王。在戊戌变法中，康有为、梁启超希望光绪皇帝效仿明治天皇，进行自上而下的改革，变法图强。其实这是误解。在日本“数千年未有之变局”的历史转折点上，明治天皇处于“统而不治”的超脱状态。他脱离了政治实务和行政事务，更多的是作为一个传统的权威象征，发挥着团结全国各种政治力量的作用。即使1889年日本宪法赋予天皇（超过一般君主立宪国家的）巨大权限之后，明治天皇实际上仍然是一个象征性的存在。

在明治后期，日本大力宣传父系家长制，天皇被奉为日本大家庭的家长，而各个家庭都有小家长，这样模拟血缘的纽带实际上在很大程度上弥补了国民意识的贫乏。伊藤博文等政治家认为，欧美列强的人民能团结一致，靠的是基督教，而日本却没有同样的统一的意识形态，可以用天皇来补缺。于是，天皇的一半是宗教性权威，成了所谓“现世神”，具有神圣的不可侵犯性，也就是统治的终极权威。

因此，当天皇病重的消息传出后，震惊了日本社会。据《明治大正见闻录》记载：“皇宫前的草地上，祈愿天皇陛下康复的人群，从早至晚越聚越多。他们席地而坐，跪神拜佛，或捶胸，或鞠躬，还有许多人在哭泣。这些人近似发狂。其实不仅是这些人，市内所到之处，悲痛欲狂的人们随处可见。”

1912年7月30日，明治天皇去世。翌日，报纸整页都用黑框表示哀悼之意，同时史无前例地把明治天皇称为“明治大帝”，而且把他和欧洲的彼得大帝相提并论。在数不尽的报纸专刊里，编辑悲叹天皇陛下临终前的疾病，历数他的功绩：团结人民、立宪制政府、工业化、国家安全。这些都被誉为“明治的骄傲”。

许多外国报纸也竞相报道明治天皇去世的消息。“远东伟大的君主”“日本英雄时代的代表”“世界史和近代史值得记忆的帝王”，悼词大多充溢褒扬之意，唯有伦敦的一家报纸写道：“日本从此要走下坡路了吧！”

确实，随着天皇的去世，许多日本人开始忧愁甚至伤感地回想，他的长期统治对这个国家意味着什么？未来的日本走向何方？

幕末之前的3个世纪中，日本人口停滞在2600万人左右。经过明治维新的半个世纪，增加到5000万人以上。工厂林立，到处是冒着黑烟的烟囱。身份等级和职业限制被打破，人口不断向城市集中。城市里普及了电车，近郊电车也相继开通。1912年电话网遍布大小城市，30多个主要町村也通了电话。

没有人能够否认明治时代的巨大成就，可是，富强之中也有隐忧。明治末年，佃农、半自耕农超过农户的三分之二，占农户27%以上的佃农终年在生死线上挣扎，许多半自耕农也只能勉强维生。贫苦农民不得不外出做工，挣点钱补贴家用。占日本工人多数的纺织女工的工资极低，为数不少的矿工也处境悲惨。即使是工资最高的铁工厂熟练工人，如果每天不做13~16个小时的高强度劳动，就难以维持一家数口的生活。

因此，在明治后期，人们看到的不仅有作为世界强国的荣光，还有盛世下的波澜。工人罢工、租佃争议、经济危机、社会主义运动、工会运动，让这个东方岛国似乎进入了一个新的动荡时代。1911年，日本政府捏造罪名制造“大逆事件”，把早期社会主义者幸德秋水等11人处死。然后设立“特别高等警察课”，对国内的异议人士进行思想审查。这些都表明了执政者的恐惧心理。就在天皇去世前夕，东京的报纸上充斥着米价暴涨、市民生活困难、儿童退学及对贫民施米、送食等报道。其实，当时世界政治也十分混乱。在明治天皇去世前夕，中国爆发了著名的辛亥革命，清朝垮台了。

新的动荡，意味着日本已经悄然进入了新的转型期。早在日俄战争之后，转型已然开始。日俄战争意味着日本完成了明治维新以来的坚定目标——国家独立和与列强并立，可是随后日本似乎失去了目标。“爱国主义”曾经确定自己的使命是把日本变成一个强大的国家，如今却已被证明无力提供新的目标了。日本人何以自处，日本向何处去？

部分知识分子希望日本和平地融入世界，成为世界的一部分。成立于1906年的“社会教育协会”宣称，新的日本民族将是一个以世界和平和人道主义为导向的“伟大的世界性民族”，致力于世界和平和人道主义事业。思想家新渡户稻造劝导日本同胞成为“世界公民”，主张日本人应该具有构成民主主义、资本主义的新兴世界秩序的所有民族所共同拥有的价值观和行为。

可是，日本应该继续成为一个扩张型的国家，却是这个新兴国家的主流认识。从侵占中国台湾到吞并朝鲜半岛，明治时代的“强兵富国”和对外侵略扩张分不开。民众中骚动着盲目的乐观情绪，帝国的扩张欲望不断膨胀。在一个缺乏稳定秩序的世界里，狂暴和盲目会让各国相互毁灭。但是很少有人认识到，对权力的争夺、荣誉的渴望及爱国主义的狂热，将使日本走向万劫不复的深渊。

天皇去世，明治时代在一片不确定性中宣告结束，皇太子嘉仁继位，年号“大正”。在新旧交替之际，作家德富芦花这样抒发自己的感慨——

陛下驾崩，年号更改。虽知其如此，但余一直感到明治这一年号将永久地持续下去。余是明治元年出生。即明治天皇陛下举行即位仪式之年，开始从京都行幸东京之月，生在东京西南约三百里处，接近萨摩的肥后苇北的水俣村。余习惯于明治之年龄即我的年龄，和明治同年，既无自豪也无羞耻。陛下驾崩掩合了明治之卷。明治成为大正，余感到像吾生涯已中断。感到明治天皇带着我的半生而去。哀伤之日，田园对面的糖果铺中一声长长的笛声宛如吹进了我的心田。

德富芦花表达了一代日本人的哀痛和感慨。他们明白，一个伟大的转型时代已经消失在历史的长河中。“明治梦”结束了，可是他们不知道未来的日本将走向何方。假如他们有人长命百岁，就能够清楚地看到，日本就像一艘船在汪洋中穿行，在20世纪上半叶要遭受各种苦难，才能驶出惊涛骇浪。

明治天皇之死，是一段伟大历史的结束，也是一段动荡历史的开端。

后　记

这个世界会好吗?

2018年是明治维新150周年，也是中国改革开放40周年。我对中国改革开放历史和日本近代史都有兴趣。在这两个历史时点重合的时候写下这篇后记，让我产生很多感慨。

我曾经对未来很乐观，认为任何国家都要走上文明、民主、法治的光明大道。可是面对变幻莫测的世界，近年来我的心中却产生了迷惑。自从10年前的世界金融危机爆发以来，人们描述这个世界的时候，最常用的一个词语就是“不确定性”(uncertainty)。站在新旧交替的时点上瞻望未来，我的心中仍然充满了迷惘。“这个世界会好吗?”对于梁漱溟先生的疑问，我没有答案。

顾准先生晚年选择历史研究，苦苦研读希腊城邦制度、基督教和资本主义发展史，是因为他心中有巨大的疑惑。诚如他所说，“历史的探索，对于立志为人类服务的人来说，从来都是服务于改革当前现实和规划未来方向的”(《顾准文集》,229页)。

我没有顾准先生那样的胸怀，阅读日本近代史只是为了解决自己内心的困惑。现代化进程中的追赶型国家都面临许多相似的挑战，因此经常以先进者为学习对象。很少有人还记得，中国在“以俄为师”之前，曾经“以日为师”。康有为在上光绪帝书中就说：“日本地势近我，政俗同我，成效最速，条理尤详，取而用之，尤易措手。”当然，没有一个国家完全学习另外一个国家，但是由于历史的相似性，所以能够启迪后来的异国读史者。事实上，过去一年多的阅读历程，确实让我对错综复杂的世事多了一些理解。

在阅读日本近代史的同时，我也在帮助吴敬琏先生编辑他近五年来的文章选集（书名为《改革大道行思录》）。和其他经济学家不同，作为顾准先生的弟子，吴敬琏先生具有思想家的气质。他面对复杂多变的中国经济现象，提出“开拓思想市场，研究基本问题，探寻中国经济长期发展的路径”。这是一个非常具有启发性的命题，提醒那些忙于解释变幻不定的现实经济问题的学者冷静地想一想，中国经济的基本问题到底是什么。假如不解决基本问题，那么新现象、新症状仍然会层出不穷，所有的临时性应对之策都无济于事。其实，吴敬琏先生提出的命题对于研究中国现实社会问题的所有学科都是适用的，因为中国社会现实复杂多变、往复曲折，如果不抓住基本问题，就容易跟着浪潮现象走，就事论事，乃至疲于应付，迷失方向。在这个意义上，“开拓思想市场，研究基本问题，探寻中国现代化的现实路径”应该成为直面社会现实的思想者的共同追求。

作为一个记者，我愿意做这个时代的记录者，也愿意思考一些基本问题。这本书记录了我对这些基本问题的粗浅思考，希望读者朋友批评。

感谢中央社会主义学院王占阳教授，他推荐我到日本做访问学者，也给我很多指导。感谢日本国际交流基金（The Japan Foundation）的邀请，使我在日本度过了4个月美好而充实的时光。感谢基金会的野口裕子女士、安富世里加女士和张启明先生的关照，感谢加茂具树（庆应大学教授）、李卿（庆应大学研究生）、伍晓鹰（一桥大学教授）、大平正嗣（日本驻华使馆）、马欣欣（一桥大学准教授）、津上俊哉（经济产业研究所高级研究员）、关志雄（野村资本市场研究所首席研究员）、中兼和津次（东京大学名誉教授）、村田雄二郎（东京大学大学院教授）、城山英巳（时事通信社外信部编集委员）、吉冈桂子（日本朝日新闻编集委员）、仲谷明洋（日本驻华使馆），以及荣剑先生、陈浩武先生、孙云晓先生等师友给予的无私帮助。在日本期间我还认识了许多友人，他们的友谊让我铭记在心。

感谢《财经》杂志社给予我自由而宽松的工作环境。在目前的社会里，这样的环境难能可贵。本书的文章大部分在“界面”网站发表过，感谢界面联合创始人、CEO何力先生，他是一位卓越的媒体领导人，给予我很多支持和帮助。感谢界面新闻执行总编辑张衍阁、文化编辑刘溜和黄月的辛勤工作。感谢中信出版集团总编辑乔卫兵、主编寇艺明，他们为本书的出版做了大量工作。此前我们有过多次合作，都非常愉快。

最后，还要感谢爱人方虹给予的支持。马浩宇同学已经是高中学生，他有时和我讨论日本近代史问题，一些观点对我很有启发。眼看着他健康长大，对问题有自己的思考和见解，我的心中充满了幸福的阳光。我衷心希望他们这一代人生活在一个和平、民主、繁荣、文明的世界里。

这个世界会好起来的。

马国川

2018 年 5 月 4 日，五四运动 99 周年之日